本书献给我的太太王曼女士,"鼓瑟鼓琴,笙磬同音","以雅以南,以籥不僭"。与君同行,三生有幸。

高/等/教/育/发/展/丛/书

本书为中央高校基本科研业务费专项资金课题"中国大学生学习评估项目影响研究"（2020kfyXJJS024）的研究成果。

王小青 / 著

中国大学生学习评估项目的影响机制研究

中国·武汉

图书在版编目(CIP)数据

中国大学生学习评估项目的影响机制研究/王小青著.—武汉:华中科技大学出版社,2022.5
(高等教育发展丛书)
ISBN 978-7-5680-6670-9

Ⅰ.①中… Ⅱ.①王… Ⅲ.①高等学校-教学评估-研究-中国 Ⅳ.①G649.21

中国版本图书馆CIP数据核字(2022)第085481号

中国大学生学习评估项目的影响机制研究　　　　　　　　　　　　　王小青　著
Zhongguo Daxuesheng Xuexi Pinggu Xiangmu de
Yingxiang Jizhi Yanjiu

策划编辑：陈建安
责任编辑：郑艺芳
封面设计：刘　卉
责任校对：刘　竣
责任监印：徐　露

出版发行：华中科技大学出版社(中国·武汉)　　电话：(027)81321913
　　　　　武汉市东湖新技术开发区华工科技园　　邮编：430223
录　　排：湖北新华印务有限公司
印　　刷：武汉科源印刷设计有限公司
开　　本：710mm×1000mm　1/16
印　　张：17.5　　插页：2
字　　数：303千字
版　　次：2022年5月第1版第1次印刷
定　　价：58.00元

本书若有印装质量问题,请向出版社营销中心调换
全国免费服务热线：400-6679-118　竭诚为您服务
版权所有　侵权必究

序

王小青博士是我指导的博士生之一,其博士论文《中国大学生学习评估项目的影响机制研究》经过修改之后即将付梓出版,着实可喜可贺。他邀请我为该书作序,身为指导教师我责无旁贷,欣然允诺。

一

众所周知,最有名的大规模的大学生学习评估项目是始于2000年的美国印第安纳大学的大学生学习投入调查(NSSE)。有资料显示,截至2020年,大约有1650所美国与加拿大的四年制高校参与。仅2020年就有601所院校、超过48万大学生参与问卷调查。2021年,受新冠肺炎疫情影响,美国和加拿大参与调查的院校数量仅有344所,但它仍然是全球规模最大的大学生学习评估项目。目前,NSSE项目的影响力辐射全球,除了加拿大之外,澳大利亚、英国、爱尔兰、南非、日本和中国等国家均有类似的学习评估项目。

我国是开展大学生学习评估项目的国家之一。国内院校参加的学习评估项目分为三类。一是国际化项目,南京大学、西安交通大学、湖南大学、同济大学、北京大学和大连理工大学等部分高校与美国同行建立了密切的合作关系,积极参与研究型大学本科生就读经验调查(SERU)项目,成为国际合作的典范。二是本土化项目,伴随大学生学习评估问题的重要性日益凸显,开展本土大学生学习评估调查愈来愈必要和紧迫,北京师范大学、北京大学、清华大学、厦门大学和华中科技大学等重点大学也相继开发具有本土化特点的大学生学习评估项目,譬如北京师范大学的中国大学生就读经验调查、北京大学的首都高校教学质量与学生发展监测项目(后扩展为"全国高校教学质量与学生发展监测项目",简称"北大项目")、清华大学的中国大学生学习与发展追踪调查、厦门大学的中国大学生学习情况调查研究项目和华中科技大学的本科生学习与发展调查项目等。三是校本化项目,伴随院校研究的深入,一些大学也开展了类似的学生调查项目,如"北大新生基线调查"项目和"中山大学本科生学习情况调查"项目。这些内容在这本著作中都有比较详细的介绍,在此我就不再赘述。既然大学生学习评估项目在我国开展已有多年,那么其效果如何?又是哪些机制影响其效果?这些问题都是非常有现实意义和学术价值的,值得研究。

二

王小青博士曾在南京大学教育研究院攻读硕士学位。毕业后就职于南京航空航天大学,从事学生工作管理和教学科研工作,具有丰富的实践经验和科研热情。2015年,他毅然决然地放弃比较稳定的高校岗位,报考北京大学教育学院高等教育学专业,开始了自己艰难曲折的求学之路。入学之后,王小青博士坚定地表示,希望研究"SERU项目"对本科教育质量的影响问题,具体是想以南京大学为案例开展深入研究。理由是:这一想法由来已久,因为南京大学是第一批参与"SERU项目",与国外高校开展国际合作研究的国内院校之一;他的硕士导师龚放教授是该校项目早期负责人;加之,自己毕业于南京大学,与该校相关部门负责人比较熟悉,在调研的可操作性上占据天时地利的条件。然而,现实往往与理想之间存在很大差距:"看起来最可能办成的事情,结果却往往很难如人意",他曾经坦然道,自己在南京大学的首次调研遭到了意想不到的"滑铁卢"。由于某种原因,他拟选南京大学为案例开展研究的想法一下化为泡影,不得不放弃。尽管首次调研结果不尽如人意,但王小青博士坚信,此项研究意义重大,初心未改。他反复思索如何起步自己的研究,也曾试图以清华大学,甚至国外的某所大学作为案例进行研究,但是由于诸多原因都接连遭到否定。有一段时间,他为找不到合适的案例院校而苦恼,甚至情绪一度跌入谷底。坦率地讲,在我指导的学生中,王小青博士不属于绝顶聪明那类,但其身上最宝贵的品质是有一股韧劲,就像不倒翁一样,是一个不会轻易放弃的人。后来,经过不懈努力和各种尝试,他终于说服国内某个负责多院校调查项目的负责人为自己的研究提供帮助和条件。此可谓:"老天给你关闭了一扇门,又给你打开了另一扇窗户。"他的心情也犹如"雨过天晴"。

虽然案例选定了,但并不意味着问题就都解决了。事实上,这不过是"万里长征中迈出的第一步"。他的论文研究和写作是一个十分艰难和"痛苦"的过程。其间,我一直告诫他:"要想研究这个项目的影响以及背后的影响机制,就需要不断追问:这些项目是否发生了影响？如果发生影响,证据是什么？或者说,衡量的标准到底是什么？"一开始,我本人一直持怀疑和悲观的态度,感觉这些项目不好做。一是现有的研究成果很少,可能说明两点:一是这个问题不重要,二是研究这个问题太困难。事实也是如此。在王小青博士的研究中,各院校子项目负责人所表现出的"王婆卖瓜,自卖自夸"是否能够反映出大学生学习评估项目的真实效果也不得而知。这样一种情形造成王小青博士在开展现场做田野调查之前,自己心里也不是很有底气。然而,"既然已经做出选择,就不要轻易放弃",他坚定表示道。

为了确立选题的可行性,也为了说服我同意,王小青博士大约花了一年半时间,在某省15所院校中开展了一项预研究,访谈了25位项目管理者以及与四个学习评估项目相关的17位管理者。其中一项研究结果发现:某所"985工程"大学的某个学院实施大学生学习评估项目之后引发了一系列制度的改革,尤其是促使该学院师生互动制度"从0到1"地建立。这足以说明大学生学习评估调查项目对大学的影响是存在的。与此同时,他还发现,在被调查的院校中,大学生学习评估项目的影响是存在差异的,有的影响是极为有限的,但也有的发生了令人兴奋的变化或所谓的"教育增值",还有的处于"中间状态"。这些发现让王小青博士欣喜若狂,信心倍增,也为他后续研究项目的影响机制——动力和路径提供了较好的前提和基础。

王小青博士论文研究的核心章节主要采用的是扎根理论方法分析数据。在进入北京大学学习之前,他对这种扎根理论方法并不熟悉。他认为,扎根理论方法比较适合博士论文研究。为了学习和掌握这种研究方法,他先后两次选修由我系教授陈向明老师开设的质性研究方法课程。在学习过程中,王小青博士细心好学,多番请教,反复演练实践,终于掌握了这种质性研究的扎根理论研究方法,其课程作业和课堂汇报多次受到陈老师的表扬。在本书中,他两次熟练地使用扎根理论研究方法(具体参见第六章和第七章)探究大学生学习评估项目的影响机制问题。当然,这期间,我也反复提醒他,不要过于迷恋于方法,一切方法都是服务目的的,平时还是要注意经典理论的积累,否则扎根理论方法无法帮助他生成本土理论,进而无法完成与前人研究的对话。后来,他表示认可我的观点,并在研究过程中尽量避免陷入"唯方法而方法的纯技术主义"误区。

三

王小青博士是一个勤奋好学、积极上进的青年研究者，具有高度的自律和责任感。他为人朴素，宽以待人；尊重师长，提携同门。他与我的关系，既为师生，也为朋友。他写完博士论文每章节之后，都及时发给我看，反复征求我的意见。时有争执，令我"气愤"，斥之"头脑顽固"。但最终他总能说服我，让我觉得他站在"真理"一方。当然，有时候，我还会叫来其他的博士生共同探讨，每每此刻，他都能够虚心接受大家的"质疑"和认真为自己的观点"辩护"。对待家庭，王小青也是一个有责任感的人，父母眼中的好儿子，妻子眼中的好丈夫，女儿眼中的好父亲。但为了学业，他也不得不做出取舍，时常流露出内疚之感。在攻读博士学位最后一年的春节，为了撰写论文，他滞留在北京。他的太太、孩子不得不千里迢迢来北京与他团聚，简简单单地过了春节。他跟我说："自己亏欠家里人太多，甚至有点自私。"

对于未来的职业路线，王小青博士内心一直比较清楚，他始终愿意首选高校工作，从事自己热爱的教学科研事业。在经历了一次次应聘面试之后，他如愿被我国高等教育研究重镇——华中科技大学教育科学研究院所接纳，成为一名"华科教育人"。作为导师，我为他初步实现理想而感到高兴，并特地写了一首打油诗以示祝贺："将军曲折多，无悔青春过。新程重头启，瑜珈学汉栖。前方觅伯仲，何须问西东。孔孟做师范，三乐伴余生。"这首小诗既是为师对他求学期间系列表现的认可，也是对他未来学术职业生涯的祝福。

"研究不在于跟随热点，而在于选择领域的盲点，甚至愿意坐冷板凳"，这句话既是王小青博士对自己研究方向的定位，也成为激励其砥砺前行的座右铭。他一再表示，作为北京大学培养出来的博士研究生，一定要有社会责任感和历史担当，不忘初心，不辱使命，要让学术研究始终走在时代的前列。入职之后，王小青博士在原有研究的基础上，不断扩张相关领域研究。他正在以课题为载体，逐步开展针对NSSE项目、SERU项目等全球"明星"项目影响的研究。与此同时，他还尝试在"多相复合动力理论"和项目负责人的"自我博弈"的行为模式这两个本土化理论的生成过程和结果中融入社会学、心理学、管理学的概念和理论（详见第六、七章），试图寻找交叉学科领域方面的突破。目前，他的研究正在取得一些新的研究成果，并有系列论文陆续刊发。显而易见,王小青博士是一位非常有发展潜力的青年学者,其选择的研究方向也是正确的。我希望和预祝他的后续有关高等教育影响力和学生发展的成果能够产生更加广泛的学术影响力,中国本土化的大学生学习评估项目的运行和影响也能够介绍给西方学术界,与国际学者形成有益的对话。

四

《中国大学生学习评估项目的影响机制研究》一书所关注的问题是大学生学习发展领域的一个分支,属于"热门"话题,具有较强的学术性和现实性。第一,本书探讨和揭示的问题是一个值得关注和探究的领域。尤其是当我国高等教育普及化之后,追求高等教育高质量发展成为一个不可回避的前沿性课题。大学生学习效果好坏是衡量高等教育高质量发展的重要指标之一。尽管目前大学生学习评估项目实践在我国开展得"轰轰烈烈",但对于本土高校的本科教育质量的影响效果反思的成果十分有限。其中原因非常复杂,主要是一些参与项目的院校对于项目结果的公开有着矛盾的心理:好的结果想让外面知道,不好的结果只想内部分享,甚至不愿面对。如王小青博士所言,这与中国的"家丑不可外扬"的文化息息相关,虽然"情有可原",但不利于这类学习评估项目的反思与进步。第二,本书在研究方法方面做了大胆尝试,没有过多局限于理论思辨,而是采用扎根理论方法,直面客观现实,立足数据,抓准"盲点",从而使本研究的方法显得"更加前沿"。第三,本书结构完整,历史脉络清晰,一方面较好地呈现了中外相关实践和研究发展的现状,同时揭示案例院校实施大学生学习评估项目的效果,揭示影响效果产生的机制,不仅有助于人们了解和认识大学生学习评估项目的来龙去脉,也有助于人们客观理性地分析和利用相关院校的成果和经验。

本书适合高等教育研究者、高等院校管理者以及高等教育研究生课程学习和研究使用。是为序。

施晓光
2022 年 4 月 17 日于北京大学燕园

目录

第一章 绪论   1
第一节 背景   1
第二节 研究缘起   6
第三节 问题提出   11
第四节 研究意义   13
第五节 内容与结构   15

第二章 文献综述   18
第一节 大学生学习评估相关理论研究   18
第二节 大学生学习评估项目应用研究   27
第三节 大学生学习评估项目影响研究   37
第四节 小结   42

第三章 研究设计   46
第一节 核心概念界定   46
第二节 相关理论   57
第三节 研究方法   65
第四节 研究伦理与信效度   77

第四章　中国明德项目运行调查分析　　80

第一节　数据和方法　　81

第二节　调查结果分析　　83

第三节　结论与讨论　　94

第五章　中国明德项目对院校本科教育质量的影响　　99

第一节　资料分析方法　　100

第二节　研究结果：项目影响　　101

第三节　明德项目的影响分类　　117

第四节　结论与讨论　　122

第六章　中国明德项目影响院校本科教育质量的动力　　125

第一节　扎根理论方法　　126

第二节　过程和结果分析　　128

第三节　结论与讨论　　149

第七章　中国明德项目影响院校本科教育质量的路径　　157

第一节　项目何以"外合"与"内应"？　　157

第二节　项目负责人何以成"关键先生"？　　167

第三节　结论与讨论　　178

第八章　总结与讨论　　184

第一节　研究结论　　184

第二节　理论互动　　189

第三节　实践启示　　194

第四节　贡献与局限　　202

第五节　结语　　204

参考文献   **208**

附录   **226**

    附录1：关于参与明德项目的调查问卷（新省版）   226

    附录2：大学生学习评估项目的影响研究访谈提纲

        （项目负责人）   232

    附录3：大学生学习评估项目的影响研究访谈提纲

        （项目/学院分管领导）   233

    附录4：大学生学习评估项目基本情况访谈提纲

        （史学角度）   234

    附录5：研究简介（邀请受访者的说明）   235

    附录6：2018年8月22日备忘录3   237

    附录7：访谈资料一级编码示例   238

    附录8：给受访者A5P1老师的一封回信   246

    附录9：缩写表   248

    附录10：中外词汇对照列表   251

致谢   **259**

第一章 绪论

第一节 背景

20世纪80年代,美国各州政府出于经费考虑,重新审视了它们与公立高校的关系,试图驱使后者更负责任、更富成效地使用公共资源(Alexander,2000)。有美国学者认为,田纳西州政府开发的绩效资助系统在其中充当了表率(Astin et al.,2012:viii)。鉴于大学教育成本的不断扩大,公立高校也面临着与日俱增的压力,它们需要向家长和其他利益相关者们证明,大学能够很好地利用投资并帮助学生为毕业后的职业生涯做好准备(Klein et al.,2005;Liu,2011)。也可以说,学校和学生之间的关系转变为显性产品提供方和顾客的关系,从而导致问责制的产生(程星,2011:35-36)。问责制推动了评估运动,高等教育利益相关者希望明确高等院校是否真正促进了学生的学业成就,是否对学生发展产生了增值效应,是否培养了适应于当今知识经济发展的合格人才(鲍威,2014:49;Douglass et al.,2012)。博格(Bogue)和霍尔(Hall)(2008:14)强调,"就问责制的动机而言,大学层面上更有进取心的质量保证的努力是确保学院和大学向它们的毕业生、董事会、立法者以及其他市民提供绩效问责的证据,而且,问责制首先回应的不是外部团体,而是我们的学生。"

在此背景下,以美国大学生学习性投入调查(The National Survey for Student Engagement,NSSE)、大学生就读经验调查(College Student Experience Questionnaire,CSEQ)、研究型大学本科生就读经验调查(The Student Experience in the Research University,SERU)①等为代表的一批大

---

① 加州大学伯克利高等教育中心开发的加州大学本科生就读经验调查问卷(UCUES),项目后来拓展到美国及全球部分研究型大学,先后成立"美国研究型大学就读经验调研联盟"(SERU)和"研究型大学就读经验调研国际联盟"(SERU-I),详见常桐善(2019)《中美本科课程学习期望与学生学习投入度比较研究》。国内学者习惯于统称其为"SERU"或"UCUES",本研究有时也将该项目称为"伯克利项目"。

学生学习评估（Assessment of Learning）项目①快速发展，早期以学术研究为主要目的的学业成就评估项目也突然变得备受欢迎（Astin et al.，2012：viii-ix），进而引发了近20年的"国际性的研究运动"（Coates et al.，2014；Yin et al.，2017），如图1-1所示。围绕大学生的学习质量，这些大规模的调查分为两类：第一类从大学生学习性投入入手，关注学生在校期间做了什么，以NSSE为典型；第二类关注学生的课程经历，以澳大利亚的课程经验问卷（Course Experience Questionnaire，CEQ）为先驱（尹弘飚，2016），这一问卷后来被英国借鉴并发展成为全英大学生满意度调查（National Student Survey，NSS）（章建石，2014：80-90）。

这里以第一类中的NSSE项目为例做简要介绍。NSSE项目在全球的影响深远②。该项目由美国印第安纳大学高教研究中心（The Indiana University Center for Postsecondary Research，IUCPR）负责，第一代负责人是乔治·库（Kuh），继任者是麦考米克（McCormick）。NSSE项目的前身是佩斯（Pace）作为创始人的大学生就读经验调查CSEQ项目，其三分之二的题项来自后者（Kuh，2001）。NSSE项目从2000年开始运行，截至2019年，已有超过1600所美国与加拿大的四年制高等院校参与该项目，其中，2019

---

① 需要指出的是，由于现有的高校学习评估项目都是围绕着学生的学业成就或促进学业成就的提升开展，故有学者将这一类的评估进一步归纳为评估（或评价）学生的"增值"问题，国内部分学者如刘海燕、章建石和彭瑾等，称其为"增值评价"；而国内较有代表性的某个项目的负责人对将他们项目看作增值评价表示反对，其中的争议点在于"增值"太难测量。笔者特地搜索了该项目研究团队的所有论文，确实几乎没有一篇论文提到"增值评价"。笔者也阅读了其他研究增值评价的文献，发现其实增值评价就是对学业成就的评估。本研究采取"和而不同"的做法，采用"学习评估"这一术语，同时囊括增值评价的相关研究，因为后者的研究者们认为直接评估法和间接评估法可以测量学生的增值。详见刘海燕（2012）《美国高等教育增值评价模式的兴起与应用》、吕林海（2012）《国际视野下的本科生学习结果评估——对"评估什么"和"如何评估"的分析与思考》、章建石（2014）《基于学生增值发展的教学质量评价与保障研究》和彭瑾（2017）《基于国际视野的我国大学生学业成就增值评估研究》等。

② 需指出的是，尽管NSSE发展得较为迅速，但它并非美国最早的大学生学习评估项目，该领域的开创者是美国加州大学洛杉矶分校高等教育研究所与美国教育委员会（American Council on Education，ACE）1966年开始的合作性的院校研究项目——新生调查（Cooperative Institutional Research Program-Freshman Survey，CIRP-FS），图中的CIRP-CSS（CSS全称"College Senior Survey"）即1992年针对大四学生开发的学习评估项目，详见第二章"文献综述"。

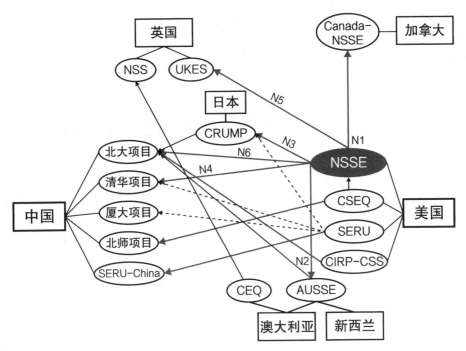

图1-1 全球大学生学习评估项目发展简化版图①

年有531所院校、近30万名大学生参加(NSSE,2019)。NSSE项目很快影响到澳大利亚、英国、日本和中国等国家(尹弘飚,2016),图1-1可以形象地体现这一点。澳大利亚教育研究委员会(Australian Council of Education Research,ACER)负责的大洋洲大学生学习投入调查(Australasia Survey of Student Engagement,AUSSE),2007年开始运行,该项目共有三个子项目,其一"大学生投入调查"(Student Engagement Questionnaire,SEQ)就是针对本科生的学习经历而设,澳大利亚和新西兰的大学参与该项目②。英国高教学会负责的英国大学生学习投入调查(United Kingdom Engagement

---

① 图1-1的相关说明:(1)N1—N6表示NSSE项目对不同国家类似项目的直接影响;(2)虚线表示SERU项目在中国和日本的一些大学做市场化努力,但均未成功(来源于笔者对相关专家AT1、AT2等的访谈资料);(3)SERU-China指SERU项目在中国的联盟成员南京大学、西安交通大学、湖南大学和同济大学等的开展。

② AUSSE分为三个系列:除了大学生投入调查(SEQ)外,还有研究生投入调查(The Postgraduate Student Engagement Questionnaire,PSEQ)和教师版的学生投入调查(Staff Student Engagement Questionnaire,SSEQ)。详见AUSSE的"survey instruments",2019年3月3日下载于https://www.acer.org/au/ausse/survey-instruments。

Survey,UKES)也于2013年开始运行,2015—2018年,共有133所院校参与(Advance Higher Education,2019)。日本类似的评估项目"全国大学生调查"(东京大学创成科研项目,CRUMP)由东京大学经营政策中心负责,于2007年开始运行,第一年就有128所院校参与(窦心浩 等,2011;鲍威,2014:62)。

相比较而言,中国的大学生学习评估运动声势更加浩大。随着中国政府越来越重视高等教育质量,以美国NSSE项目和SERU项目为主力"播种机"的大学生学习评估项目,深度影响了中国国内[1]类似项目的发展。2001年开始的北京师范大学的"中国大学生就读经验问卷"(Chinese College Student Experience Questionnaire,CCSEQ)(周廷勇 等,2012),2006年开始的北京大学"首都高校教学质量与学生发展监测项目"(后扩展为"全国高校教学质量与学生发展监测项目",下文简称"北大项目")[2],2009年开始的清华大学"中国大学生学习与发展追踪调查"(China College Student Survey,CCSS)(下文简称"清华项目",或"CCSS项目"),2011年开始的厦门大学"中国大学生学习情况调查研究项目"(National College Student Survey,NCSS)(下文简称"厦大项目",或"NCSS项目"),2011年开始的由南京大学、西安交通大学、湖南大学和同济大学陆续加入的SERU项目(龚放 等,2012),逐步呈现出多足鼎立的形势。从历史源头来说,当前国内比较有影响力的北大项目、清华项目与美国NSSE和SERU两个项目渊源颇深,其中,NSSE项目对清华项目的影响最为直接和深远。从众多文献可以看到,清华大学教育研究院自2009年起在NSSE基础上开发了汉化版工具NSSE-China,同时结合国情重构指标体系、自主开发量表等,完成了项目的本土化历程,于2011年正式更名为CCSS(史静寰 等,2014;史静寰 等,2019:19-20)。不过根据笔者的考察,清华大学是在NSSE项目和SERU项目之间做了取舍,最终在印第安纳大学的海蒂·罗斯(Ross)的推动下,和印第安纳大学建立了合作关系,并于2007年在六所

---

[1] 由于文献的可获取性所限,本研究不涉及港澳台的情况。
[2] 北京大学"首都高校教学质量与学生发展监测项目"自2017年开始推广到全国,更名为北京大学"全国高校教学质量与学生发展监测项目"。不过,该项目早期名称为"首都高等教育质量与学生发展状况调查报告",详见北京大学课题组《2006年首都高等教育质量与学生发展状况调查报告》和《2017年首都高等教育质量与学生发展状况调查报告》。

院校做了试点①。相比较而言,北大项目采取了博取众长的做法。2006年,北京大学教育学院的专业团队选择在借鉴美国的NSSE项目、合作性院校研究项目"大四学生调查"(CIRP College Senior Survey,CIRP-CSS)、日本的CRUMP项目和澳大利亚的AUSSE项目的基础上,开发兼具国际化和本土化的评估项目(王小青 等,2018)。SERU项目基于其市场需求,在加州大学校长办公室常桐善研究员的推动下②,其负责人道格拉斯(Douglass)2011年在南京大学召开会议,北京大学、清华大学、南京大学、厦门大学、西安交通大学、湖南大学等均有代表参加③④⑤,但当时北京大学并未选择加入⑥,只有南京大学等四所研究型大学加入SERU项目(即图1-1中的"SERU-China")。

若以复旦大学社会学系1998年主持的"上海大学生发展研究"(鲍威,2014:70)为起点,中国的大学生学习评估项目探索已过二十年,尤其是近十年来蓬勃发展,以北大项目和清华项目为例(见图1-2)(王小青 等,2018)。北大项目自2006年开始有6所高校参与,2008—2015年每年参与的首都高校稳定在50所上下,八年中参与人数超过30万人次(鲍威 等,2016:10-11),2017年开始推广到全国,参与的院校近90所,参与人数近9万人次⑦。清华项目在2009—2015年间,参与的院校累计超过100所,参与人数超过30万次(黄雨恒 等,2016)。另外,2011—2014年期间,每年参与厦大项目的院校在50所左右,参与人数亦超过30万人次⑧。据估算⑨,2017

---

① 来源:2018年5月27日与该项目负责人BH1老师的面对面访谈。
② 来源:2019年4月16日与CP1老师的面对面访谈。
③ 来源:2018年5月26日与C1M2老师的面对面访谈。
④ 来源:2018年6月23日与C2M1老师的面对面访谈。
⑤ 来源:2018年6月19日与C1M1老师的面对面访谈。
⑥ 根据笔者与当年的参会人交流,主要原因在于经费太贵,SERU项目的实施者加州大学伯克利分校高等教育研究中心不和国内大学分享国外大学的数据,以及由此产生的对本校数据潜在风险的担心。不过,事实证明,SERU项目后来还是实现了数据在联盟内部的共享,实现了跨国比较。
⑦ 数据来源于北大项目课题组档案,2019年3月2日与项目负责人的非正式交流。
⑧ 数据来源于史秋衡和汪雅霜(2015)《大学生学习情况调查研究》以及史秋衡(2015)《大学生学习情况究竟怎样》报告的数据核算。笔者2018年5月30日和厦大项目组成员DP1核对该估值,她认为该数据基本准确。
⑨ 如上文所述,北大项目参加院校接近100所,清华项目均值近40所,厦大项目均值为50所。

年选择参加三个项目的院校数量接近200所,占全国高校数量近1/10[①],算是中国高等教育发展史上值得纪念的事件。越来越多的中国高校选择通过科学的大学生学习评估项目促进自身的长远发展。事实上,没有任何部门比教育部门(包括学前学校、小学、中学、大学和大学后教育)更需要教育评估,但很少教育项目真正被评估,这会给政策和资源分配带来消极结果(Onwuegbuzie et al., 2017)。令奥斯汀(Astin)悲观的是,即使在美国这样的发达国家,多数大学的评估活动也很少真正有利于个体(学生、教师、管理者)和组织(院校)(Astin et al., 2012: vii)。

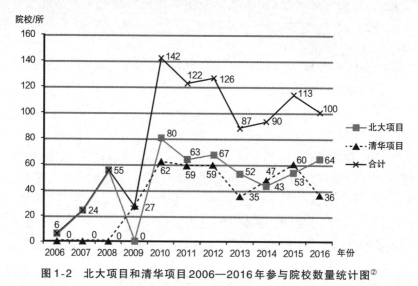

图1-2　北大项目和清华项目2006—2016年参与院校数量统计图[②]

第二节　研究缘起

一、我为何选择"大学生学习评估"?

选择"大学生学习评估"作为本研究主题的原因在于,我一直对于大学

[①] 截至2017年5月31日,全国高等学校共计2914所,其中:普通高等学校2631所(含独立学院265所),成人高等学校283所。数据来自中华人民共和国教育部2017年6月14日发布的"全国高等学校名单",2017年11月12日下载于http://www.moe.gov.cn/srcsite/A03/moe_634/201706/t20170614_306900.html。

[②] 来源:王小青等(2018)《中国大学生学业成就评估研究:二十年的回顾(1998—2017年)》第65页。

怎么样才算是培养了优秀的人才比较困惑。对本科宿舍同学的求学和长期发展的关注,以及研究生时期正式接触本科教学评估并进行相关研究的经历,这些都和我跨入教育学专业领域近20年以来对人才培养和教育本质的长期反思息息相关。这是作为曾经的大学生和现在的青年学者身份的延伸和自然使命。

第一,对本科时期宿舍同学的求学和后续发展的关注。我以故事的形式介绍四位同学在大学和大学后的成长历程。

2003年,我开始在一所文理均衡发展的原"985工程"院校读本科。宿舍内除我之外,还有甲、乙、丙三位同学。进大学之前,我们都是所在地高中的尖子生。大一时我们主要修习一些基础课程,闲暇时间就"随大流"参加社团活动,对于未来没有什么想法①。学院也没有现在的高校那样丰富多彩的新生适应活动。倒是有个负责任的班主任(也是学院党委副书记)在新生见面会上透露,他专门去校园招聘会做了一个调查,十家单位中有七八家单位需要本专业的研究生。我们当时觉得研究生离我们很遥远。甲同学看起来还是个孩子,每天按时上下课,但下学期家里出了变故,回来之后就变得沉默不语,在网络上逗留的时间越来越长,但是他看了很多书,喜欢在纸上摘抄优美的短诗,常常语出惊人,甚有美感,可称为"文艺青年"。乙同学是班干部,原来是中专学生,因为优秀,后来临时转到高三参加高考。大学时,他上课积极性一般,业余时间帮同学修修电脑,很受同学们欢迎。丙同学喜欢舞文弄墨,画一些山水画,有时吹吹笛子,算是"江南才子"。我对本专业不感兴趣,上课不是迟到早退就是打瞌睡,倒是参加社团活动越来越积极,大一下学期担任了学生会某部门部长。大一结束的时候,我们四位同学的成绩都不拔尖。当时,没有一个人意识到,这种学习成绩意味着大四保研肯定没有我们的份儿。

大二第一学期,我们的大学生活依旧,只是多了一本本科教学评估学习手册,同时,大家隐隐约约知道,这个评估结果和学校的声誉息息相关。我由于是学生会干部,还听到了一些"内幕",比如低年级同学需要起早签到,然后去晨读、上课,这些是专家关注的指标。据说隔壁一所师范大学有学生被评估专家发现签到结束之后回宿舍继续睡觉,搞得校方很尴尬。有一位同窗被教育部专家约谈,我们都为他捏了一把汗,因为这哥们儿平时"牢骚满腹",喜欢点评国家时事和校内问题。不过他回来和我们讲,他说

---

① 不像现在全国高校普遍在大一就开设大学生职业生涯发展与规划相关的课程,并且设立大学生职业生涯发展指导咨询室。

了一大堆好话,因为学校评价结果好,对大家未来就业也有好处。这一点后来在我写作一篇论文时给我带来灵感:在教育部老版的教学评价方案中,专家即使和学生互动也未必能获得真实信息。据说,最后学校的教学评估结果非常好。不过,我不太关心它,因为这一年我未能成功转专业。由于对相关政策不了解,大一结束之后才知道几位同学转到了经管学院和法学院,我则连争取的机会都没有。甚至有同学出国交流,我们都不明白是怎么一回事。唯一幸运的是,我这一学年选择了近50个学分的跨学科专业课,涉及经管、法学、政治、哲学、历史等人文社科。

  教学评估结束之后,我们并未感觉大三生活有何明显变化。2006、2007年那个时候,似乎学校不是很重视大学生的就业问题①,除了高年级同学和我们这一届进行过一次就业和考研交流之外,再无其他任何系统的就业辅导活动。毕业时,甲同学和乙同学都没有确定工作,直接去东部发达地区的S市漂泊,丙同学选择"西部支教两年+保研"模式待在L市,而我在大三暑期参加支教活动后,突然对教育学专业产生浓厚兴趣,决定考研并如愿考上N市一所重点大学。大学毕业季的某个片段令我至今难以忘怀:我们掐指倒数着离校的日子,回忆过去、畅想未来,乙同学忽然痛哭起来,说感觉大学对不起自己,他在大学里没学到什么。我们当时边安慰他,边把他训了一顿,责怪他平时不够勤奋,执行力差②。

  大学毕业后的十年间,甲同学一度不肯承认自己是大学生,在S市换过几份工作,近年来工作才逐渐稳定,并且交上了女朋友。乙同学也在S市从事了一份非本专业的工作,过山车似的过了几年,又回到老家省会郊区"停顿"了一年,调整状态后开了一家教育培训学校,现在刚好可以养活一家人。丙同学支教结束后读了研究生,毕业后到"长三角"找过工作,但并未如愿,后又回到支教的地方成家立业。我研究生毕业后,在N市的一所"211工程"大学当辅导员,先后在政府挂职锻炼,又回到学校机关工作,业余时间给大一学生上课,加起来整整五年,后辞职在心仪的高等学府攻读博士学位。

---

① 与我2010年了解的东部某发达省份的一所原"211工程"大学重视就业的形势完全不同。这所大学的每个学院都很紧张学生的就业工作,不仅学生就业率在90%以上,就业层次也在学校内部和同类大学之间相互较劲。

② 现在想起来对他有些残忍,对他来说也是不公平的。一个大学生学业成功的影响因素是比较多的,个人的努力很重要,学校的制度性支持同样关键。笔者会在第二章"文献综述"的奥斯汀理论部分详细介绍。

我呈现四位本科生的求学、就业历程，并无价值判断。四位同学对于工作和生活都有一定程度的奋斗精神，这一点毋庸置疑。不过，我有时觉得，这整个过程中好像缺了点什么，似乎我们大学毕业后进入社会的适应周期有些长，生活和预期相比差距较大。我了解过本科同专业的其他同学，似乎多少都有些社会适应不良的症状，比如对人生的规划意识明显不够，对目标的坚持不够，对人际关系的敏感度也存在问题等。毕业生和大学也从此断了联系，没人关心当年大学的学习到底对我们是否有作用，有多大的作用。一个高中生经历高考之后进入大学，再到离开大学，他到底收获了什么呢？由于我所工作的大学给予学生的学业支持和我们那个年代差别很大，在新生支持、校园资源使用、学业辅导、职业生涯规划、就业指导等方面比较有特色（当然它也有自身的问题，如学生评教并不能真正发挥作用等），我在想，如果把这所大学的一些积极做法迁移到我的大学时代，我们宿舍四个人的命运是否会不一样呢？

第二，就读研究生以来对大学生发展的持续关注。2008年我参与了教育部对南京大学本科教学质量评估的相关准备工作，了解到相关的评估指标，发现学生始终是作为客体被动接受评估，而且评估工作更多关注的是就业率和毕业率等外在的指标，对于学生的内在素养提升、师生互动等关注得极少。我先后撰写了核心期刊论文《从关注质量主体的角度看高等教育质量评估》（王小青，2010a），硕士论文《关于研究型大学师生课外沟通现状的调查分析——以N大学为例》（王小青，2010b）等。这些研究让我对大学教育教学质量评价产生了浓厚的兴趣。我后来得知南京大学参与了SERU国际评估项目，关注的是学生的就读经验、学生的"教育增值"（龚放等，2012），像SERU、NSSE等国际流行的测评工具就是对学生学习过程与学业成就的评估，学业成就的内涵远远超越了传统的学业成绩、就业率、毕业率等狭隘的指标。我突然对大学存在的一些问题的解决产生了莫大的希望——大学的本质不就是促进大学生的认知和非认知因素的提升吗？不过，上述的这些"西学东渐"的评估项目对中国而言还是新鲜事物（不过十余年），其作为第三方评估工具到底能发挥怎样的作用，可能还是一个黑箱[①]。这就是元评估的视角或者思维方式。这是我关注大学生学习评估项目影响的起点，也是本研究要回答的首要问题。

---

① 来源：2014年11月25日与某大学教授A老师的对话。

二、我为何选择"本科教育"?

在本研究里,笔者将"大学生"限定在本科教育阶段,是出于两种视角:一是宏观的政策决策者视角,二是微观的研究者视角。

宏观层面上,国家作为所有利益相关者的代言人,不断通过重大报告、文件、政策提高对高等教育质量的要求来对高校问责。如,十九大报告提出,要"加快一流大学和一流学科建设,实现高等教育内涵式发展"(中国网,2017);《国家中长期教育改革和发展规划纲要(2010-2020年)》强调要全面提高高等教育质量,提高人才培养质量(国家中长期教育改革和发展规划纲要工作小组办公室,2010);2015年,《国务院关于印发统筹推进世界一流大学和一流学科建设总体方案的通知》(国发〔2015〕64号)也让高校重新反思自己的人才培养质量(国务院,2015);习近平同志在全国教育大会上强调:"要努力构建德智体美劳全面培养的教育体系,形成更高水平的人才培养体系。要把立德树人融入思想道德教育、文化知识教育、社会实践教育各环节,贯穿基础教育、职业教育、高等教育各领域,学科体系、教学体系、教材体系、管理体系要围绕这个目标来设计,教师要围绕这个目标来教,学生要围绕这个目标来学。"(新华网,2018)围绕提高高校人才培养质量,国家对本科教育的重视达到改革开放以来之最。新时代全国高等学校本科教育工作会议强调,要坚持"以本为本",推进"四个回归"(人民网,2018),形成了"一流本科教育宣言"(亦称"成都宣言")(中华人民共和国教育部,2018)。很快,教育部出台了《教育部关于狠抓新时代全国高等学校本科教育工作会议精神落实的通知》(教高函〔2018〕8号),推进高校更加重视本科教育工作并深度落实(中华人民共和国教育部,2018)。过去教育部在本科教学质量工作水平的评估中扮演着把控底线的角色,两年后的元评估已经证明其积极意义比较明显:①日常教学更加规范,对教学制度及质量监控体系的建立促进作用显著;②学校基本教学条件建设改善显著;③实验室、实习基地建设成效显著;④对于学校进一步理清办学思路、凝练办学特色作用显著,近三年本科教学经费投入显著增加;⑤对于高校师资队伍数量、质量及结构,图书馆场地及购书量,运动设施改善等方面的促进作用也比较显著(李延保 等,2006)。

不过,既然是保障质量的底线,必然有其有限性。"评估工作所发挥的作用主要表现在高校教学开展工作的外部条件上,而缺乏对学生的关注。"(章建石,2014:21)即便是第三方机构的大学排行榜,也存在类似的问题,即不能反映真实的教学质量(王英杰,2008)。缺乏对学生的关注,有两种情况:一种是学生没有被作为评价主体,后来的学生评教部分解决了这个问题;另一种是没有关注学生进入大学之后哪些方面有了质的提升,即没有关注大学的产出。国内院校和国外大学一样,只有通过向利益相关者证明大学生在大学四年期间到底获得了哪些方面的提升和进步才能真正回应国家、社会、市场、学生和家长的问责。

微观层面上,以笔者作为研究者的视角来看,选择本科教育有四个原因。第一,大学本科——有别于研究生院和专业教育——仍然是"进行人文教育的理所当然的场所和高等教育的基本形式,在这里个人修养、个人和社会问题是中心点"[①]。第二,本科教育的活力影响着其他部分(Boyer,1987),大多数人本科毕业后不再继续攻读更高学位,这些人的素质和能力直接决定了他们将来所在单位的基础业务质量,也影响了整个社会的人力资源素质。第三,一部分人在继续攻读研究生时,需要判断自己在就读院校的收获,以决定是否继续在该院校深造,这些人将会是院校研究生的潜在生源,而且,本科教育质量直接决定着研究生的质量。第四,本科生的就读经验也会影响到其是否会推荐身边的人报考其就读的院校。政府评估保护的是教育质量的底线(对投入的评价),解决的是高校的生存问题,而高校的发展主要还要靠高校自身主动地建立内部质量保障体系。

第三节 问题提出

在自述研究缘起的过程中,我反思着自己观察到的现象。起源于美国的大学生学习评估运动跨洋过海地影响到中国,经过二十年发展,我国也逐步呈现出本土化的大学生学习评估项目,如北大项目、清华项目(CCSS)、厦大项目(NCSS)以及南京大学等四所研究型大学参加的 SERU 项目(其对该项目的测评工具进行了微调)。谈及这些评估项目对院校本科教育质量产生何种影响以及如何影响的逻辑前提在于,这些项目对院校的本科教育质量有影响吗? 我在 2018 年 5 月底正式启动大规模的定量和访谈之前,特地开展了十余次开放式访谈和非正式交流,其中有北大项目

[①] 该观点来源于谢尔登·罗布斯拉德的文章《持续的对抗:本科教育与研究生教育的关系》,这篇文章收录在莱斯利·凯普林和戴维·威尔逊编的《州立大学的未来》(新泽西伊丽莎白:拉特格斯大学出版社,1986年)第59页。详见Boyer(1987)《大学:美国大学生的就读经验》(*College: The Undergraduate Experience in America*)书末注释。

的负责人、清华项目的负责人和 SERU 项目的南京大学负责人,以及数名领域内的专家。他们给我提供了很宝贵的一手资料,比如,清华的 CCSS 项目研究发现清华教师对学生的支持度不够,由此建立了学生辅导中心,参与 CCSS 项目的一些院校也存在类似的问题,也建立了相应的机构[①]。SERU 项目的南京大学负责人吕林海认为,SERU 项目扮演了孵化器之角色,引发了一系列类似实证调研活动,逐渐在南京大学形成证据文化[②]。某项目负责人也认为关于项目影响的研究应该提上日程:"这些项目运行了这么多年,确实有必要研究它们对参与院校产生了哪些影响?"[③]这些预研究帮助笔者确定了这些学习评估项目对院校的确存在一定程度的影响,并且进一步强化了开展关于这些项目影响的研究的必要性。

结合已有的质性研究资料和对已有文献的掌握,笔者初步提出本研究的问题,即**大学生学习评估项目对院校本科教育质量产生何种影响以及如何产生影响**,具体包括两个子问题:

(1)大学生学习评估项目对院校本科教育质量产生了哪些影响?大学组织层面和个体层面的表现分别是怎样的?

(2)大学生学习评估项目如何影响院校本科教育质量?动力和路径分别是如何表现的?

这里的大学生学习评估项目是指上述提及的中国主流的评估项目,包括北大项目、清华项目、厦大项目和 SERU 项目。本研究将选择其中的某项目为案例(以下称"明德项目")。选择明德项目作为研究案例的原因主要有两个:一是参与明德项目的院校数量上最多(目前全国范围内稳定在 70 所左右),项目运行时间最长(已经超过十年);二是考虑到后续大量调研的可操作性。笔者将在第三章"研究设计"中详细介绍。

---

① 来源:2017 年 12 月 25 日与清华大学 CCSS 项目组成员 T1 老师的面对面访谈。
② 来源:2018 年 5 月 26 日与南京大学吕林海教授的面对面访谈,经他本人同意,实名引用其观点。
③ 来源:2017 年 5 月 18 日与某项目负责人 T2 老师的非正式交流。

第四节 研究意义

一、理论意义

（一）方法上的尝试

本研究采用混合研究方法（具体介绍详见第三章"研究设计"），这意味着运用综合定量研究和质性研究方法搜集数据、分析数据，这样一方面可以提高数据的真实性和可靠性，另一方面也能通过三角互证进一步提升研究的质量（Allen，2004）。过于依赖定量研究方法或质性研究方法均难以达到预期目的。本研究的定量研究是通过问卷调查进行的，但由于以院校为分析单位的相关样本数量的有限性问题，只能从描述性统计着手呈现项目在参与院校的整体运行情况，无法全面回答项目影响院校的结果和背后的影响机制。尽管如此，这样的贡献在国内亦具首创性，能帮助读者从总体上了解项目的运行。而通过访谈法、观察法、文档分析法等获得的质性数据，则可以帮助我们更加深入研究项目影响的结果、程度分类以及项目影响院校本科教育质量的动力和路径，形成理论假设。当然，这些理论假设还有待大规模的定量研究来验证。混合方法的优势在于，定量数据和质性数据可以优势互补、遥相呼应，可以相互成就。本研究是以定量研究方法辅助质性研究方法。

（二）理论生成的尝试

所谓生成理论在本研究中依然是基于研究方法的，即扎根理论（grounded theory，GT）（具体介绍详见第三章"研究设计"），其目的就在于生成中层理论[①]（middle-range theory）（默顿，1990：54-55），具体分为实质理论（substantive theory）和形式理论（formal theory）。所谓实质理论是指适

[①] 默顿认为，"中层理论既非日常研究中大批涌现的微观而且必要的操作性假设，也不是一个包罗一切、用以解释所有我们可观察到的社会行为、社会组织和社会变迁的一致性的自成体系的统一理论，而是指介于这两者之间的理论。社会学中的中层理论主要用于指导经验探索。社会系统的一般理论远离特定的社会行为、社会组织和社会变迁，已不能解释我们观察到的现象；而对于特定事件的详尽而系统的描述又缺乏整体的概括性，中层理论则介于两者之间。当然，中层理论也具有抽象性，但它非常接近各种命题中的观察资料，而这些命题是可以进行经验检验的。"详见默顿（1990）中译本《论理论社会学》（*On Theoretical Sociology*）第 54-55 页。

合某一特殊情境脉络所发展成的理论,而形式理论是指有许多不同种类的情境,检视统一现象所做成的理论(Strauss 等,1997:195-196)①。本研究的首要目标在于生成基于某一种特殊情境的实质理论,而扎根理论的使用主要是在项目的影响机制部分,即动力和路径,通过该研究路径的使用,尝试得出基于一定情境(如某一类的大学生学习评估项目)的动力理论和路径依赖的分类。在此基础上,通过分析与研究案例类似的项目的质性资料,进一步增强中层理论的解释力,与此同时,力求将其与已有的动力理论和路径依赖理论进行互动。本研究的中层理论已经证明在高等教育领域的几个学习评估项目内具有一定的解释力,有可能对于一般性的教育评估项目(如何发挥影响)有参考价值,当然,这仍然需要更多的定量研究来验证和检验。

二、实践意义

(一)院校学习借鉴

一是有助于强化国内院校对大学生学习评估项目的认知。笔者对当前全球 30 余种大学生学习评估项目进行介绍,对主流的国内外大学生评估项目影响进行综述(详见第二章"文献综述"),以期帮助院校加深对这些学习评估项目的理解,使它们意识到这些项目"有关学生学习的评估数据对于质量保证的价值"(Coates,2005),推动它们根据自身的需求选择适合自己的评估项目,为其本科教育质量提供保障。对项目的认知和理解往往会影响项目结果将来在院校内部的使用情况。

二是有助于院校学习借鉴有关项目影响的案例院校的经验。本研究力求选择一定数量的样本院校,考察项目对院校本科教育质量的影响,必将呈现积极和消极的案例,或者案例院校各自的特色经验,有利于院校开拓视野,结合各自的实际情况,考虑如何更好地运用和挖掘项目结果数据。本研究涵盖了不同类型的院校,既有原"985 工程""211 工程"的研究型大学,也有地方本科院校,方便不同类型的院校借鉴和学习相关经验。为何其他院校参与项目的动力是那样的?为何项目在这一院校是这样的影响路径?哪些因素可能促使项目更好地发挥作用?本研究将为这些问题的回答提供灵感和启示。

---

① 该文献为中文文献,尽管原作者为美国学者,但翻译者未给出中文翻译名,这里保持作者的英文名,下同。

(二)评估项目的自我评估

据上文所述,每年近200所院校参与中国主流的四个大学生学习评估项目,十余年来累计超过150万人次填写了相关问卷。那么这些项目对院校的本科教育质量到底产生哪些影响?其背后的影响机制是怎样的?关于项目产生哪些影响,具体就要问一些过程性和结果性的问题,如该项目评估的发现是否清楚、数据和信息对于所得的评估结论来说是否充分、评估结果是否充分地传达了出去、评估结果是否得到了使用等(桑德斯,2012:203)。此外,项目自身的目标是否达到了呢?以北大项目为例,它有两大目标:一是在实践应用方面,建立高校教学评估和学生发展监测体系,推进学校事务工作和研究的提升与完善;二是在学术研究方面,为以实证为基础的高等教育研究和院校研究提供重要的发展平台,具体包括理解学生、监测教学活动、分析院校教学成效和提升人才培养质量等(北京大学教育学院项目组,2018)。本研究的第一个子问题对这些问题进行了回答。不论是北大项目,还是其他类似项目,其初衷都是美好的愿望,是基于学者专业性的自我实现,是传统知识分子"治国平天下"的独特而含蓄的行动表达。本研究的实施,可以发现项目在哪些方面已经卓有成效,不断巩固项目的存在价值;同时发现项目存在的问题,对症下药,进一步提升项目的服务质量。与此同时,结合本研究有关影响机制的研究结果,可以更好地了解何种动力组合和影响路径更有利于项目发挥作用,借以将项目影响的潜力发挥到理想状态。

最后,对于项目资助者而言,本研究的结果也有一定的参考价值。这里的资助可以是经费的资助或者政策支持,抑或两者兼而有之。就目前中国的具有代表性的主流学习评估项目(如北大项目、清华项目、厦大项目和SERU项目等)而言,资助者既包括上级教育主管部门和高校,也包括民间组织。不管是何种性质的组织机构,他们都会衡量资助的绩效,根据结果来决定未来的资助形式,可以是负向的减少和取消,可以是正向的增加,抑或不变。

第五节 内容与结构

本研究采用混合研究方法,研究作为大学生学习评估项目之一的中国明德项目对参与院校本科教育质量的影响,包括研究项目对院校产生了哪些影响和这些影响背后的机制,后者的研究重点是动力和路径两方面。本研究内容分为八章。需要指出的是,本研究使用混合研究方法,以质性研究为主,故在第一章、第三章、第五章、第六章、第七章出现"我"的陈述,这在质性研究的范式上是允许的。第八章是总结与讨论,属于研究结论的高度概括和理论互动,则用"笔者"来行文,不再出现"我"。

第一章,绪论。具体介绍研究的背景、研究缘起、问题提出,以及研究的理论意义和实践意义等。其中,研究的背景是美国州政府针对高校办学绩效的问责制的出现,推动大学生学习评估项目的快速发展,逐渐促成国际性的评估运动,进而影响到中国类似项目的出现和发展。研究缘起即呈现研究者对本研究关键要素兴趣的历史脉络。然后初步提出研究问题,并分析其中的理论意义和实践意义。最后简单介绍本研究的内容与结构。

第二章,文献综述。分为三个部分:第一部分介绍大学生学习评估项目的相关理论,第二部分介绍这些学习评估项目在国际和国内的应用情况,第三部分介绍有关大学生学习评估项目影响的研究,最后对三个部分进行小结,与研究问题形成呼应。前两部分介绍了该研究领域的基础性知识,起铺垫作用,第三部分为该章重点内容。

第三章,研究设计。包括核心概念界定、相关理论、研究方法、研究伦理与信效度等四部分。其中,核心概念界定包括评估、学习评估与学习评估项目、学业成就、教育质量、机制、动力等概念。相关理论是指现有的动力学理论,包括群体动力学理论、动机理论和组织动力学理论。研究方法部分介绍了本研究使用的方法,包括样本选择和数据搜集与分析。本研究也会对研究的伦理、信效度进行讨论。

第四章,中国明德项目运行调查分析。对明德项目的参与院校的项目负责人或参与者进行全样本的问卷调查,重点了解他们对项目的态度、参与评估目的、项目问题反馈、结果传播、结果使用和项目成效等。该部分对明德项目进行了基本的介绍,有关项目影响的内容、动力和路径的分析将与后续的质性研究结果互动。

第五章,中国明德项目对院校本科教育质量的影响。采用质的研究方法,具体使用分析归纳法对访谈资料进行分析,将明德项目对院校本科教育质量的影响分为内部影响和外部应用,按照组织层面和个体层面具体划分。将明德项目与国外的NSSE项目、CSEQ项目、NSS项目和CEQ项目等四项主流评估项目进行比较,在此基础上,构建明德项目对本科教育质量的影响程度分类指标框架,对项目影响程度进行分类。

第六章,中国明德项目影响院校本科教育质量的动力,即项目的影响机制之一。同样采用质的研究方法,具体使用扎根理论的策略分析资料,力求生成理论。依次按照开放性编码、主轴编码和选择性编码分析资料,归纳出动力的核心类属,并且生成矩阵、形成理论,结合影响分类结果,生成若干命题。最后对照类似于明德项目的亲民项目和至善项目的案例院校资料,检验生成的理论的解释力。

第七章,中国明德项目影响院校本科教育质量的路径,即项目的影响机制之二。分为两小部分,一是明德项目对院校的外部影响路径("外合")和内部影响路径("内应"),以后者为主,重点分析项目结果的传播路径;二是以项目负责人为研究对象,采用扎根理论,归纳项目负责人行动模式的核心类属,生成矩阵、形成理论,对他们的行为模式进行分类。与第六章一样,对照类似于明德项目的亲民项目和至善项目的案例院校资料,检验生成的理论是否能够解释其他情境。

第八章,总结与讨论。首先呈现整个研究的发现,重点是将本研究形成的动力和路径理论与现有的理论进行互动。具体而言,与勒温的群体动力理论、斯塔塞的复杂性响应过程的组织动力学理论,以及罗杰斯的创新扩散理论等进行互动,检验研究结果。在实践启示方面也紧扣研究结果提出相关政策建议。最后,对本研究的贡献和局限也有所讨论。

第二章　文献综述

本章将分为三部分：一是介绍大学生学习评估相关理论研究，重点介绍奥斯汀的院校影响理论和学生参与理论，以及几种学业成就相关理论；二是针对全球现有的大学生学习评估项目应用概览做基本介绍；三是针对国内外大学生学习评估项目影响研究进行综述，对已有研究进行小结，分析其中存在的问题，对后续的研究进行展望。综述前两部分的必要性在于，这类评估项目背后的理论、在全球多数国家的应用情况构成该领域的认知常识，了解这些常识有助于我们更好地理解它们对院校本科教育质量的影响。

第一节　大学生学习评估相关理论研究

一、院校影响理论和学生参与理论

有研究者在帕斯卡雷拉（Pascarella）和特拉赞尼（Terenzini）（2005）《大学如何影响学生？》（*How College Affects Students*）的基础上，对院校影响理论做了更加全面的梳理，主要有奥斯汀的I-E-O概念框架与学生参与理论，斯帕蒂（Spady）的学生辍学行为的社会学分析模型，帕斯卡雷拉的学生变化的因果解释模型，魏德曼（Weidman）的学生社会化模型，汀托（Tionto）的学生辍学互动作用理论模型，比恩（Bean）的学生消耗模型，卡博雷拉（Cabrera）等的学生持续就业的综合模型，和乔治·库的学生成功概念框架（鲍威，2014：24-34）[①]。其中，奥斯汀的理论模型被美国密西根州立大学的克里斯汀·仁（Renn）（2008）认为对美国高等教育的政策和实践影响非常大。基于此，本研究重点介绍奥斯汀的院校影响理论全貌。

[①] 如果读者对以上这些理论感兴趣，可以详细阅读鲍威（2014）《未完成的转型：高等教育影响力与学生发展》，本研究不再赘述。

为国内外学界熟知的奥斯汀的输入—环境—输出(input-environment-output,I-E-O)模型在他1970年的论文《大学影响力研究方法论(第一部分)》中被提出(Astin,1970),起初只是被阐述为信息的三种类型:学生产出(标准)数据(毕业时候的一些行为,如职业选择)、学生投入(控制)数据(大学生入学时用来预测未来行为的特征)和环境数据(被期望影响学生行为的大学特征)(Astin,1965)。后来逐渐演变成三角模型,明确了学生投入、学生产出和大学环境之间的关系(见图2-1)。这里的学生产出包括学生的学业成就、知识、技能、价值观、态度、抱负、兴趣和日常的活动等(Astin,1970;Astin et al.,2012:20)。该模型清晰和明确地指出学生自身投入既可直接影响学生产出,亦可间接通过大学环境来影响学生产出。建立I-E-O模型的目的在于,通过确定在不同环境条件下学生是否有不同的增长或变化,从而评估多种环境经历的影响力(Astin,1993:7)。

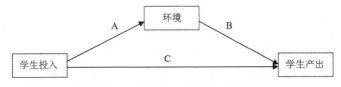

图2-1 奥斯汀(1970)的输入—环境—输出(I-E-O)模型

奥斯汀在1985年的专著《成就教育的卓越》(*Achieving Educational Excellence*)中,将大学影响模式发展为参与理论——"学生参与而后学"(students learn by becoming involved)(Astin,1984;Astin,1985:133)。奥斯汀强调学校环境对学生发展所起的关键性作用,大学必须创造条件让学生得以接触不同的人和思想,同时,学生自己必须主动和积极地寻找机会参与学习和发展的过程(程星,2011:88)。奥斯汀对其参与理论的作用很有自信:一是可解释有效的教学和院校实践,促进学生保持率[①]和发展;二是可被当作有用的工具,帮助教师和管理者计划、设计更有效的环境,培养学生才能发展(Astin,1985:xiv)。

此处的"才能发展"(talent development)是奥斯汀提出的评价高校的新标准。他批判了评价院校质量有关"卓越"的四种传统观点:"基于声望的质量观"(reputational views)、"基于资源的质量观"(resources views)、"基于结果的质量观"(outcomes views)和"基于教育内容的质量观"

[①] 美国大学会面临经过大一之后的学生流失的问题,所以大学保持率对于美国大学来说是衡量高等教育质量的重要指标之一。

(content views)(Astin,1985:xii-xiii)。在此基础上,奥斯汀提出以"才能发展"代替名声和资源作为评价高校的标准。他认为,高质量的院校应该能使它的学生在智力和个性上获得最大发展(Astin,1985:60),且仅仅是学生获得发展是不够的。他借用经济学家所说的"增加最多价值(add the most value)"的观点,认为最卓越的学校是那些对学生的知识和个人发展,以及对教师的学术能力、教学能力和教学产出[①]施加最大影响力的学校[②](Astin,1985:60-61)。奥斯汀的教育增值理念的意义在于把注意力放在结果上,他提出这样一个问题:我们使学生的知识、能力和态度发生了怎样的改变?(博格 等,2008:10)按照奥斯汀对"growth"和"change"的辨析,大学应该关注学生在知识、能力和态度等方面的增长或提升,因为这些方面的变化本身未必来自大学的影响,而是个人成熟(Astin,1970),这两者需要区分开来。当然,才能发展是多维度的,其内涵对于不同院校而言可以有共性,也可以有个性(Astin,1985:66)。有关才能发展的具体阐述,奥斯汀在1985年的著作中讨论得很翔实,此处不再赘述。

对于教育增值或者说学生学业成就的提升,奥斯汀还做了进一步的深度思考。通常被关注的本科生项目的每一种才能可视为从最低成就到最高成就的连续体,只是容易忽略两个问题:第一,大多数教育项目不仅要让有能力的学生达到连续体标准,也要尽可能让学生超越自己;第二,成就底端的学生和中端的学生可以获得显著的沟通技能,却达不到学士要求水平,后者就不能简单地认为这种投资是浪费(Astin,1985:68-69)。这两点旨在说明,考察大学生的进步不能仅仅停留在宏观层面,而应该兼顾中观层面和个体的微观层面。其实,关于才能发展的最大化,除了上述的学生个体认知和非认知能力的增值,还有两个层面的最大化需要考虑:一是能够获得最低成就水平的学生数量;二是学生超越那些成就水平的边际安全系数(margin of safety)(Astin,1985:69)。而奥斯汀的关于才能发展的卓越观为大规模教育政策目标而设计的框架在国内文献中鲜有提及。奥斯

---

① 这个概念在提醒我们,当前的测评忽略了一个基本问题,即对教师的增值的关注。教师不应只是被当作考核对象和管理对象,教师的增值本身也意味着学生增值的可能性。

② 英国学者麦尔肯·弗雷泽(Fraze)的观点与奥斯汀类似:高等教育的质量首先是指学生发展质量,即学生在整个学习过程中所学的东西,包括所知、所能做的及其态度。详见陈玉琨等(2004)《高等教育质量保障体系概论》第59页。

汀特地使用四幅图来表达(见图2-2①)(Astin,1985:69-70)。a图显示的是大一新生的正态分布情况,大多数人在边界能力水平附近,当非常少数人表现为(潜在)博士水平。在此基础上,如果院校系统的目标在于发展学生的才能的话,就会出现三种模式:"平等主义模式"(Egalitarian Model)(b图),"精英主义模式"(Elite Model)(c图),"治疗模式"(Remedial Model)(d图)。实线表示新生初始水平,虚线表示大学影响的结果。b图平等主义模式的虚线整体向右平移,高年级学生在大学的收获较为平均;而精英主义模式的虚线尽管也向右平移,但很明显的变化在于高年级学生达到博士水平成就的人数明显增多,而低端水平学生的变化几乎被忽略。d图的治疗模式则显示低端水平学生的水平提升明显,人数明显减少,而在博士水平一端的变化非常细微(王小青,2018)。奥斯汀认为,他的模式价值在于允许政策制定者根据自己的条件专注于学校自身的目标,这些目标多样化取决于院校、州或国家的区域,以及其他因素(Astin,1985:71-74)。在此顺便指出,笔者认为,奥斯汀的院校影响理论,即I-E-O概念模型、学生参与理论、才能发展评价观以及下文的奥斯汀学生产出三维模型,可以命名为奥斯汀学业成就评估理论或者奥斯汀增值评价理论。

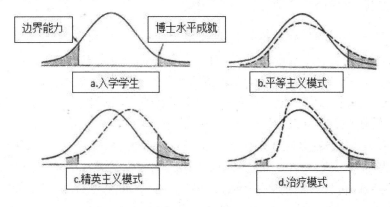

图2-2 奥斯汀的大学影响结果的三种模式示意图②

---

① 原文图示有误,b图原文标注的是"精英主义模式",c图为"平均主义模式",根据Astin的描述,图示颠倒了。详见Astin(1985),*Achieving Educational Excellence*第70页。
② 该示意图最早来自Astin(1973)的论文《高等教育成果的测量和决定因素》(Measurement and Determinants of the Outcomes of Higher Education),该文收录在其主编的《大学在发挥作用吗?——基于高等教育影响的一些证据》(*Does College Matter? Some Evidence of the Impacts of Higher Education*)第118页。

奥斯汀的教育增值理念对于后来的研究者和实践者开展成果评估运动的意义深远,像美国的合作性的院校研究项目(CIRP)两份问卷和SERU项目主要借鉴了奥斯汀的I-E-O概念框架和学生参与理论(李湘萍等,2012),该理论也是北大项目借鉴的关键理论(鲍威,2014:66)。同时,在考察多个院校影响因素时,院校影响力理论发现,院校结构和环境因素并不能完全解释学业成就的变化,上述因素大多通过促进"学生参与"这个中间变量,以间接影响的路径推进学生发展(鲍威,2014:37)。上文已提到奥斯汀的学生参与理论,有研究者梳理了学生参与理论的发展路径(鲍威,2010,2014;赵晓阳 等,2012),还有泰勒(Tyler)的"学习任务所投入"概念,佩斯的努力的质量(quality of effort),齐克林(Chickering)和汀托先后提到的学生融入(theory of involvement),库的学生投入(student engagement)理论(见图2-3),限于篇幅,此处不再一一展开。

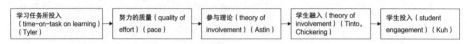

图2-3 学生参与理论的发展演变图[①]

二、学业成就的相关理论

大学生学业成就的相关理论主要围绕学业成就的内涵界定展开。主要有奥斯汀的学生产出三维模型、帕斯卡雷拉和特拉赞尼的学生产出净变化(net changes)模型和莱宁(Lenning)等人的高校成果三维模型等。

(1)奥斯汀的学生产出三维模型。奥斯汀1970年认为,大学生产出涉及学生的学业收获、知识、技能、价值观、态度、抱负、兴趣和日常的活动(Astin,1970)。后来,奥斯汀提供了一个三维的分类系统,在这一系统中,成果的类别包括认知和非认知的结果,数据的类别包括心理的和行为的结果,时间的类型包括短期的和长期的结果(见表2-1和表2-2)(Astin,1993:10-11;Astin et al.,2012:48)。奥斯汀2012年的分类与1993年的分类的异同见表2-1。在心理—认知区域,知识具化为学科知识,学术能力作为单独的一项出现;在心理—情感区域,成就动机没有再出现在2012年的版本中;在行为—认知区域,职业发展的指标被去除掉了;在行为—情感区域,个人习惯和心理健康的指标消失,增加了领导力指标。

[①] 此图在赵晓阳和刘金兰(2012)论文原图基础上修订而成,详见其论文《学生参与度评价:一种学生主体的教育质量评价方法》第22页。

表2-1 奥斯汀的学生产出分类对比表①

数据类型	成就(成果)类型			
	认知层面(1993)	认知层面(2012)	情感层面(1993)	情感层面(2012)
心理 (Psychological)	知识 批判性思维 基础学习技能 特殊智能 学术成就	学科知识 学术能力 批判性思维 基础学习技能 特殊智能 学术成就	价值观 兴趣 自我概念 态度 信念 院校满意度 成就动机	价值观 兴趣 自我概念 态度 信念 院校满意度
行为 (Behavioral)	职业发展 教育成就水平 职业成就(职责/收入水平) 获得奖励(或特别重视)	学位的获得 职业成就 获得奖励(或特别重视)	个人习惯 爱好 心理健康 公民性 人际关系	爱好和业余爱好 公民性 人际关系 领导力

来源:Astin(1993),*What Matter in College? Four Critical Years Revisited*, pp.10-11;Astin and Antonilo(2012), *Assessment for Excellence: The Philosophy and Practice of Assessment and Evaluation in Higher Education*(Second Edition), p.48。

表2-2 奥斯汀的学生产出时间维度分类

成果类型	数据类型	短期(大学期间)	长期(毕业后)
认知层面	行为	大学完成(与辍学)	收入/获得出色工作
认知层面	行为	法学院入学考试(LAST)分数/医学院入学考试(MCAT)分数	法律委员会组织的考试分数/医学执照考试分数
情感层面	心理	学生组织的参与	当地或国家政治参与
情感层面	心理	大学满意度	工作满意度

来源:Astin(1993),*What Matter in College? Four Critical Years Revisited*, p.11;Astin and Antonilo(2012), *Assessment for Excellence: The Philosophy and Practice of Assessment and Evaluation in Higher Education*(Second Edition), p.49。

在1973年的文献中,奥斯汀已经意识到将时间维度纳入学生产出模型(见表2-2)(Astin,1993:11;Astin et al.,2012:49),可谓画龙点睛。如果考虑第三个影响因素——时间,那么就会比较复杂,如评估从入学到毕业

---

① 为了便于比较内容,2012年版本中的顺序略有调整,比如在行为—情感区域,尽管构成上只有个人习惯的差异,但顺序发生了很大的变化:原本依次为领导力、公民性、人际关系、爱好和业余爱好。这种排序也意味着当今社会对大学生素质的需要的重要性悄然发生变化。

的满意度,对工作和事业上的满意度测量是一个较长的时间段,它可能是也可能不是早期满意度的变量(博格 等,2008:74-75)。学生往往只在意高等教育的短期效应,而对于院校和教师而言,应该首先关注高等教育对于学生未来生涯发展的影响作用,培养学生成为成熟的、具有责任感的社会成员,帮助他们收获成功的人生(Astin,1993:11;鲍威,2014:46)。

(2)帕斯卡雷拉和特拉赞尼的学生产出净变化模型。两位学者在奥斯汀的学生产出三维模型基础上进行了应用和扩展(见表2-3)(Pascarella et al.,1991:5-7;Pascarella et al.,2005:572-590),他们直接将学生产出分为几个领域的变化:学术性和认知性变化、心理性变化、态度与价值观、道德发展、职业生涯与经济性变化和大学后生活质量等。在分类上,相对于奥斯汀的模型来说,他们进行了一些"改装":学术性和认知性变化对应的是认知-心理区域,心理性变化和态度与价值观对应的都是心理—情感区域,职业生涯与经济性变化对应的是认知—行为区域等(Pascarella et al.,2005:7)。20世纪90年代以来的研究发现,"学生本科阶段道德推理主要变化在于从以传统的社会权威(societal authority)为基础向以普遍道德原则(universal moral principles)为基础转化"(Pascarella et al.,2005:577),这种转化对于大学生个人长远发展具有深远的意义。两位学者关于校内期间的学业成就内容的研究与前人相比,本质大同小异,但关于毕业后的表现部分,两位学者的研究结果则更为丰富,不只是对于职业和政治参与有持续的影响,对于下一代的积极影响、增强幸福感、促进终身学习倾向等都令人为之一振。在有关学者看来,帕斯卡雷拉和特拉赞尼的模型强调了学业成就或变化相互依存,高等学校的完整性体现在不同力量综合发挥作用,通过各种方式塑造学生从认知到情感等方面的变化,课堂内外经历都对学生变化构成显著的影响力(鲍威,2014:47)。

表2-3 帕斯卡雷拉和特拉赞尼的高等教育各领域的学生产出净变化模型[①]

构成要素	指标
学术性和认知性变化(learning and cognitive changes)	语言分析能力 各专业领域的知识内容 批判性思维 反省式思维 核心道德认知

[①] 该中文版本主要参考鲍威(2014)《未完成的转型:高等教育影响力与学生发展》第46页,她引用的帕斯卡雷拉和特拉赞尼模型表格中,没有将"道德发展"纳入其中。

续表

构成要素	指标
道德发展（moral development）	道德推理（moral reasoning）
心理性变化（psychosocial changes）	学术性自我概念 社会性自我概念 自尊 独立性 自我生活的把控度 社会交际能力 领导力
职业生涯与经济性变化（career and economic impacts）	就业 职业地位 收入 自由支配收入 职业满意度 教育私人收益率 职业稳定性 求职技能 社会经济地位 职业流动
态度与价值观（attitudes and values）	公民与社区参与 种族理解 多元化的包容性 对于性别平等的支持
大学后生活质量（quality of life after college）	未来导向 健康 长寿 对于子女照料和发展的关注 有效的消费选择 个人储蓄 长期投资 在个人发展方面的可自由支配资源和时间 主观幸福感 终身学习的倾向

来源：Pascarella and Terenzini（1991），*How College Affects Students: Findings and Insights from Twenty Years of Research*，pp.5-7；Pascarella and Terenzini（2005），*How College Affects Students: A Third Decade of Research*（Volume 2），pp.572-590。

(3)莱宁等人的高校成果三维模型。除了以上两个经典模型之外,我们不得不提到美国国家中央高等教育管理系统(国家高等教育管理中心)的莱宁等人(1977)汇报的成果。从成果类型来看,高校成果包括经济成果,个性成果,知识、技术和文科成果,资源和服务供给的成果,其他维持和改变的成果(见表2-4)。莱宁等人研究的高校成果不仅仅包括学生层面,也包括教师层面和学校层面。他们在《高等教育成果结构》(*A Structure for the Outcomes of Postsecondary Education*)中提出的成果维度主要包括相关者维度(audience dimension)、成果类型维度(type of outcome dimension)和时间维度(time dimension)。其中,受益者包括个体/组织职员、兴趣为基础的社团、地缘组织和集体等,成果类型就是表2-4提及的方面,时间维度包括大学期间和大学毕业后。从结构上看,博温(Bowen)的个人目标和社会目标的二维因素模型是莱宁等提出的更加广泛模型的前身(博格 等,2008:131),后者比前者在时间维度上有所拓展。该模型相比其他模型的区别在于加入了不同的受益主体,在时间维度上的拓展和奥斯汀、帕斯卡雷拉和特拉赞尼一样有先见之明,其他突出的地方在于形成了立体的多元组合。

表2-4 莱宁等人的高校成果类别及定义[①]

类别名称	定义
经济成果	个人、团体、组织和社会的经济特性和条件的维持或改变,例如,经济增长、经济的流动性和独立性、经济担保以及收入和生活标准。
个性成果	个人、集体、组织和团体的人类天性和个性特点(知识或学问以外的)的维持或改变,例如,抱负、能力和技能、情感特性、生理和心理特点、性格和个人的学习能力、认可和鉴定以及社会角色。
知识、技术和文科成果	个人、集体、组织和团体在知识学问、技术和文科成果、工作掌握情况的维持和改变,例如,发现和发明、技术革新、知识的综合和再形成、学院新的文科思想和创造新习俗的工作以及文科工作的革新。
资源和服务供给的成果	向个人、集体、组织和团体提供直接资源和服务(与以上所包含的不同)的维持和改变,例如教师、活动、咨询协助、分析协助、数学、健康保健和领导的供给。

① 中文翻译参考博格和霍尔(2008)《高等教育中的质量与问责》第133-134页。

续表

类别名称	定义
其他维持和改变的成果	例如,对一个组织或团体在形式上、安排上、行为上或管理经营上的维持或改变;本地团体的审美和文化水平的维持和改变;家庭或团体的行为实践和习惯上的维持与改变。

来源:Lenning,Lee et al. (1977), *A Structure for the Outcomes of Postsecondary Education*。

另外,尤厄尔(Ewell)提出的大学产出的四要素虽然简单,但也比较经典,具体表现如下:①认知的发展——对于本科生所要求的综合教育和专业领域的知识的评估;②技能的发展——对于基本技能的评估,如人际交往、思辨能力以及分析能力;③态度的发展——对于学生价值观以及这些价值观转变的评估;④毕业后的表现——对于学生获得第一学位后在工作和继续深造中表现的评估(博格 等,2008:131)。他与奥斯汀(1993,2012)、莱宁等(1977)、库等(2006)一样,都强调对大学毕业之后的学习成就进行评价,这对于当今的学业成就评估实践具有深远的意义。

综述以上评价内容可以发现,一般模式和模型的构建均是以成果类型作为起点,指标逐渐多元化。"才能发展是一个多维度的概念,没有哪个单一维度能够影响大学的使命。"(Astin,1985:65)多元化的必要性在于两方面:一是如果单纯考查学生的最终能力或学业成绩,那么一些学术选拔标准较高、主要吸纳优质生源的高校则必然容易得到较高评价;二是单一教育成果基础上的评估结果只能帮助院校了解自身的状况,却无法了解导致问题出现的原因所在(鲍威,2014:48)。时间维度也被适时引入,仅关注大学期间的学业成就已经不能满足利益相关者尤其是学生的利益诉求。前文也说过,有些专家认为大学对于学生的影响往往是长期的,因此早期的研究者能够引入时间维度,将评价从大学期间延伸到大学后,甚至终身,确实高瞻远瞩。从利益主体来说,尽管大学生始终都是学业成就的核心主体,但将大学生态环境内的其他主体纳入考虑,也确实可以更好地评价大学影响力。

第二节 大学生学习评估项目应用研究

一、国际评估项目应用研究

早在20世纪60年代,美国的合作性的院校研究项目——新生调查(CIRP-FS)就已经出现(Astin,1985:61)。在20世纪70年代末80年代初,美国就出现了一些测评工具,如McBer公司的"行为事件访谈"(behavioral event interview)、美国大学入学考试(American College Testing,ACT)和美国教育考试服务中心(Educational Testing Service,ETS)关于通识教育的测评工具等(Astin,1985:51-53)。五十余年来,国际上的大学生学习评估工具发展迅速,各国研究者们开发出不同的测评工具供院校开展实践。通过文献梳理,笔者根据评估内容的认知和非认知的分类、研究对象的分类,整理出国际上的大学生学习评估项目概况(见表2-5)。其中,认知结果一般分为共同性知识与特定领域新的知识(吕林海,2012)。如美国的CAAP、MAPP、Wabash项目(朱红,2010)测量的就是通识教育教学成效,巴西的ENADE、ENC-Provao,美国的MFT和CLA测量的是特定领域的学习结果,而CEQ、NSSE主要关注非认知学习结果和一般性能力(吕林海,2012)。如果从测评参与者或测评对象来看,CIRP-FS和CSXQ关注的是新生的基本信息和就读期望,其他大多数关注过程中的大学生的就读经验和收获,如美国的CSEQ、NSSE、SERU,澳大利亚的CEQ、GSA,英国的NSS等。正如上文所述,一些测评已经关注到校友层面的增值和发展,如美国的CRS、CAAS,澳大利亚的CEQ、GDS,英国的DLHE,加拿大的YITS和NGS等。还有两个测评工具比较特殊:一是日本的全国大学生调查,既关注在校生也关注校友;一是OECD发起的高等教育学生学业成就跨国评估项目(AHELO)测评的多国的大学生增值情况,可以是一般性能力也可以是专业能力(周海涛 等,2014)。

学生发展理论是美国大学生学习评估问卷设计和指标构建的基石,是评估工具不断完善的理论保证(李湘萍 等,2012)。个体与环境类理论中的参与理论对学习评估工具的影响最为显著,其代表人物主要有泰勒、佩斯、奥斯汀、汀托、齐克林、加姆森(Gamson)、帕斯卡雷拉和乔治·库等人(李湘萍 等,2012)。另外,这些量表之间存在一些互相借鉴学习(或称为"本土化")的情况,如英国的NSS就是在澳大利亚的CEQ基础上修订而成(章建石,2014:90),NSSE原版调查问卷的三分之二来自CSEQ的问卷内容(Kuh,2001),日本的全国大学生调查参考了美国的NSSE调查(鲍威,2014:63)。这种本土化进程也同样发生在中国。

表2-5 国际上大学生学习评估项目一览①

序号	实施时间	发起者	工具	调查对象	主要指标	来源
1	1966年	美国加州大学洛杉矶分校高等教育研究所与美国教育委员会(ACE)	合作性的院校研究项目——新生调查(CIRP-FS)	新生	人口统计学特点,对大学经验的期望,中学的就学经验,学位目标与职业计划,就学的财力情况,态度、价值和生活目标,就学的原因	Astin(1985:211),李奇(2008),李湘萍等(2012)
2	1979年	美国印第安纳大学高教研究中心(IUCPR)	大学生就读经验调查(CSEQ)	在校生	背景信息,学生参与学习活动的程度,学生对学校学习环境的评价,学生对学习目标收获的估计,学生对学校的满意度	李湘萍等(2012),CSEQ(2019)
3	1992年	美国加州大学洛杉矶分校高等教育研究所与美国教育委员会(ACE)	CIRP大四学生调查(CIRP-CSS)	大四学生	全面了解大学生在四年大学生活和学习后,在认知和情感等方面产生的变化,从而研究不同的大学经历对学生发展的影响,引导学校的良性发展,属于CIRP项目的后测	李湘萍等(2012)
4	1993年	美国加州大学高等教育研究机构	大学生调查(College Student Survey,CSS)	毕业生	学业成就及学业参与,师生互动,学生在认知和情感层面的发展,学生的目标及价值观,学生对院校经历的满意度,学生志向及职业规划,学生毕业后的规划	鲍威(2014),黄雨恒等(2016)
5	1994年	美国Noel-Levitz公司	全美大学生满意度调查(National Student Satisfaction Study,NSSS)	在校生	学术指导效果,校园氛围,校园生活,校园支持服务,个体关注,教学效果,招生和经费补贴效果,注册效率,对多元人群的响应,安全、卓越服务,学生为中心	Obiekwe(2000),Odom(2008:46),黄雨恒等(2016)
6	1998年	美国印第安纳大学高教研究中心(IUCPR)	大学生期望问卷调查(College Student Expectation Questionnaire,CSXQ)	新生	背景信息,对参与学校活动的期望,期望达到的满意度,对学校学习环境特性的期望	李奇(2008),土明顺(2014)

---

① 当然,目前的有关大学生学习评估的测评工具,特别是类似于NSSE的测评工具,还有如清华大学的Hamish Coates教授在2019年1月份的一次学术会议上提到的南非和智利等国家的调研。

续表

序号	实施时间	发起者	工具	调查对象	主要指标	来源
7	1998年	美国大学入学考试（American College Testing，ACT）	大学学术能力测评（Collegiate Assessment of Academic Proficiency，CAAP）	本科二、三年级学生	问题解决能力、批判性思维能力、数学能力、写作能力、分析能力、科学推理、分析推理	鲍威（2014：51）
8	2000年	美国教育资助委员会（Council of Aid to Education，CAE）	学院学习结果评估（The Collegiate Learning Assessment，CLA）	大一和大四学生	认知学习结果，宽泛的学科情境（如自然科学、社会科学、人文科、艺术等）中的各种能力（标准化测试，直接评估），高级技能水平（批判性思维、问题解决能力、写作技能、分析推理能力等）	吕林海（2012），鲍威（2014：51）
9	2000年	美国印第安纳大学高教研究中心（IUCPR）	美国大学生学习性投入调查（NSSE）	大一和大四学生	学术挑战性——课前预习时间，阅读与写作量，学校的期望；主体学习与协作学习——课堂参与、与人协作、辅导等；师生互动；强化教育经验——与来自不同背景的学生交谈，使用技术，参加见习、社区服务与海外学习等活动；支持性的校园环境	李奇（2008），李湘萍等（2012），鲍威（2014：60）
10	2002年	美国加州大学伯克利分校高等教育研究中心（Center for Studies in Higher Education，CSHE）	研究型大学本科生就读经验调查（SERU，或UCUES）	在校生	学习参与（Academic Engagement，或称"学术投入""学术参与""学业参与"），学生生活和目标，校园氛围，技术的使用，全球化技能与认知，个人背景及课程满意度	龚放等（2012）
11	2006年	沃巴什学院文科研究中心（Center of Inquiry in the Liberal Arts，CILA）	全美大型质量评估项目（The Wabash National Study of Liberal Arts Education，WNSLAE或Wabash）	大一、大四学生	学生的个人信息，大学前和大学期间的就学经验（如知识、技能、知识与技能转化等），并测量在不同阶段学生发展的状况	朱红（2010），Pascarella et al.(2013)，An et al.(2015)

续表

序号	实施时间	发起者	工具	调查对象	主要指标	来源
12	2006年	美国教育考试服务中心（Educational Testing Service，ETS）	学术熟练程度和进步测量（Measure of Academic Proficiency and Progress，MAPP）	在校生	问题解决能力、批判性思维能力、数学能力、写作能力、分析能力、科学推理、分析推理	吕林海（2012）
13	—	美国教育考试服务中心（ETS）	专业领域测试（Major Field Test，MFT）	大四学生	既评估15个本科专业，也同时评估各种一般性的认知结果，如分析问题的能力、解决问题的能力、解释信息的能力等	吕林海（2012），ETS（2018）
14	—	美国彼特森公司	大学结果调查（College Results Survey，CRS）	毕业生（毕业4至10年的校友）	终身学习，个人价值，信心，职业与收入，工作技能，艺术、文化、宗教和社区组织的参与情况	李奇（2008）
15	—	美国全国高等教育管理系统中心	综合性的校友评价问卷调查（Comprehensive Alumni Assessment Survey，CAAS）	校友	就业与继续教育，本科经验，智力发展，社区目标的实现情况，个人发展与充实，社区参与，人口统计学与背景信息	Borden et al.（2001：25），李奇（2008）
16	1982年	德国教育与研究部（Bundesministerium für Bildung und Forschung）	德国大学生调查（Studierenden-Survey）	在校生	大学入学方面的问题，学习定位问题，学习强度方面的问题，学校或者院系对学习和考试的要求与规定，社会交往方面的问题，教学情况和学习质量方面的问题，学生的生活方式和社会地位方面的问题，遇到的困难，新媒体和网络方面的问题，对高等教育政策的看法，关于融入欧洲高等教育体系的问题，对工作定位和就业市场的预期，关于参与政治和对当前社会发展问题的想法，以及学生的人口统计学数据	沈苏彦 等（2013），史秋衡 等（2015：27）

续表

序号	实施时间	发起者	工具	调查对象	主要指标	来源
17	2005年	英国高等教育研究联合招生办公室(Universities and Colleges Admissions Service, UCAS)	全英大学生满意度调查(NSS)	大四学生	课程学习的课堂教学,评价与反馈,学术支持,组织管理,学习资源,个人发展,实习与学生满意度	章建石(2014:90)
18	2013年	英国高等教育学会	英国大学生学习投入调查(UKES)	大一、大二学生	高阶思维,反思性与整合性学习,协作性学习,学术整合,课程挑战,研究投入,发现与探索问题,技能发展和教育性活动的投入时间	尹弘飚(2016),Yin(2018),Advance Higher Education(2019)
19	—	英国	大学毕业生目的地调查(The Destinations of Leavers from Higher Education, DLHE)	毕业生(1年以上)	毕业生近期的职业能力的发展情况、所选择的职业或继续深造的情况等	吕林海(2012)
20	1974年	澳大利亚大学生就业委员会(Graduate Careers Australia, GCA)	毕业生就业目的地调查(The Graduate Destination Survey, GDS)	毕业生(毕业4个月)	毕业生近期的职业能力的发展情况、所选择的职业或继续深造的情况等	吕林海(2012),鲍威(2014:52)
21	1993年	澳大利亚社会研究中心(SRC)	课程经验问卷(CEQ)	毕业生(毕业4个月)	包括优质教学量表(Good Teaching Scale, GTS),教学目标与水平量表(Clear Goals and Standards Scale, CGSS),课程考核量表(Appropriate Assessment Scale, AAS),课程负担表(Appropriate Workload Scale, AWS),通识能力发展量表(Generic Skills Scale, GSS),总体满意度指标(Overall Satisfaction, OS)。如GSS突出考察解决问题能力、分析能力、团队合作、处理不熟悉情境的自信、表达与沟通能力等	章建石(2014:86),鲍威(2014:56),吕林海(2012)

续表

序号	实施时间	发起者	工具	调查对象	主要指标	来源
22	2000年	澳大利亚教育研究委员会（ACER）	毕业生技能评价（Graduate Skills Assessment, GSA）	大一、大四学生	问题解决能力，批判性思维能力，人际关系理解，写作能力（评估标准包括思考和观点的质量、结构和组织的质量、语言和表达的质量）	Butler et al. (2002)
23	2007年	澳大利亚教育研究委员会（ACER）	大洋洲大学生学习投入调查（AUSSE）之"大学生投入调查"（SEQ）	大一、大三学生	学术挑战水平，主动与协作性学习，拓展性教育经验，支持性校园环境和工作整合学习	尹弘飚（2016），ACER（2019）
24	2010年	澳大利亚学习与教学委员会（Australian Learning and Teaching Council, ALTC）	澳大利亚医学合作评估项目（Australian Medical Assessment Collaboration, AMAC）	应届毕业生	(1)内容领域：医学科学与实践和专业实践；(2)过程领域：临床能力；(3)临床环境	Wilkinson et al.(2012)
25	2015年	澳大利亚社会研究中心（Social Research Centre, SRC）	大学生经验调查（Student Experience Survey, SES）	大一、大四学生	教育经历的总体质量，教学质量，学习参与，学习资源，学生支持，技能发展	QILT (2019)
26	2016年	澳大利亚社会研究中心（SRC）	毕业生收获调查（Graduate Outcomes Survey, GOS）	毕业生（毕业4个月）	跟踪调查，主要包括毕业生全职雇佣、毕业生总体雇佣、毕业生全日制学习、毕业生全职收入	QILT (2017)
27	—	巴西	全国学生技能考试（Exam Nacional de Desempenho dos Estudantes, ENADE）	大一、大四学生	13个不同学科领域的知识和技能、非认知结果和一般的能力	吕林海（2012），吴洪富 等（2016）
28	—	巴西	全国课程考试（Exam Nacional de Cursos, ENC 或者 ENC-Provao）	大四学生	认知学习结果，领域特定的知识和技能	Borden et al. (2001)，吕林海（2012），吴洪富 等（2016）

续表

序号	实施时间	发起者	工具	调查对象	主要指标	来源
29	1993年	加拿大新英格兰大学联盟高等教育委员会	全国毕业生调查(National Graduates Survey, NGS)	毕业生(1年以上)	—	吕林海(2012)
30	2000年	加拿大	青年工作转换调查(The Youth in Transition Survey, YITS)	毕业生	毕业生近期的职业能力的发展情况、所选择的职业或继续深造的情况等	吕林海(2012),Bowlby et al.(2002)
31	2005—2006年	日本同志社大学	日本大学生调查(Japanese College Student Survey, JCSS,或称"山田礼子科研项目")	在校生	—	鲍威(2014: 62)
32	2007年	日本东京大学经营政策研究中心	全国大学生调查(东京大学创成科研项目,CRUMP)	在校生和毕业生	教学相关信息,对大学学习和生活环境的评价,求职选择,学习生活方面的时间配置,基础信息	鲍威(2014: 62),窦心浩等(2011)
33	2008年	国际经济合作与开发组织(Organization for Economic Co-operation and Development, OECD)	高等教育学生学业成就跨国评估项目(The Assessment of Higher Education Learning Outcomes, AHELO)	大四	自由选择其中的任何模块:(1)通用知识技能评估模块:聚焦高校学生所掌握的通用技能;(2)经济学专业的学生专业知识评估模块:聚焦经济学专业学生的专业知识;(3)工程学专业的学生专业知识评估模块:聚焦工程学专业学生的专业知识	鲍威(2014: 53-54),周海涛(2014),李湘萍等(2013)

二、国内评估项目应用研究

自从有中国学者开始讨论大学生就读经验(章建石,2007;周作宇 等,2007),国内大学生学习评估项目蓬勃发展,逐步形成了以第三方机构评价工具为主的多足鼎立的局面(见表2-6)(王小青 等,2018)。鲍威(2014: 17)还提到了北京市学习科学研究会杜智敏教授主持的"北京市大学生学情调查"(2002),山东理工大学谭秀森负责的"当代大学生学习环境与研究"(2007),复旦大学的"上海大学生发展研究"(1998)等都是与大学生学习相关的测评工具。这些测评工具尽管不完全基于学业成就评估,但依然对于了解学生学业发展和成就有重大意义。

表2-6 国内大学生学习评估工具一览[①]

序号	发起机构及实施时间	评估工具	借鉴测评工具	测评对象
1	北京大学,2006年	全国高校教学质量与学生发展监测项目	美国 NSSE、CIRP-CSS,日本 CRUMP,澳大利亚新生调查	在校生
2	清华大学,2009年	中国大学生学习与发展追踪调查(CCSS)	美国 NSSE	在校生
3	北京师范大学,2001年	中国大学生就读经验问卷(CCSEQ)	美国 CSEQ	在校生
4	南京大学,2011年	研究型大学学生学习参与调查(SERU)	美国加州伯克利大学 SERU	大二、大三、大四学生
5	厦门大学,2011年	中国大学生学习情况调查研究项目(NCSS)	自主研发	在校生
6	西安交通大学,2004年	课堂学习环境与学生发展关系调查	数学学习经验量表(ESMI),比格斯(Biggs)的学习过程问卷(RVLPQ),澳大利亚 CEQ	大一学生
7	中山大学,2012年	中山大学本科生学习情况调查	自主研发	在校生
8	华中科技大学,2014年	华中科技大学本科生学习与发展调查(SSLD)	自主研发	在校生

国内的测评工具全国性调查与地方性调查并存。全国性调查如前文提及的北大项目、清华项目和厦大项目,以及华中科技大学的本科生学习与发展调查(Student Survey of Learning and Development, SSLD)(简称"华科项目")(陈敏 等,2015;魏署光 等,2015)等。地方性调查如原先的首都高校教学质量与学生发展监测项目,湖南省借助大学生就读经验调查(CSEQ)对105所本科及高职院校进行的调查(郭丽君 等,2016)。当然,也有很多高校尝试自主研发测评工具,主要服务于各自的院校研究,如中山大学的本科生学习情况调查(屈琼斐 等,2013)。

其中,测评工具的本土化开发出现了一些优秀代表,以北大项目和清华项目为例。北大项目由北京大学教育学院团队研发,并在中共北京市委教育工作委员会、北京市高等教育学会、北京市教育委员会的资助和指导

[①] 在王小青等(2018)的论文《中国大学生学业成就评估研究:二十年的回顾(1998—2017年)》中表2的1—7基础上增加。

之下,实施长期、大规模的首都高校学生年度调查,2017年开始推广到全国。北京大学教育学院团队在借鉴国外相关学生调查工具(如美国NSSE、CSS等)经验的基础上,努力开发契合于中国高校人才培养机制和学生参与经历特质、具有本土化特色的学生参与和成就测评工具。从2006年开始,经过六年的探索和尝试,北大项目研究团队已形成了"高校(本专科)学生发展状况调查""高校研究生发展状况调查""高校学生追踪调查"和"高校教师发展状况调查"等一系列测评工具(鲍威,2014:73),参与调查的院校由开始的6所发展到2015年以来稳定在50所左右。项目研究的主要内容为中国高校学生的升学选择及其生源特征的变化研究、高校资源投入和学生资助对于学生学业参与及学业成就的影响作用研究、适用于中国高校学生学业参与和成就测评的工具研究、中国高校学生学业参与和成就测评的工具研究、中国高校的学业参与及其校园经历的研究等(鲍威 等,2016:7)。2018年开始,北大项目将未来的就业调查项目整合纳入,形成了完整的追踪调查[①]。

清华大学的测评工具一开始是由清华大学教育研究院和美国印第安纳大学共同组成的研究团队完成的汉化版"中国大学生学习性投入调查问卷"(NSSE-China)(史静寰 等,2011)。除了保留NSSE的五大可比指标,"中国大学生学习性投入调查"课题组还构建了七大过程性及结果性指标,包括课程的教育认知目标、课程要求的严格程度、课程学习行为、课程外拓展性学习行为、向学厌学、自我报告教育收获和在校满意(涂冬波 等,2012)。后来NSSE-China扩展成为CCSS,由清华大学教育研究院与中国经济社会数据中心形成跨学科的合作,目标是形成以学习者为中心,涵盖大学生成长背景、学习过程、就业与发展的一体化的数据采集和评价系统(史静寰 等,2012)。清华项目还陆续开发了针对不同类型院校、不同学生群体的测评项目,如黄色问卷针对应用型本科院校,绿色问卷针对普通的本科院校,前者更强调实践性学习及职业能力、职业胜任力等问题;蓝色问卷针对毕业生,关注他们的求职就业等,而紫色问卷覆盖全部本科生,跟踪搜集四年的面板数据[②]。这些本土化的举措在同类学习评估项目中具有开创性和示范性意义。

另外,南京大学、西安交通大学、同济大学、湖南大学早期参与的

---

① 来源:2018年5月北大项目促进会现场观察。
② 来源:2018年5月27日与清华项目负责人BH1老师的面对面访谈。

SERU项目,尽管国内参与学校较少,但因为可以与美国的17所顶尖大学(如加州大学伯克利分校)、欧洲(如牛津大学)和南美的6所顶尖大学、韩国首尔大学等20余所大学形成跨国共享的数据库,国内大学在"双一流"大学建设背景下可以更好地与国外大学在相同指标上进行比较,从而看出各自的长处和短板(吕林海 等,2015)。目前,湖南大学、西安交通大学、同济大学选择暂停参与SERU项目,北京大学和大连理工大学于2019年加入该项目联盟[①]。

国际上的测评工具绝大多数都有较好的信效度(李湘萍 等,2012),在国内学者引入和本土化过程中也接受了信效度检验,相当一部分在研究中都呈现了较好的结果(周作宇 等,2007;涂冬波 等,2012;龚放 等,2012;史秋衡 等,2012;屈琼斐 等,2013;章建石,2014;黄雨恒 等,2016;鲍威,2014:73-74)。多数学者使用的是克伦巴赫α信度系数(鲍威,2014:74;章建石,2014:99)或者项目反应理论边际信度(涂冬波 等,2012)、探索性因子和验证性因子验证效度(涂冬波 等,2012;章建石,2014:101-102)。

国外和国内本土化后的测评工具,尽管信效度能够得到基本的保证,但仍然有各自的优缺点。如果使用商用评估工具或研究协会开发的调查工具,优点在于使用的院校可以获得运用校内自行开发工具所不能得到的常模数据,从而使得同类院校的比较研究成为可能;缺点在于,这类调查问卷大多会为了提高使用的广泛性而调整设计,因此不能评估那些源于本校学生在特定环境中产生的、为他们所独有的经验(程星,2011:82)。而完全自主设计的测评工具虽然可以反映院校具体的课程重点和前瞻性风格,但更容易变化或缺乏稳定性(Astin,1985:71),而且无法形成校际、省际、国际之间的比较。

第三节 大学生学习评估项目影响研究

大学生学习评估项目的结果可用来指导教育教学改革和实践。奥斯汀1985年就谈到它的功能:学生的前测表现出的优缺点可以用来作为学业建议和职业咨询的依据,后测中学生成长的性质和程度也可以为学生、教师和管理者所用(Astin,1985:61)。不过,这些项目产生了哪些影响,有待研究者们进一步考察。本节将从内部影响和外部应用两个方面阐述,其

[①] 来源:2019年4月19日与CP1老师的面对面访谈。

中，内部影响包括院校组织层面和个体层面。阐述内部影响时将国际评估项目和国内评估项目分开，前者重点以较为主流的美国的NSSE项目、CSEQ项目，英国的NSS项目和澳大利亚的CEQ项目为例。

一、国际评估项目影响研究

（一）美国NSSE项目

根据笔者对全球的大学生学习评估项目的整理，NSSE项目已有近20年历史。对于NSSE项目影响的研究，岳小力（2009）《基于学生参与经验问卷调查的高等教育评价新途径——美国NSSE的理论与实践》和韩菊花（2012）《美国"全国大学生学习性投入调查（NSSE）"评价项目研究》有所涉及，两者均为学位论文。由于两位作者的很多资料来源直接依赖NSSE官网，故关于项目的影响研究结果比较接近。韩菊花的研究表明，在内部影响方面，美国NSSE项目主要体现在推动教学改革实践，包括促进学校策略计划的实现、促进通识教育改革、促进课程改革、提高一年级保持率、提高学生服务质量；对学生方面的影响体现在提高主动合作学习兴趣、加强学术指导、提高学术挑战水平（韩菊花，2012：51-56）。在外部应用方面，美国NSSE项目有五个方面的体现：①用于地区认证与专业认证；②用于美国的自愿问责系统（Voluntary System of Accountability，VSA）问责报告；③作为州绩效评鉴的依据；④作为校园项目及校园文化评价的依据；⑤依据NSSE评价的结果而编写的"选择学校袖珍指南"，成为准大学生和学生家庭择校的依据（韩菊花，2012：56；岳小力，2009：46-47）。

（二）美国CSEQ项目、英国NSS项目和澳大利亚CEQ项目

章建石（2014）《基于学生增值发展的教学质量评价与保障研究》为本研究提供了丰富的素材，其对美国CSEQ项目、英国NSS项目和澳大利亚CEQ项目的影响均有研究，资料来源于项目官网和少量文献。

（1）美国CSEQ项目。CSEQ已经有长达35年的历史（CSEQ，2019），该项目使用者包括佛罗里达州立大学、宾夕法尼亚州立大学、斯坦福大学、芝加哥大学、弗吉尼亚理工学院和州立大学、华盛顿大学、印第安纳州立大学和田纳西中部州立大学等（博格 等，2008：83）。内部影响方面，CSEQ能使美国院校根据评估结果，通过横向比较和纵向比较，发现自己多年来的进步和问题，以及与同行相比的优劣势，便于更好地自我定位；在学生方面，除了奥斯汀提到的作用，美国CSEQ官方认为项目还可以为促进学生

自我反思和评价提供非常有价值的信息,促使他们思考学习的经历及取得的进步(章建石,2014:84)。外部应用方面,CSEQ与NSSE作用类似。CSEQ结果也用于院校认证①,从根本上提高教学行政部门对高校教学质量干预的科学性(章建石,2014:84)。遗憾的是,随着创始人佩斯2011年离世,该项目已于2014年正式停摆(CSEQ,2019)。

(2)英国NSS项目。NSS项目有近15年的历史(NSS,2020)。章建石(2014:91-92)研究发现,英国高等教育研究院在NSS项目实施了几年之后对它的影响和成效进行了评估,结果表明其对高校的科学决策、教学质量改进和高中生选择大学都有积极作用。具体而言,内部影响方面,英国NSS项目对于大学的作用如下:第一,为高校提供基本信息(高校有关部门分析教学质量评估信息后,将信息提供给院系负责人—高校教学委员会对分析结果讨论、进一步分析,再把分析报告交给院系负责人—院系负责人对报告中提出的问题进行研讨,提出改进措施,再上报给高校教学委员会);第二,方便高校以此教学质量信息来完善教学质量保障措施;第三,促使高校从根本上提高教学质量。外部应用方面,英国政府尽管会通过NSS测评结果掌握高校教学工作和人才培养的基本情况,并可以将此作为对高校进行质量问责的依据,但他们坚持"有限使用"的原则,并不以此来对高校的教学工作水平排序和奖惩,也不直接以此来干预高校内部的教学质量保障工作。

(3)澳大利亚CEQ项目。CEQ项目已有25年历史(Griffin et al.,2003)。在章建石(2014)看来,澳大利亚政府和高校可以用CEQ来监控教学质量信息,最终为教学质量的改进措施提供凭据,明确学校教学质量工作中的不足和需要改进的方面;对于教师而言,学生对教师个人教学效果的评估结果是保密的,但会以恰当形式告知教师个人,并附以改进的意见。在外部应用方面,除了章建石提到的"推动高等教育问责制度奠定基础",笔者在一些学者的研究中获得了更多证据,如澳大利亚政府通过CEQ测评结果对各个大学的教学质量进行排名,排名结果将作为大学拨款的重要衡量指标(吕林海 等,2010),这些结果也会成为学生择校的依据(鲍威,

---

① 认证是由各教育机构采取自我规范和同行评审相结合的方式,期望加强和维持高等教育质量和正真、追求卓越的过程,力争使高等教育符合公众期望并使其受到的外部控制最小化。各个教育机构通过认证过程中的被认可和履行责任的程度来衡量高等教育的自由度和质量,以及其致力于追求和实现卓越的承诺。详见美国中部州高等教育委员会(2013)《美国高等教育质量认证与评估》译者序。

2014:55)。

另外,其他一些研究在项目结果对学生影响方面做出贡献,如刘(Liu)(2011)通过研究美国自愿问责系统VSA得出,学生的增值得分可以给参加的学校进行排名[①]。澳大利亚的GSA项目也颇有特色,给参与评价的学生求职时提供其课程学习简历与GSA得分,提供评估院校新生识别和研究生增值信息(鲍威,2014:52)。澳大利亚学者爱德华(Edwards)和皮尔斯(Pearce)在2014年一项研究中提及[②],澳大利亚医学合作评估项目(AMAC)能够给予学生结果反馈,帮助他们了解个体的医疗素养和用人单位要求的差距,故比国际的AHELO项目运行效果要好(Edwards et al., 2014)。

在对欧洲的大学生学习评估项目影响的研究跟进上,研究非英文文献对于笔者来说存在一定的困难。台湾学者黄(Huang)(2008)[③]采用定性案例元评价研究方法,通过文献分析和与参与者进行深度访谈的方式,尝试检验该欧洲大学生学习经历评估项目采用的新概念(如动态性评估"dynamogenic evaluation")和方法,分析评估项目的每条指标、结果以及未来的观点,向台湾地区试图进行类似评估的研究人员提出不同的建议。由于论文全文是法文,笔者无法获知进一步的信息,在后来由黄提供的中文课题结题资料中也未能如愿获悉。

综上所述,大多数国际上历史较为悠久的学习评估项目,在内部影响和外部应用方面有着较为明显的效果,也各有共性和个性。以国际上四大主流项目——NSSE、CSEQ、NSS和CEQ为例,在内部影响方面,项目对于院校的教学都有较为直接的作用,但在对教师和学生的影响方面有差异。CEQ与其他不同的是,项目结果会告知教师本人,可以促进教师的教学反思。美国的NSSE项目和CSEQ项目相比英联邦国家项目,在对院校学生的影响上有着更好的体现。在外部应用方面,美国的两个项目会用于院校认证制度,从根本上提高教学行政部门对高校教学质量干预的科学

[①] 根据Liu(2011)介绍,VSA系统允许院校选择NSSE或CSEQ项目评估学生的增值得分。

[②] 由于笔者无法从数据库获得该篇文献,特地与论文作者——澳大利亚教育研究委员会(ACER)的Edwards先生联系,感谢他在第一时间分享。

[③] 这篇论文仅有简短的介绍,后来笔者联系到黄本人,他给的结题报告论文对此过程介绍得更为详细,在此也对作者表示感谢。

性;澳大利亚的项目则会和政府的大学教学质量排名、拨款直接挂钩[①];在英国,政府则对院校的NSS项目结果奉行"有限使用"原则,不直接干预院校的教学。当然,多数项目的结果都会给学生提供择校依据。

二、国内评估项目影响研究

相比较而言,国内有关大学生学习评估结果使用的系统性研究较少,基本也是以院校的组织层面为主,关于大学生学习评估结果如何影响学校、教师和学生等发展的研究凤毛麟角[②],已有研究仅有对伯克利的SERU项目、清华项目和华科项目的一些介绍。施佳欢(2010)的研究表明,南京大学将SERU评估项目作为"三三制"[③]教学改革的三驾马车之一。如前文所述,其项目负责人吕林海认为,SERU项目扮演了孵化器的角色,引发了一系列类似的实证调研,逐渐在该大学形成证据文化[④]。就清华项目的影响而言,史静寰等(2018)在最新的一篇论文中重点提到该项目为院校自评和院校评估方面提供了反映学生学习过程、投入体验和学习收获的实证依

---

① 有意思的是,美国VSA的结果更具选择性,尽管他们会根据学生的增值得分进行院校排名,但其结果的使用取决于州政府。详见Liu(2011)的"Value-added assessment in higher education: A comparison of two methods"。

② 这可能和院校使用大学生学习评估结果的动力有关系。在美国,大学生学习评估结果可以满足认证的需要,但这种对于高校的制度性的内部动力在中国并不存在。不过,经过初步的访谈,内地出现的审核评估某种程度上扮演了类似的角色,只是国内选择性相对更广。这一点笔者会在第五章继续探讨。一般而言,将本科教学评估结果与大学的资源分配相挂钩的方法,在国内属于政府主导的教育教学评估的功能范畴,而非民间发起的大学生学习评估项目。再者,有些项目负责人明确表态需要抵挡住排名的诱惑和弊端,否则数据的真实性将会大打折扣。该观点来源于某项目负责人2017—2018年度第二学期的研究生课堂。

③ 2009年9月,南京大学在大一年级新生中启用这个新的教学模式。此模式包括三个培养阶段和三条发展途径,简称"三三制"。第一个"三"体现在三个培养阶段。把本科四年分成三个阶段,第一个阶段是通识教育培养阶段,主要由新生研讨课程计划和通识教育课程计划两部分组成;第二个阶段是专业培养阶段,由学科大类平台课程计划和专业领域课程计划两部分组成;第三个阶段是多元培养阶段,执行的是个性化的课程计划。在多元培养阶段,学生可以在专业学术类、跨专业学术类和就业创业类这三个方向上进行选择。这三条发展途径的选择,就体现出了"三三制"的第二个"三"。详见陈骏(2010)的论文《推行"三三制"创新本科教学模式》。

④ 来源:2018年5月26日与南京大学吕林海教授的面对面访谈。经过与吕教授本人沟通,他同意公开明确的出处。

据,上海师范大学课题组(2016)通过研究校内不同学生群体的差异,提出加强师范生的职业生涯规划和制度层面的师生互动等建议,而其对贵州大学和南京理工大学的贡献则在于将项目结果用于审核评估。如前文所述,清华项目还发现清华教师对学生支持度不够,由此建立了学生辅导中心,参与清华项目的一些院校亦发现类似问题,也建立了相应机构;从学生满意度亦可看到学生对教学、环境等方面的精准需求①。魏署光和陈敏(2016)研究发现华科项目是了解本科生学习效果影响机制的有效工具。

关于学生方面的影响,像国外将类似学业成就的信息作为学生选择大学、就业或继续升学方面参考的功能尚未在国内已有研究中发现。大学生的角色仅限于填写问卷,提供个人信息,至于个人实际调研结果到底意味着什么则很难得知。有关教师方面的直接影响的研究也未发现。国内的大学生学习评估项目的研究结果使用,一般交给参与项目的院校自主处理,很多时候,评估结果可以确定在少数部门、少数群体内部共享,而其到底如何影响了本科教育质量,仍是一个黑箱。"这个国际化的评估项目由校领导和教务处领导主推,评估结果得以抵达院系主管教学副院长,具体这份报告发挥了怎样的作用,就不得而知。"②甚至院校对于评估结果的重视程度本身也存在巨大差异。"有的加盟院校只是派一名辅导员来领取报告,相关的一些说明和注意事项回去传达,仅有个别院校邀请我们去给所有学工部门的领导和人员宣讲和解释,或者给新教师培训。"③既然缺乏国内学习评估项目影响的系统性研究,那么有关其影响机制的研究也几乎理所当然比较欠缺。

第四节 小结

不管是奥斯汀的教育增值理论还是其他的院校影响理论,学业成就的相关理论都为大学生学习评估项目核心测评工具的开发和推行奠定科学的理论基础。每个评估项目在评估内容、评估对象、责任主体等方面各有异同,其核心的共同点在于,学习评估项目关注大学生在院校的影响下,其学业成就是否得到了提升,即是否产生教育增值。根据对全球大学生学习

---

① 来源:2017年12月25日与清华大学CCSS项目组成员T老师的面对面访谈。
② 来源:2017年2月15日对某C9院校教务处老师的访谈。
③ 来源:2017年5月18日对国内某测评工具联盟研究项目负责人的访谈。

评估项目的应用研究梳理,可以发现这些评估项目在国外院校受到普遍欢迎,在国内院校接受度越来越高。而关于国内外项目影响的研究,则至少存在三个主要问题:一是研究方法单一;二是国内项目影响缺乏系统性的研究;三是项目影响有限。

第一,研究方法单一。从研究方法上来看,已有关于国际评估项目影响的研究比较依赖于项目官网提供的资料,这可以概括为文档分析法,如韩菊花(2012)和岳小力(2009)的学位论文研究 NSSE 项目发挥的作用。在客观条件不允许的情况下,这种方法可以理解,但容易造成关键信息的缺失。比如,NSSE 官网关于发挥项目影响有两个做法:一是公布项目结果的分享率和使用率,二是征集院校使用数据的案例(NSSE,2019)。在已有的关于 NSSE 项目影响的研究中,比较依赖官网分享的院校案例,所得结果都偏向于正面,这是因为官网征集案例是以成功经验为导向的,一般很难看到院校在使用数据时会遇到哪些问题、遇到问题是如何克服的。这样容易给国内的研究者造成一个错觉,即这个项目在美国运行得比较完美。而章建石这一点处理得较好,他在分析 CSEQ 项目、NSS 项目和 CEQ 项目时,都力求找出各自存在的问题。原因在于,他研究这三个项目时尽管使用了项目官网的大量资料,但也参考了来自项目所在国家学者的文献。不过因为缺乏对项目的案例院校的实地调研,与利益相关者缺乏交流,有些信息仍然是缺失的。这一点,黄与其他学者相比较而言有所突破,他使用了定性案例元评价研究方法,通过文献分析和与参与者进行深度访谈的方式获得更多元的信息。

第二,国内项目的影响缺乏系统性研究。诚如上文所述,中国的北大项目、清华项目、厦大项目等主流学习项目运行时间均在十年左右,国内研究者却对项目的影响暂未有系统研究。即使上文南京大学参与 SERU 项目,或者其他院校参与清华项目,对于项目发挥的影响研究主要是概括性的结论判定,或者少数典型案例的介绍。对于单个院校而言,我们很难全面地了解这些学习评估项目对于学校、教师和学生等利益相关者到底分别产生了哪些影响,有哪些经验和不足;而对于整个评估项目而言,高校实践管理和理论研究工作者可能不会满足于了解项目在少数"标兵"中的影响,而是还想了解项目对于一大批联盟院校的影响,哪些学校效果更明显,哪些学校效果一般或很小。当然,国内项目影响缺乏系统性研究的部分原因可能在于,项目结果的传播和使用即项目发挥影响的过程遇到一定的瓶颈,这是笔者将要提及的第三个问题。

第三，项目的影响有限。根据上文对国际上的主流评估项目的综述，我们能够看到它们各自的成熟和成功的地方，尤其是对于院校的组织层面的影响都比较积极且类似（外部应用也比较深入），但涉及对教师和学生群体的影响时，存在的问题也比较明显。仅有 CEQ 项目结果能够直接促进教师的教学反思，其他项目的影响较为间接。在影响学生方面，尽管美国的两个项目看起来比较明显，但一些问题还是被掩盖了。以 NSSE 为例，即使我们使用其官网数据，依然能发现其项目结果对学生群体的传播率是相当低的，据笔者统计，2007—2015 年的数据，除 2013 年出现奇异值 94%外，2007—2012 年的数据都不超过 50%，2014—2015 年的数据下降到 40%以下（NSSE，2019）。项目结果都未能传播给学生，又如何促成学生自我反思呢？对于国内项目而言，尽管没有系统性研究，但由于国内的大学生学习评估项目多数是舶来品，是后来才逐渐本土化的，就已有的访谈来说，学生群体的结果传播是没有涉及的，即使有影响也是间接的。项目影响的有限性在全球可能都是值得关注的问题，有一些国际学者如 NSSE 的创始人乔治·库、全球知名的大学生学习评估研究专家寇次（Coates）[1]和《高等教育杂志》(*The journal of higher education*)前主编阿乌斯汀（Austin）[2]对此深表认同，尽管这些证据是间接的。问题在于，为什么项目的影响有限呢？为什么院校对于项目结果的使用存在差异？本研究尝试提出一个分析思路，即为什么学习评估项目会在不同的院校产生不同程度的影响？对于这些院校而言，项目发挥影响的动力和路径是怎样的？如果能把项目的影响

---

[1] 清华大学全球学校与学生发展评价研究中心副主任 Hamish Coates 教授得知笔者非常关注大学生学习评估项目的结果使用，告知笔者在国外这一块的研究也是较年轻的研究领域，他们也很关注。库也认为，美国院校对于项目结果的使用也存在问题。这从笔者搜集的 2007—2015 年 NSSE 有关项目结果的分享率和使用率可见一斑，这两个国际教育项目评估的重要指标往往决定着项目的影响结果。Coates 的观点来源于 2019 年 1 月 10 日与清华大学 Hamish Coates 教授的非正式交流，在此对他表示感谢。

[2] 笔者在与北京大学教育学院沈文钦副教授交流研究结果的时候，他提到："早在 1970 年，当时美国 *The Journal of Higher Education* 杂志的主编 C. Grey Austin，在评论 Kenneth A. Feldman 和 Theodore M. Newcomb 1969 年出版的 *The Impact of College on Student* 一书时便直率地指出，该书尽管涉及了很多重要的问题，提供了丰富的参考文献，但其中的研究结论很少为任何一所大学所采用。他同时指出，很多院校研究中心的研究成果以及高教所的研究成果，很少产生实际的政策价值。"来源：2019 年 2 月 27 日与其的非正式学术交流，此处实名得到该学者的同意。

机制搞清楚,就可以解释项目发挥影响出现分化的原因。

  针对上述问题,本研究将以国内运行超过十年的大学生学习评估项目明德项目为例,采用混合研究方法即综合使用定量研究方法和质性研究方法,研究明德项目对院校的本科教育质量的影响和背后的影响机制。这对于类似明德项目的项目组和广大参与院校自我反思、自我完善都有较为重要的借鉴意义。

第三章 研究设计

如前文所述,本研究将以运行超过十年的中国大学生学习评估项目明德项目为例,关注它对院校的本科教育质量产生了哪些影响,以及影响机制是怎样的。基于文献综述可知,上述问题的确在中国尚无系统性研究,因此本研究具有较强的现实意义和理论意义。一项研究需要科学的研究设计来推进,本研究的研究设计包括核心概念界定、相关理论、研究方法、研究伦理与信效度等四部分。

第一节 核心概念界定

一、评估

在相关研究中,"评估"和"评价"经常被混淆,两者之间的关系到底该如何处理呢[①]?权威工具书和重要文献相结合是比较可靠的辨析方法和路径。笔者首先通过查阅工具书,力求让两个术语的中英文对应关系保持一致。"评估"和"评价"分别对应 assessment 和 evaluation 在学界中几无争议[②],这也有工具书的解释作为支撑(北京外国语大学英语系《汉英词典》组,1997)。尽管有工具书将"评定"对应于 assessment,"评估"和"评价"均对应于 evaluation(陶西平,1998:55),或者 assessment 被反向翻译为"评

[①] 通常我们处理学术论文或者学术专著中核心概念的方式是引用比较权威的学者的概念,或者在前人基础上自我界定概念,但笔者发现在已有的大量文献中,"评估"与"评价"两个术语的使用略显混乱,有时常常不加辨析,甚至不加解释就进行运用,笔者担心这可能给读者带来困惑。本研究希望能在权威工具书和重要文献的帮助下做一点抛砖引玉式的努力。

[②] 这也不是绝对的,国内一个以评估为主题的期刊《高教发展与评估》,其英文翻译为 Higher Education Development and Evaluation,详见官网 http://jtgy.chinajournal.net.cn/, 2017年11月10日下载。

定"①,但将"评定"与"学业"组成术语在研究者话语中并未得到支持,两个术语均对应同一个单词的情况亦如此②。

评估(assessment)和评价(evaluation)的中英文对应可认为暂时没有问题。在此前提下,笔者继续借助权威工具书和相关文献辨析两者的关系,结果大致分为两种主流观点:一是两者可以互换;二是两者需要区别。梁实秋(1977:130)在《远东英汉大辞典》中将 assessment 翻译为"估定;评估"③,将 evaluation 翻译为"评价;估计"。在梁实秋的语境下,二者似无本质区别,尽管王萍等(2009)认为评估的"估"有"粗略和大概"之嫌。一家之言显然不够,况且梁实秋的解释停留在英汉之间的翻译转换,于是笔者继续搜索了两个英英解释的工具书。

英英翻译比英汉翻译更加丰富,笔者选择了《朗文当代高级英语辞典(英英·英汉双解)》(下文简称"朗文版词典")和《新牛津英汉双解大词典》(下文简称"新牛津")④。朗文版词典的评估(assessment)指对人或情境的评判过程,新牛津的评估则指对人或事物评估的行为,前者的第一层含义和后者含义相近。朗文版词典的评价(evaluation)指决定有用或有价值的考虑的行为,或者该行为的报告,新牛津指估算或价值的考虑,或指评估。"评价"一词在朗文版词典和新牛津中的解释都和价值相关,一般的教育类工具书和学者对评价的理解与英文原义较为一致(陶西平,1998;平塚益

---

① 这里"反向翻译"的意思是,朗特里主编的《西方教育词典》被翻译为中文的时候对应的是 assessment。详见德·朗特里(1988)编的《西方教育词典》第15页。
② 通过CNKI数据库以篇名、关键词、主题搜索"学业评定",相关论文数量不足30篇。
③ assessment 和 evaluation 在工具书中其实不止一种解释,如 assessment 还可解释为"评估之款额(如税额等)",evaluation 可以解释为"定数值",见梁实秋(1977)《远东英汉大辞典》第130页,但因为与本研究无直接关系,故不在正文中全部罗列,下文的英英翻译也按照这个思路呈现解释结果。
④ 朗文版词典中 assessment 的英英解释是"1) a process in which you make a judgment about a person or situation; 2) a calculation about the cost or value of something.",中文解释是"a.评价,估计;b.核定额";evaluation 的英英解释是"The act of considering something to decide how useful or valuable it is, or a document in which this is done.",中文解释是"评估,评价;评估报告"。新牛津中 assessment 的英英解释是"The action of assessing someone or something.",中文解释是"评估;估计评定";evaluation 的英英解释是"1) form an idea of the amount, number, or value of; assess; 2) find a numerical expression or equivalent for (an equation, formula, or function).",中文解释是"a.估算;估价;评价;b.求(方程式,公式,函数)的数值"。

德,1989;陈玉琨,2000),这与词根的理解方式殊途同归(曾文婕 等,2015)。对于"评价",新牛津的解释还有一层意思,貌似评价和评估可以互换,这一点与梁实秋的解释遥相呼应。值得关注的是,新牛津中"评价"的第二层含义与精确的计算有关,朗文版词典的"评估"也与计算相关,但是对成本或价值的计算与评价的这层含义相比可能要粗略些。同时,朗文版词典的评估与价值也有关。这种比较方式令人眼花缭乱,大抵说来,二者可以互换。国内早期的《教育评价辞典》也提到这一流派的观点(陶西平,1998:55),但未详述缘由。

再看第二个主流观点。一些研究者在努力区分二者的区别。英国学者德·朗特里(1988)主编的《西方教育词典》这样写道:

> assessment指一个人(通常是教师或主考官)试图确定另一个人(学习者)具有的知识、能力或技能的过程。这项活动要求教师在学生从事正常学习活动时注意观察学生;教师也可以因需要而制作特殊的评定活动,如小测验、考试和口头测验。在美国,常用evaluation代替assessment。

> evaluation在英国,意为鉴别效果和判断某种学习经历(如一堂课)或一门科目或一套完整课程的有效性。在美国,该词的意思相当于英国的assessment(对于学生的成就的评定)。评定学生经历前和经历后的成就是评价工作的重要部分;但访问教师、行政人员、学生、家长和社区的其他人士,评判性地分析教材,观察教学活动等也是十分重要的。一些评价者偏重量的方面,而另一些评价者偏重质的方面。有些人则两者兼顾。

也就是说,在英美的教育语境中,两个单词的意思是颠倒的。瑞典学者胡森(Husen)1994年在《国际教育大百科全书》第2版中,将assessment和evaluation做出区分[①],前者主要指测定学生学习过程中的表现和进步,针对的是学生,是人,后者则更多地指向人以外的事物或事件,如课程、项目、干预因素、教学方法和组织方式等(王萍 等,2009)。

国内的1998年版《教育评价辞典》关于二者的界定如下:评估是"对人或事物的价值,作出评量与估价。评估的严格、准确程度偏低,含有揣度、

---

① 这里笔者并未将中文意思进行标注,因为这个区分一开始从王萍和高凌飚(2009)《"教育评价"概念变化溯源》获知,但文章作者在此处将assessment译为"考评",笔者仍倾向于使用"评估"。

推测和估量的成分,结论具有笼统性。采用非实验的方法,收集主观的资料和描述性的统计分析进行。但它同样追求评估结果的客观性、全面性和结论的可靠性";而评价是指"对人或事物的价值做出判断。依照一定的价值标准,通过系统地收集资料,对评价对象的质量、水平、效益及其社会意义进行价值判断的过程"(陶西平,1998:55)。两者之间的区别在于评议、判断过程和结论是一种模糊估量且带有预测性质[①][②]。如果将这个区分与朗特里(1988)的对照,evaluation 也可以带有一定的模糊性,如对于采用质性方法的学者来说,任何一种测量都是对过去的总结和未来的预测。从这个角度来看,二者之间的差异边界是模糊的。尤其是,将评价、教育评价与价值判断结合在一起,为中国学者陈玉琨(2000)所认同,并且他认为确实需要通过教育测量进行事实判断和价值判断(陈玉琨,1999)。

  上文对评估和评价的辨析更多仰赖于工具书,我们再看学术文献中是如何讨论评估和评价的。由美国 Jossey-Bass 出版社出版的《学生事务:职业手册》(*Student Services: A Handbook for the Profession*)[③]至今出版六版[④],其中第一版和第五版都有同名文章"Assessment and Evaluation",分别由莱宁(1980)[⑤]和布瑞斯尼(Bresciani,2011)撰写,对于进一步辨析评估和评价有所助益。在布瑞斯尼的文献中,同样介绍了两种不同的观点.一种观点是区分评估和评价两个概念,如乌普克拉夫(Upcraft)和斯库(Schuh)认为,评估(assessment)是搜集、分析和解释用来描述院校、部门或机构有效性的证据的任何努力,而评价(evaluation)是使用评估(assessment)证据来提升院校、部门或机构的有效性;在苏斯科(Suskic)那里,评价(evaluation)被当作评估(assessment)的过程,评价需要使用评估信息去做出正式的判断,看学生是否已经达到设置的目标(Bresciani,

---

[①] 这里的预测确实与当今的学业成就评估的目标相一致。
[②] 笔者对该辞典将评估和评价的英文翻译都对应于 evaluation 保留态度,故仅引用了中文的概念界定。
[③] Roberts(1999)对此评价道:"该手册在美国不仅是当今最受欢迎的研究项目中最广泛阅读的文本之一,它还是一个关键的刺激因素,也是学生事务岗位中渴望工作或者工作的人的参考资料来源。它还可以作为希望更全面了解学生事务计划和服务的学术机构中其他人的资源。"详见 Roberts(1999),*Book Review: Student Services: A Handbook for the Profession* (Third Edition)。
[④] 笔者通过国外 ebay 网站了解到第六版在2019年3月份出版。
[⑤] 即前文高校成果三维模型的主要提出者,详见第二章第一节。

2011:345)。两者的共性在于,评估意味着获取证据的努力,不同点在于乌普克拉夫和斯库认为评价指向组织的效能提升,而苏斯科的评价在于做出判断。同时也可以看出,评估和评价之间的共生关系。另一种观点是无需区分评估和评价两个术语[①],帕拉木巴(Palomba)和班塔(Banta)认为评估是"系统搜集、审核和使用教育项目的信息,以促进学生的学习和发展",马克(Maki)认为,评估是"采用一种系统的方法满足教育者天生的好奇心,以了解对学生学习是否达到教育者的期望"(Bresciani,2011:346)。莱宁细心地发现,一些学者研究评估、评价和测量之间的联系和区别,而莱宁和他的合作者则倾向于中庸路线,认为"测量是评估的组成部分,评估是评价的组成部分"(黄海涛,2014:33),其中,前半句在哈特尔那里得到认可(Hartle,1985),而后半句关于评估与评价的关系则与苏斯科是相反的。

面对权威工具书和重点文献的整理,笔者认为词源学的角度是做出最终处理方案的"裁判"[②]。在英文语境中,词源学意味着上溯到拉丁语。维金斯(Wiggins,1993)在其专著 *Assessing student performance* 中提到 assessment 的词根是拉丁语动词 assidere,意思是"坐在考官旁边"(to sit beside the examinee)。作者借助 Izidor Kaufmann's 的画来说明,老师坐在学生身边并按照考试程序友好地与学生对话(Lewy,1996:228),更精彩的在于乐维(Lewy)对此图的介绍:"Kaufmann(1853—1921)的画展示的是一个犹太男孩正在考试,拉比(Rabbi)[③]正在建立轻松的氛围,并且鼓励学生完全自由地表达自己的想法或观点。"(Lewy,1996:228)其后来被学者引申为"建立师生之间密切的联系,通过师生之间和生生之间的互动来获取信息,分享和解释信息,相互促进、共同提高的过程"(王萍 等,2009),此举是妥当的。同时,乐维也认为评估(assessment)与价值有关,比如教师要判断学生观点是否有价值(Lewy,1996:228),这与上文朗文版词典第二层含义基本一致。如果从词源学角度看,assessment 的内涵更好地体现了以生为本的核心理念。

---

① 莱宁(1980)在被收录于由汉森(Hanson)等人主编的 *Student services: a handbook for the profession* 一书中的"Assessment and Evaluation"中提到,认为评估等于评价的观点的人还有早期的德雷斯尔(Dressel)和拉塞尔(Lasell)。详见黄海涛(2014)《学生学习成果评估:美国高等教育质量保障研究》第33页。
② 笔者受王萍和高凌飚(2009)《"教育评价"概念变化溯源》一文的启发关注评估的拉丁文原义,根据其引用的英文文献进行研读。
③ 犹太人将老师称为"拉比"。

综上分析,仅凭评估和评价的中文字面意思决定二者取舍似有不妥,毕竟两个术语作为舶来品都有其丰富内涵,所以要结合英文综合理解才更为全面。目前看来,评估本身比评价涵盖范围更广,评价本身能实现的价值判断和精确的测量在评估那里也可实现,尤其是assessment的拉丁文原义的解读与当前的大学生学习评估理念相契合,因此笔者偏向于使用"评估"。从上文的梳理看,两个术语有时又可以互换,要在二者之间选择其一比较难。本研究采取"和而不同"的态度,暂时选用"评估"(assessment),但有时也不拒绝用评价一词代替评估来行文,毕竟在英文原文那里,两者确实可以互换,在现有学习评估相关研究中,学者也常常互用(鲍威,2015;章建石,2014)。在帕拉木巴和班塔(1999)对评估概念界定的基础上,笔者将评估定义为"**组织或个人系统搜集、审核和使用教育项目或课程等信息,确定学生学习的表现和进步,最终目的仍然是推动组织或个体促进学生的学习和发展**"。

二、学习评估与学习评估项目

对"学习"和"评估"构词进行分析,主要是关心评估的对象"学习"的所指。比格斯(Biggs,1989,1993;Biggs et al.,2001)关于课堂学习的3P模型(presage-process-product)[①]值得本研究借鉴。presage指"前提",包括学生在整个学习体系中一些已经存在的因素,例如预备知识(prior knowledge)、能力、价值观和期望、学习方法、教学环境等;而process指学习过程,是参与任务的过程;product指学习成果或者学业成就,包括技能、情景化学习方法等。这里的课堂学习可以泛化为课堂学习和课外学习,比格斯的3P模型依然有较强的解释力。在高等教育语境下,哈特尔曾经提到评估涉及的六项活动:①采取多种测量措施以追踪学生在较长时间内的智力和个人成长;②州政府规定的评估学生和/或学术课程的要求;③关注"增值"(value added),即学生进行测试前和测试后,测量通识教育和技能的收益;④一般标准化测试;⑤通过奖励机构按既定标准表现来做出资助决定;⑥衡量学生态度和价值观的变化(Hartle,1985)。可以发现,这些活动主要是围绕学习成果来进行的,充分体现了奥斯汀的教育增值理念。布瑞斯尼等(2010)将评估分为五类:需求评估(needs assessment)、应用评估

[①] 笔者在和香港大学教育学院的张丽芳(Lifang Zhang)教授讨论本研究核心概念界定的时候,她建议笔者参考Biggs的框架。在此表示感谢。

(utilizaition assessment)、满意度评估(assessment of satisfaction)、基于奥斯汀I-E-O模型的评估以及学生学习和发展基于结果的评估(outcomes-based assessment, OBA)(Bresciani, 2011: 346)。这里的需求评估和应用评估专注于学习过程。结合评估的概念，可将学习评估定义为"对课堂内外学生学习的前提、学习过程(包括学习性投入、学习行为等)和学业成就进行的评估活动，这些评估依然是追求和促进学生的进步和提升"。在本研究中，主要是依赖项目来推进对大学生学习的评估。

相应地，当前的学习评估项目也针对不同的学习部分，像北大项目指向学习前提、过程和学习成果，清华项目则沿袭NSSE的风格，以学习投入(student engagement)为核心，关注学习过程，当然也有对学习成果的评估。像上文提到的CLA、CAAP、MAPP等均属于学业成就评估项目。这些项目均是为了促进学生学业成就的提升，本研究将这些评估项目统称为学习评估项目。

关于"学习评估"的英文翻译，常桐善(2008)将学习评估对应于learning outcomes assessment，黄海涛(2014)则把learning outcomes assessment翻译为"学习成果评估"。美国有两个有代表性的研究大学生学习评估的机构，一个是学业成就评估国家研究所(National Institute for Learning Outcomes Assessment, NILOA)，一个是美国高等教育学习评估协会(Association for Assessment of Learning in Higher Education, AALHE)，前者紧紧围绕学习成果，后者还会关注学习过程。事实上，两类评估项目并无本质区别，两者均关注学生的学习行为或过程，而学习经验是学习过程的直接证据，也可以当作学业成就的代理结果(Coates, 2005)。为防止引起读者和同行的误解，本研究将学习评估翻译为assessment of learning或learning assessment，包括现有针对大学生学习的以学习过程或学习成就为重点、或两者兼而有之的所有的评估项目。

三、学业成就

如何从多维的视角定义学生的学业成就(learning outcomes)，关系到学业成果评估的内容和方法(鲍威, 2014: 44)。奥斯汀(1985, 1993)、博格和霍尔(2008)、程星(2011)和鲍威(2014)等研究者对大学生学业成就内容或内涵都做了很好的梳理，在整个研究发展过程中做出了不可或缺的贡献。

齐克林(1969)认为教育成果有七项发展向量：达到的能力、情绪控制、学会独立、塑造个性、和谐的人际关系、明确目标和培养诚信(博格 等,2008:133)。后来奥斯汀在1985年针对卓越成就也提出了一系列设想(Astin,1985:65-66):

> 包括批判性思考能力,人际能力,提高目标的阐释能力,投资自我的意愿。负责个人的学习和发展,毕业后知道如何系统地进行终身学习,如何确定目标,如何获得和使用资源,如何智慧地使用权威,如何根据问题选择合适的解决方法,还能知道如何评估他们的所学。

奥斯汀认为,大学生产出涉及学生的学业成就、知识、技能、价值观、态度、抱负、兴趣和日常的活动,成果的类别包括认知和非认知的结果,数据的类别包括心理的和行为的结果,时效的类型包括短期的和长期的结果(Astin et al.,2012)。弥赛克(Micek)和沃华思(Walhaus)提出的三模型考虑了学院对在校学生的影响、学院对毕业生的影响和学院对社会的影响(博格 等,2008:134)。博温针对院校目标提出二维因素模型:个人目标包括认知学习、情感和道德上的提高、实践能力、直接满意感和避免负面成果;社会目标包括知识、发明和鼓励的进步,社会福利的提高,以及避免负面的成果(博格 等,2008:131)。他在1985年对卓越又提出一些看法:"卓越意味着知识渊博,有道德的,对美学感兴趣,有社会责任感。一个国家里受过教育的人,这些(素质能力)比仅有一些专业能力更有意义。"(Astin,1985:66)这里他补充强调了美学和社会责任感的重要性。莱宁等将学业成就分为经济,人格,知识,技能,手艺,资源或服务的提供,美学或文化行为等五方面(Lenning,1977)。蒙特可瓦斯科(Mentkowski)和多和特(Doherty)认为,完成通才教育的结果应当在下列方面有所表现:人际沟通的能力、分析和解决问题的能力、价值观念、社会交往能力、环保意识、对当代世界发展的参与能力以及艺术欣赏能力等(程星,2011:84)。莱斯曼(Riesman)认为,卓越意味着深度培养,不只是过人的智商,更不是诸如抖机灵取胜的小聪明(gamesmanlike quickness),还应该有理智、深度、成熟(profundity),普遍文化(人们对圣经的熟悉),西方传统的经典著作,对其他文化民族志的感觉,本国的世界知识,撰写文章的技能,了解粗鄙和优雅的区别,定量和技术知识,会一门手艺,乐器和运动的知识等(Astin,1985:66)。尤厄尔将学业成就界定为"认知的发展,技能的发展,态度的发展和毕业后的表现"(博格 等,2008:131)。帕斯卡雷拉和特拉赞尼认为,大学使得学生发生的变化包括学术性和认知性变化、心理性变化、态度与价值观变化、职业生涯与经济性变化、生活质量变化(鲍威,2014:46)。乔治·库等认为,学生成功包括学业成绩、教学活动中的积极参与,满意度,对所需求的知识技能、能力、学历的习得,实现教育目标以及毕业后的表现(鲍威,2014:47)。其中,奥斯汀、莱宁等、帕斯卡雷拉和特拉赞尼、尤厄尔和乔治·库等的概念界定较有代表性。笔者分析发现,关于学业成就的概念自始至终都是多元的,包括了认知和非认知指标,并且奥斯汀、尤厄尔和乔治·库等学者都意识到要将时间维度纳入其中。

本研究采纳鲍威团队对学业成就的界定:"**包括学业成绩、学生的院校满意度、学生通过高等教育就学经历所获取的能力架构提升、道德价值观的建构以及高等院校毕业后的成功就职经历或继续升学。**"(鲍威,2014:66-67)这一界定几乎涵盖了以上主要学者对学业成就的界定。需要指出的是,有的研究者使用的是学习成果[①]、学习成效[②]、学习结果[③]、学业产出[④]、学习收获[⑤]等,相对而言,学习成效和学业产出使用得偏少,而学业成果、学业成就、学习结果和学习收获并无本质区别。从使用频率来看,学业成就使用更多,本研究选择使用"学业成就"。

四、教育质量

这里的教育质量是放在高等教育语境中进行讨论的,有时会被狭义理解为教学质量。很多学者在教育质量的概念界定上进行研究和争鸣。格

[①] 如常桐善(2008)《建构主义教学与学习评估方法的探讨》,屈廖健(2012)《研究型大学本科生就读经验的中美比较研究》,黄海涛(2014)《学生学习成果评估:美国高等教育质量保障研究》,赵婷婷等(2015)《大学生学习成果评价的新途径——EPP(中国)批判性思维能力试测报告》,吴凡(2016)《我国研究型大学本科教学质量评估——基于学生视角的第三方评估》等。

[②] 如陆根书和刘秀英(2017)《大学生能力发展及其影响因素分析——基于西安交通大学大学生就读经历的调查》,施佳欢(2012)《我国台湾地区高校学习成效评估的新动向》,孙睿君等(2012)《大学生学习成效的影响因素研究》,杨立军和韩晓玲(2013)《中美大学生学习评估工具研究》等。

[③] 如吕林海(2012)《国际视野下的本科生学习结果评估——对"评估什么"和"如何评估"的分析与思考》,周海涛和景安磊(2014)《"高等教育学习结果评价"概述》,吴洪富和韩红敏(2016)《国际视野下大学生学习结果评估工具的分析与比较》。

[④] 如孙超(2009)《对美国大学生学习产出研究的反思》,景安磊(2011)《美国研究型大学学生就读经验探析》,张德江(2011)《注重学习产出 重视学生发展》等。

[⑤] 该研究有时也使用"学习结果"。详见史秋衡和郭建鹏(2012)《我国大学生学情状态与影响机制的实证分析》第109页、115页。

林(Green)(1994)、施晓光(2002)、侯怀银和闫震普(2007)、章建石(2014)等均对前人的研究进行了概述,本研究难以罗列所有的定义①。然而,格林(1994)在《什么是高等教育质量?》(*What is Quality in Higher Education?*)一书中的概括得到国内学者积极的回应和引用,具体如下:

> 其一属于传统的解释,把质量与提供独特而特殊的产品和服务联系在一起,隐含排他性的特点,如牛津大学和剑桥大学的教育质量;其二则把质量与预定规格和标准的一致性作为依据,依此使不同类型的院校可能设定不同的质量标准;其三强调以高校达到目的的程度为标准,把判断质量的尺度定义为是否符合标准;其四把质量定义在实现高校办学目标的有效性上,具体标准是以高校是否具有明确的办学理念和使命的表述为特征;其五把质量定义为高校能否满足雇主(即学生及其家长、社会和政府等)规定的和潜在的需要。

克劳士比(Crosby)(2005)在《质量无泪:消除困扰的管理艺术》(*Quality Without Tears: The Art of Hassle-Free Management*)中对质量的定义——"质量是对要求的顺应"就属于格林语境中的第五类,而第五类还包含了利益相关者理论。面对中外学者对教育质量概念的诸多观点,章建石(2014:47-52)在其博士论文中巧妙地选择引入利益相关者理论②来界定"教学质量"的操作性定义,他提到格林、叶特罗·牛顿(Jethro Newton)和韩映雄等人都支持这种处理方法,即在讨论高等教育质量时,应当思考从哪个利益相关者身上去寻找质量证据。他开创性地形成了自己的高等教育质量的利益相关者"差序格局"(政府、教师、学生和产业界),最终给教学质量做了一个基本的具有弹性的定义(章建石,2014:55):

> 学生始终是高校教学质量最重要的利益相关者,高校教学工作的根本在于促进学生的内在成长和发展。从教育的本质来看,教学质量实际上是一个过程量,是教学活动促进学习者个体发展的'增量'。

---

① 有关高等教育质量、教学质量的概念综述,可以阅读施晓光(2002)《西方高等教育全面质量管理体系及对我国的启示》第33页,他提到了胡森(Husen)、塞姆尔(Seymour)等学者的观点。章建石(2014)在专著《基于学生增值发展的教学质量评价与保障研究》第36-42页中,对从世界高等教育大会的《21世纪的高等教育:展望行动的世界宣言》,到《教育大辞典》的界定,再到国内研究者陈玉琨等(1998)、李福华(2003)、朱湘虹(2005)等的观点进行梳理和辨析,可谓面面俱到。

② 利益相关者理论也需要花一定篇幅才能说清楚,所幸章建石(2014)《基于学生增值发展的教学质量评价与保障研究》梳理得比较清晰。

……对于学生而言,高校教学活动的核心利益在于他们在这个过程中的增值程度。显然,这个增值的程度是因不同受教者而异的。同时,增值也有一个阈值,它受制于具体的教学内容、受教育者原有的发展水平、教育者和受教育者自身的努力程度。

笔者认为,章建石的概念界定揭示了重要的两点——一是搞清楚谁是教育的最重要的利益相关者,二是教育的本质是促进学生的增值(或提升),这和奥斯汀的教育增值理念较为一致。由于教育质量和教学质量在范围上毕竟有所区别,特别是在实践领域,院校往往将本科教育划分为第一课堂和第二课堂,而第一课堂又容易被认为与教学是对应的,第二课堂往往与学生工作对应。在此基础上,教育质量可以界定为"**大学生在大学生涯期间,受益于第一课堂和第二课堂的教学教育活动,其在个人认知和非认知方面因此而能够有所增值或提升,甚至这些教育教学活动对他毕业后的发展亦有长远的积极影响**"。

五、机制

"机制"一词是舶来词,对应的英文是 mechanism。新牛津对它有三种解释:一是机械装置,机器;二是促使事情发生的或生成的自然的或者已有的过程;三是机械论(Pearsall,2007)。而朗文版词典的解释则是:一是机械装置,机件,工作部件;二是机构,结构,机制,体制;三是工作方式,运行机制(英国培生教育出版有限公司,2004)。结合以上释义理解,有研究者认为机制包括目的、动力和路径,并且认为其特征在于动态性、抽象性,"逐渐形成的"(李景鹏,2010),是非常有道理的。约翰·L.坎贝尔(Campbell)认为,机制是指解释和说明变量之间的因果关系的程序或过程(坎贝尔,2010:63)。埃尔斯特(Elster)(1989)有个形象生动的说法:机制就是那些把原因与结果联结起来的螺母、螺栓、齿轮和轮丝[①]。本研究探索的大学生学习评估项目对本科教育质量的影响机制,主要关注动力和路径。

[①] 周雪光认为这里的机制是指可能的因果关系。详见周雪光(2003)《组织社会学十讲》第16页。

六、动力

《现代汉语词典》第 7 版将动力(dynamics①)界定为:①使机械做功的各种作用力,如水力、风力、电力、畜力等;②比喻推动工作、事业等前进和发展的力量(中国社会科学院语言研究所词典编辑室,2017)。有学者在以上第二种释义基础上按照动力源及作用渠道,将动力分为内生动力和外部驱力,"内生动力是指因组织内部生存发展需要而产生的自发动力。而外部动力则指来自组织外部的各种强制性约束或诱导性驱动"(刘国瑞,2018)。不过,动力的对象不应只是针对组织,也针对个体,在心理学中比较关注后者。"动力"一词含有力、能量和活动等意义,可包括所有决定有机体行为的内在或潜在因素(申荷永,1991:307)。也就是说,在人文社科语境下,动力可以是指推动组织事业或个体行为前进和发展朝正向促进作用的力量。

第二节 相关理论

已有理论的应用主要分为两种情况:第一,已有理论作为研究者的理论视角,为研究者解释现象或发现问题、解决问题提供逻辑框架和实践路径;第二,与已有理论对话,例如定量研究得出的结论,可以是对前人的理论的验证或者修订,抑或用扎根理论的方法生成中层理论,与已有理论进行对话②。本研究两者兼而有之,但以后者为主。本研究在第六章、第七章陆续使用扎根理论的方法,对明德项目影响院校的动力和项目负责人的角色生成中层理论,最后与已有的相关理论进行对话。如第一章所述,中层理论分为实质理论和形式理论,前者是指在某一特殊情境脉络里所发展成的理论,后者指在许多不同种类的情境下,为检视统一现象所做成的理论,两者区别在于后者的解释力更强。这里简单介绍三类动力学理论。

---

① dynamic 有两层含义:第一层是"动态""动力学、力学"和"(音乐的)力度强弱,力度变化";第二层是"(导致某种行为或变化的)动力、活力",详见英国培生教育出版有限公司(2004)《朗文当代高级英语辞典(英英·英汉双解)》第 590 页。
② 有关研究设计中的理论视角恐怕是存在一定争议的。这个问题笔者有幸与北大教育学院的几位资深专家有过深度的交流和探讨,简言之,理论的应用可以是作为研究的视角贯穿全文,也可以是与研究者生成的理论对话。只是,有专家提醒笔者,多数学术前辈希望在研究设计部分看到有关理论的介绍。

一、勒温的动力学理论

库尔特·勒温(Lewin)在1936年出版的《人格动力论》(*A Dynamic Theory of Personality*)中将他的社会心理学体系称为"群体动力学"(group dynamics,或称"团体动力学"),成为这个学派的倡导者(梅松纳夫,1997:8;申荷永,1991:306)。这里笔者无意于详细介绍群体动力学现在的发展和主要流派观点[①]。基于勒温的创始人角色,且现代群体动力学理论都或多或少地接受勒温的动力学的重要内容,如"研究同介入必须密切结合;变化和反对变化是群体生命力的一个主要方面"(梅松纳夫,1997:9),这里将重点介绍勒温的动力学理论。

首先是勒温的动力概念(或观念)。勒温的动力概念可概括为心理紧张系统。他不但注重需求和动力能量的意义,而且强调各种心理动力在一个系统中的交互作用,以及人的内在动力与环境因素的关系;这与弗洛伊德(Freud)的精神分析侧重研究的是潜意识欲或里比多(libido)的作用以及麦独孤(Mcdougall)侧重本能及其对行为的策动(申荷永,1991:306)有所不同,但也有一定的继承关系。这里有两个重要概念:心理紧张系统和生活空间。勒温从概念水平上对人的行为根源进行动力分析,形成他的假设:一个人的内部一旦存在一种心理需求,也就会存在一种处于紧张状态的系统(Wolman,1981;申荷永,1991:306)。紧张(tension)或张力的释放可为心理活动和行为提供动力和能量,从而也就构成了决定人的心理活动和行为表现的潜在因素(申荷永,1999:33)。勒温的学生蔡加尼克的工作回忆实验和奥芙散金娜"受阻活动的重做趋势"的实验分别证实了两点:一是一种目的或一种意向,可以形成一种准需求,产生具有动力意义的紧张系统;二是只要需求未得到满足,则存在一种与目标相连的力量,并引导着人们朝向目标活动(申荷永,1991:307)。在勒温的理论中,他还提出一个有意思的术语——引拒值(ralence),正、负引拒值分别意味着吸引力和排拒力,即在上述观点基础上增加了目标本身的吸引或排拒,因而他的心理紧张系统既包括了人与环境的关系,也包括了紧张与目标的相互作用,也就是说需求与紧张,紧张与目标,目标的吸引力与排拒力,各种力相互之间的作用(申荷永,1991:307-308)。简言之,由需求引起的紧张系统,是人的行为和心理活动的根本动力(申荷永,1999:19)。

[①] 对群体动力学流派的主要观点感兴趣的读者可以阅读梅松纳夫(1997)《群体动力学》。

除了紧张系统之外,生活空间(life space,LS)或心理场(psychological field)是勒温动力理论的另一个重要的概念。生活空间包括在一定时间决定个体行为和心理环境(活动)的所有事实,他用函数 $B=F(P,E)=F(LSp)$[①]来表示人与环境相互依存的关系,可以作为人行为的预测项(Lewin,2016),"人即在此空间中生活着和奋斗着"[②]。申荷永(1991)对生活空间做了很好的阐释:"它以对人的行为发生实际影响者为存在标准,将主体与客体融为一个共同的整体,并表现着整体所具有的格式塔性,即其中任何一部分的变化都必将引起其他部分的变化,都必然与整体有关。"可见是否发生影响是关键的标准。

其次是勒温的动力模式。勒温对于动力心理学的贡献不仅在于他的动力的概念界定、实验研究,还在于他敢于在"求乐论"的主导传统之外,强调"稳态论"传统。据申荷永(1991)考察,稳态(homestasis)这一概念由坎农(Cannon)于1929年创用,但是其代表的思想由来已久,坎农是从贝娜德1859年的有机体内外环境论的"内环境"中推导出来的。勒温强调,只有当需求打破了原有的心理平衡,才会引起内在的紧张,由此激发行为,获取新的内在平衡,这种平衡勾勒出目标的动态变化,也就体现了动力作用,故而紧张系统是一种"准稳定平衡过程"。他还在此基础上论述了"解冻—流动—重冻"的社会变化三部曲,因此也可以说,其心理紧张系统本质上是一种稳态动力模式(申荷永,1991)。

将上文提到的紧张系统和生活空间联系起来,加上稳态论,就可以更加准确地理解勒温的动力学。人(P)与其环境(E)共同组成了他的生活空间,而紧张便是行为系统或区域 S 与周围的区域失去了平衡,所以才要企图达到新的平衡的一种状态(见图3-1)(申荷永,1999:41)。当 S 处于紧张时,S1或 S2中的某一"适当"的区域,便有了相应的引拒值,亦即成为紧张趋向的目标(G)。这些相互之间的作用,既可以使个体获得心理上的满足,也可能使得个体受到挫折,或处于某种心理冲突之中,有三种冲突情景:①吸引与吸引之间的冲突,"G1+←P→G2+";②排拒与排拒之间的冲突,"G1→P←G2−";③吸引与排拒之间的冲突,"G+−←→P"(申荷永,1999:42)。

[①] 这里的 E 包括由准物理、准社会和准概念的事实组成的心理环境,P 表示需要、欲望与意图等内部个人区域作知觉运动区域构成的人,详见刘宏宇(1998)《勒温的社会心理学理论评述》第59页。

[②] 转引自申荷永(1999)《充满张力的生活空间——勒温的动力心理学》第29页。原文出自波林(1982)《实验心理学史》(高觉敷译)第674页。

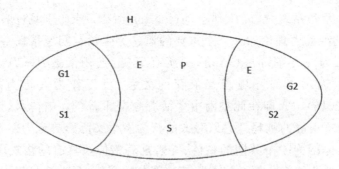

图 3-1 对心理紧张系统的向量分析

注:H = 外壳,表示非心理的因素;P = 人;E = 环境;G = 行为目标;S = 行为系统或区域。
来源:申荷永(1999)《充满张力的生活空间——勒温的动力心理学》第41页。

后来,勒温的动力学理论推广到群体研究中。勒温群体动力学研究关心的是影响群体内部各种交互作用、群体行为及群体变迁的潜在动力(刘宏宇,1998:60)。群体动力学逐渐形成几种研究学派——动力论(或勒温)学派、相互作用论学派和精神分析学派(梅松纳夫,1997:10-14),在如下五个方面形成基本理论——团体内聚力、团体压力与团体标准、个人动机与团体目标、领导与团体性能、团体的结构性(申荷永,1990:102-103),具体不再赘述。总之,勒温的动力模式发展为当代社会心理学中的认知平衡和认知不协调理论,并且对人本主义动机学说产生了很大影响(申荷永,1991:309),后者在马斯洛的著作中的确有所提及(马斯洛,1987),马斯洛也将勒温当作人本主义学说阵营的主要成员(申荷永,1999:61)。

二、动机理论

在心理学领域,动力和动机时常相互替用(申荷永,1991:310),那么我们就很难绕开动机理论。动机理论(theory of motivation)可以划分为本能论(instinct theory)、激发论(arousal theory)、驱力减降论(drive-reduction theory)和需求层次论(need hierarchy theory)。上文提到的麦独孤和弗洛伊德属于本能论,这里简单地介绍后面三种理论。

激发论是心理学家从生理心理学的层面探讨个体生理的激发状态与其行为表现之间的关系,激发状态指的是因外在刺激引起的内在生理变化,包括心跳、呼吸加速、腺体分析、肌肉紧张等多方面的改变,而生理改变是中枢神经使然(张春兴,2009:325)。美国心理学家耶斯基(Yerkes)和杜德森(Dodson)根据实验研究在1908年提出一项法则,称为"耶斯基-杜德森法则"(见图3-2),用三条曲线分别表示激发状态(动机强度)、工作难度和工作成绩三者的关系(张春兴,2009:325-326),其规律分布的形态可以用中庸之道来形容。

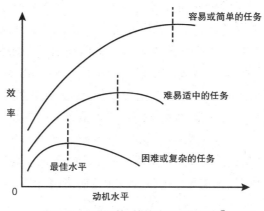

图3-2 "耶斯基-杜德森法则"曲线①

驱力减降论是美国行为主义心理学家赫尔(Hull)在20世纪50年代提出来的,其基本要义是:"动机是促发个体行为活动的内在动力,而内在动力的产生,则是由于个体内在生理上各种需求得不到满足时所形成的内驱力。当内驱力存在时,个体内在的生理运作即失去均衡,失去均衡便使个体感到紧张不安,为了消除紧张不安,个体乃有寻求满足需求的外显行为活动。"(张春兴,2009:324)从这里可以看出勒温动力理论的紧张系统和平衡的影子。研究的确也表明,赫尔曾经借用了勒温的理论(申荷永,1999:42)。不过,驱力减降论主要强调生理上的需求,并且"很难用来概括解释人类的复杂行为"(张春兴,2009:325)。驱力可以分为原始驱力(primary drives)和获得驱力(acquired drives),前者由内在生物需求引发,后者通过条件作用获得(如父母的表扬、与他人的交往、恐惧等)(孟昭兰,1994:368)。

需求理论最经典的要数亚伯拉罕·马斯洛(Maslow)的需求层次理论。马斯洛在《动机与人格》(*Motivation and Personality*)1970年第二版和1987年第三版中均将人的需要分为如下几个方面:生理需要(physiological need)、安全需要(safety need)、归属和爱的需要(belongingness and love

---

① 图3-2来源于http://ptr.chaoxing.com/nodedetailcontroller/visitnodedetail? knowledgeId =928924,将耶斯基和杜德森1908年的三张图合并成同一张图。

need)、自尊需要(self-esteem need)、自我实现需要(self-actualization need)、认识和理解的欲望(need to know)和审美的需要(aesthetic need)(Maslow, 1970:35-51;马斯洛,2007:16-34)。国内外学术界有五个需要层次说、七个需要层次说[①],马斯洛的资深研究者许金声认为,前者是忽略了马斯洛关于认知需要和审美需要的论述,后者则将这两个方面的需要和其他需要放在同一个层次,这也和马斯洛的一些概念不太清晰有关,最后他建议扩展为六个层次:生理需要、安全需要、归属和爱的需要、自尊需要、自我实现需要和超越性需要(metraneeds)[②],甚至还可以加上"大自我实现需要"等[③]。不管需要层次是几个,马斯洛将以上这些需要归纳为"匮乏性需要"(deficiency need)和"成长性需要"(growth need),或称为"基本需求"和"成长需求"[④],前者包括生理需要、安全需要、归属和爱的需要、自尊需要,后者包括自我实现需要、认知需要和审美需要(马斯洛,1987:243-245)。

三、组织动力学理论

组织动力学是指构成组织或团体的人员之间的相互作用模式随时间变化的情况(斯塔塞,2009:2)。一般而言,组织动力学理论可分为两种:控制论(cybernetics)和复杂响应过程(complex responsive process)理论(张华夏,2007;付强,2016)。后者是在对前者的反思和批判基础上形成的,并且引起了管理学界的强烈反响。在这里笔者将简单介绍拉尔夫·斯塔塞(Stacey)提出的复杂响应(应答)过程理论。将控制论与复杂响应过程理

---

① 许金声在马斯洛《动机与人格》(第三版)2007年中文版的前言中提到,北京师范大学出版社2001年的《普通心理学》是五个需要层次,把认知需要和审美需要去掉了。北京大学出版社1994年出版的《普通心理学》(孟昭兰主编)讲的是七个层次理论,加入了认知需要和审美需要,排在自我实现需要之后。而美国E.R.希尔加德等著的《心理学导论》也是七个层次,但自我实现需要放在第七位,等等。同时,笔者在斯滕伯格和威廉姆斯2003年中文版《教育心理学》(第332页)看到,他们处理的方式和希尔加德一样,台湾学者张春兴(2009)《现代心理学——现代人研究自身问题的科学(第三版)》(第327页)也采取这样的处理方式。和马斯洛的英文原著对比,孟昭兰主编的《普通心理学》排序方式是对的。
② 很显然,许金声将后两个需要合并为超越性需要。
③ 详见许金声(2006)翻译马斯洛《动机与人格》(第三版)中文版前言《关于马斯洛的需要层次论》。
④ 张春兴(2009)翻译成"基本需求"和"成长需求",许金声(2006)等翻译为"匮乏性需要"和"成长性需要",马斯洛有时又将这对概念称为"匮乏性动机"和"成长性动机"。

论进行比较(见表3-1),可以更清晰地突出后者的贡献。其中,复杂响应过程理论的基础在于自组织理论和复杂性理论,具体包括混沌理论、耗散结构理论、协同学等。自组织是"通过低层次客体的局域的相互作用而形成高层次的结构和功能有序的模式的过程;这个过程是既不经由外部特定干预、也不经由控制者的指令而自发进行的"(张华夏,2007:91)。混沌理论则揭示:"系统突现模式以及高层级结构的形成必然经历一个从无序到有序的中间状态或者过渡区域——混沌边缘。在混沌边缘,任何微小的扰动都会对混沌系统行为产生影响。由于混沌系统状态的无规则性,混沌系统的行为更是无法预测的。"(付强,2016:81)

表3-1 控制论和复杂响应过程理论的比较

假设 理论分类	组织	目标	管理者角色	组织成员	成员关系
控制论	控制系统(比个体更高级的实体)	确定的,规则的,可预测的	主导作用(站在组织外面设计)	独立、自治的个体	单向控制 (指令—应答)
复杂响应过程理论	自组织(复杂的适应系统)	不确定的,不可预测的	低层次元素自发(不能站在组织外面设计)	相互依赖、相互作用(主体间复杂的关系)	互动循环 (姿态—应答)

来源:根据付强(2016)《从控制系统观到应答过程观——评拉尔夫·斯泰西组织动力学》整理。

斯塔塞(2009:457)将复杂响应过程的组织动力学的观点概括为十点(见表3-2)。斯氏理论有三个重点尤其值得关注。

第一,管理者角色的转变。斯塔塞(2009:461-462)的复杂响应过程观点强调的方法论立场是"人们既是参与者同时又是观察者",那么"研究者和管理者都不能置身于谈话过程——组织之外,因为他们的工作要求他们与其他人进行交谈,他们所说的东西会影响到他们所听到的东西,而他们所听到的东西又会影响到他们所说的东西"。这就是为何说管理者不能站在组织过程之外。"(他们不能)按预想的方式对组织过程进行控制、引导、定型、影响、设定条件或者干预。所有这些意图是对组织中其他人的一种姿态,并且所发生的一切依赖于对方所作出的反应。"相对于控制论中管理者作为主导者角色的立场,其进步在于从观察者和参与者二元对立转向两者融合。

表3-2　复杂响应过程关于组织动力学的主要观点

序号	观点的主要内容
1	组织是人们之间关系的复杂响应过程。由于关系伴随着约束,因此它将建立起人们之间的权力关系。
2	复杂响应过程被模式化为假设性的和叙述性的主题,这些主题将对关系的经历和权力关系进行组织。
3	这些主题呈多种形式。非常重要的是正式的思想意识主题和非正式的思想意识主题,前者决定着组织中谈论什么是合法的,后者可能支持或颠覆正式的思想意识。
4	谈话模式可能重复的稳定形式,人们借此凝聚在一起。它们也可能采取更多的流动形式,类似于混沌边界的动力学。
5	通过组织主题中呈现出的充分多样性,变化以新颖的方式发生着。这种变化是用自由流畅式谈话来表示的,在这种谈话中,隐蔽性主题用于检验合法性。
6	自由流畅式谈话的演变和创造性新方向的诞生,从根本上讲是难以预测的。
7	当人们生活中带有焦虑时,自由流畅式谈话更有可能出现。
8	人们基本上是根据思想意识进行选择的。
9	总体范围内的模式会在局部相互作用中出现。
10	没有对成功的绝对保证。

来源:拉尔夫·斯塔塞(2009)《战略管理与组织动力学》第457页。

第二,组织中成员的迭代循环的相互作用。"它通过某人发出一定的姿态(gestures),另一个人或一些人对这种姿态做出回应(responses),回应又作为一种姿态,以引起别人的回应。在这个应答过程中,人们通过符号、符号组成的话题以及话题的转换进行社会交谈和社会交往,并运用这些符号、话语、话题将人们共处、共事的经验组织起来,形成各种相对稳定的社会模式(即落入一定的'吸引子'),这就是社会组织、社会政策和一定的政治、经济、文化的发展模式。"(张华夏,2007:92)这里的某人可以是管理者,也可以是组织的其他个人,充分体现出该理论强调成员之间的相互依赖、相互作用的特征。斯塔塞(2009:440)强调,社会交互的涌现特征不会降低交互个体的可解释性和责任,相反,一个人很难再将所发生的事归咎于系统,因为所有的事源于每个人和他人进行交互的方式的细节,故每个人都得为所做的事承担道德责任。

第三,成员相互作用意味着什么。斯塔塞(2009:455-456)认为,"在响应过程思考中,人们的相互作用是在永久地构建表现为已知—未知的将来,也就是说,同时存在连续性和潜在的转变","进一步讲,被永远构建为连续性和潜在转变的东西就是人的身份,也就是人的意义。人的身份有两个不可分割的交织方面,即个体和集体,这就是伊莱亚斯所谓的'我'和'我们'的双重身份"。"我们"常常出现在谈论组织的时候,规范的实践总是聚焦于集体或"我们"的身份。斯塔塞假设了一个情境,以通用公司为例,如果公司员工以公司为荣,那么当他们工作的部分被卖给其他公司时,他们就会体会到一种真正的失落感。故斯塔塞(2009:456)总结道:"这种对身份的看法会使人们认识到:在他们被组织抛弃,或者当他们的组织被解散或被其他组织兼并的时候,个人将经历突如其来的精神打击①。真正受到威胁的是人们的身份,而这种威胁远大于经济损失。"这让我们似乎看到 Y 理论的人性假设中的人们的身影。

斯塔塞组织动力学理论的贡献也存在一些争议,主要在于他将复杂应答过程理论当作系统论的挑战,但国内学者认为应该作为补充(张华夏,2007:93-94;付强,2016:82)。当然,这种争议只是阶段的划分,并不妨碍我们理解斯塔塞的组织动力学理论的要旨和精粹。

第三节 研究方法

一、研究方法介绍

本研究采用案例研究方法路径②,使用混合研究方法(mixed methods),具体综合使用了案例研究法、问卷调查法、访谈法、档案分析法和观察法等,其中,质性研究方法是主体。约翰·W.克雷斯维尔(Creswell)

---

① 有一个真实的案例可以回应斯塔塞的观点。前几年,中国有很多大学出现撤销教育学院或者学科撤并的热潮。其中一所院校的教育学院当事人在和笔者交流的时候,说当时她母亲正好去世,在老家奔丧。忽然听说学院被撤掉了,她感觉"天都塌下来了"。她因为母亲的仙逝,悲痛是自然的,但是其身份的丢失,对她则是致命的打击。
② 关于案例研究方法属于何种性质的研究方法,实际上是存在争议的。殷(2017)在《案例研究:设计与方法》中做了一些讨论,他指出,Creswell(2012)提醒大家,尽管案例研究一直被视为质性研究的一种,但案例研究不仅仅是质性研究中的一种形式。殷本人认为,案例研究可以混合运用量化数据与质性资料。那么就不能单纯将案例研究纳入质性研究方法的范围。北京大学陈向明教授在其授课中认为可以把案例研究方法看作一种研究路径,来避开当下对案例研究方法的性质的争议。

和薇姬·查克(Clark)(2017:4)认为:

> 混合方法研究是一种包含了哲学假设和调查方法的研究设计。作为方法论,它包含一些哲学前提假设,这些前提假设在多个研究阶段引导着数据收集和分析、定性定量方法整合。它的核心前提是:比起单独使用定性或定量方法,结合使用两种方法,能够更好地解答研究问题。

多元方法的使用,可以提高研究结论的可靠性。高质量的研究提醒我们,三角互证在信息质量和处理信息的信心方面是非常可取的(Allen,2004)。下面笔者按照顺序逐一介绍使用五种研究路径和方法的思路。

第一,案例研究法。为什么使用案例研究法?殷总结了不同研究方法的适用条件(Yin,2009:6;殷,2017:12-13)(见表3-3)。我们要搞清楚大学生学习评估项目如何影响院校的本科教育质量,就是回答"怎么样"和"为什么"的问题("怎么样"的问题后面一般面临解释性的任务)。不需要对研究过程进行控制,可以认为研究焦点是集中在当前问题上,虽然我们不知道明德项目正在如何发挥作用。故本研究适合使用案例研究法。

表3-3 不同研究方法的适用条件比较

研究方法	问题类型	是否需要对研究过程进行控制	研究焦点是否集中在当前问题上
实验法	怎么样?为什么?	是	是
调查法	什么人?什么事?在哪里?有多少?	否	是
档案分析法	什么人?什么事?在哪里?有多少?	否	是/否
历史分析法	怎么样?为什么?	否	否
案例研究法	怎么样?为什么?	否	是

来源:Yin (1994), *Case Study Research: Design and Methods* (Second Edition), p.6;罗伯特·K. 殷(2017)《案例研究:设计与方法》第12-13页。

案例研究既可以基于单案例研究,也可以基于多案例研究,本研究属于单案例研究,即明德项目研究。单案例研究和多案例研究均可分为探索性案例研究、描述性案例研究、解释性(因果性)案例研究三种,具体概念如下(殷,2004:2):

> 探索性案例研究目的在于定义将要研究(不一定是案例研究)的问题或假设,或判断预定研究方案的可行性;描述性案例研究提供了对现象及其情境的完整描述;解释性案例研究提供因果关系的信息——解释事情是如何发生的。

笔者将首先使用描述性案例研究,介绍明德项目在新省①运行的基本情况(详见第四章);其次是解释性案例研究,探索明德项目对院校本科教育质量的影响机制(详见第六章和第七章)。在执行阶段,主要按照确定研究设计、做好研究准备、搜集数据、分析数据和形成报告五个步骤进行(唐国军,2011)。

第二,问卷调查法。问卷调查的优点之一在于能够从面上把握现象的基本情况,回答"是什么"的问题。本问卷调查主要针对明德项目参与院校的项目负责人或者参与者。笔者在2018年的项目推进会上邀请他们填写问卷,由他们来回答和项目影响有关的问题,如结果的传播方式、传播范围、使用方式、学校分管领导和部门分管领导对影响效果的满意度等等,这些维度和本研究的访谈提纲维度是一致的,问卷见附录1②。

第三,访谈法。首先考虑的是数据搜集的可操作性。经过和两个大学生学习评估项目负责人的初步沟通,以及相关专家的指导,我发现仅仅依赖院校项目负责人和参与者的问卷调查结果是远远不够的。原因在于:一是问卷对于回答"是什么"较有优势,但对于回答"为什么"则需要很多条件,比如样本量足够大,可以通过设计复杂的回归模型来解释现象背后的机制,但本研究的有效问卷样本仅有43个,因为参与院校本身的数量是很有限的。二是即便问卷量样本很大,回答"为什么"的问题仍然要借助于质性研究来进行补充和协助,这也是混合研究方法在国际上越来越受重视的原因。冰冷的数字无法代替鲜活个体的心理活动。三是经过调研,我们发现,院校项目负责人的更换频率比较快,有些负责人是新手,对项目在本校内运行的情况不太了解,所以在有些问卷选项上选择"不太了解"。访谈的优点就在于,我会选择对该项目情况了解的人进行访谈,尽可能选择负责该项目至少两年的人,并且在条件允许的情况下,我会访谈项目负责人和团队的参与者,以确保有用信息丢失最小化。

我们通过对相关人员的访谈,把项目在案例学校内部运行的过程描述清楚,从而更有力地回答研究问题。为了聚焦研究问题,我前期已经展开10余次开放式访谈,搜集了宝贵的一手资料。选择院校也会注意兼顾不同

---

① 由于明德项目负责人要求严格保密有关该项目的基本特征,故本研究在遵守学术伦理下,介绍项目基本情况的时候也尽量控制篇幅,以保护项目组的隐私,将明德项目的发源地区域取名为"新省"。下同。
② 本研究针对省内、省外高校进行问卷调查,由于两份问卷除个别题项外几乎完全相同,故仅提供新省版问卷。

层次,既有原"985工程""211工程"院校,也有地方院校,具体见下文。在进行大规模的访谈前,我首先针对两所案例学校的项目负责人进行了访谈,以此对访谈资料进行编码,归纳项目的影响、影响机制有关的类属(category),以便进一步选择样本学校,以达到理论饱和。同时我也对访谈提纲进行了微调,详见附录2—附录4。

第四,档案分析法。档案分析法可能涉及研究的两个子问题相关的一些历史档案、文件、文本(问卷的研究)等资料。这里的档案主要指明德项目课题组的档案,包括调研报告以及联盟院校提供的纸质或电子文本资料。

第五,观察法。观察法可以分为实验室观察和实地观察。后者可以进一步分为参与型观察和非参与型观察,还可按照公开程度分为隐蔽型观察和公开型观察(陈向明,2000:228-230)。本研究使用观察法的场域在于两个情境:一是明德项目和亲民项目的项目促进会,我在前者中的身份是志愿者,在后者中是会议参与者,属于非参与型观察,从公开程度来看,属于隐蔽型观察,对项目负责人、参与者的言行进行纸笔记录;二是参与明德项目负责人的课堂,属于参与型观察和隐蔽型观察,当明德项目负责人讨论到明德项目相关情况,我会有所记录。

二、案例研究法的抽样标准

本研究运用的是单案例嵌入式研究设计,嵌入式意味着研究将会出现次级分析单位,综合看来,本研究有三个不同层次的分析单位,分别为明德项目、参与院校、院校项目管理者(包括项目分管领导、项目负责人和参与者)。我将分别详细介绍这三个分析单位的抽样标准。

第一,学习评估项目的抽样。为何选择明德项目?综合前文的梳理来看,目前国内有五大主流的高校大学生学习评估项目:北大项目、清华项目、厦大项目、伯克利的SERU项目和华科项目[①]。如前文所述,每年参与前三个项目的院校数量大致在200所,占全国高校总数量的近十分之一。出于研究伦理考虑,我将前四大项目顺序打乱,对其进行匿名化处理,分别编号为明德项目、亲民项目、至善项目和笃行项目,本研究选择明德项目作为研究对象。选择明德项目的原因主要有两个:一是项目影响评估需要有一定的时间长度才有意义,这四大项目中明德项目是唯一运行超过十年的

[①] 笔者与华科项目主要负责人交流得知,近些年稳定参与该项目的院校有10余所。

项目,亲民项目刚好运行十年(截至笔者抽样时),且中国参与明德项目的院校数量最多。二是考虑可操作性问题,前期联系某项目负责人的失败经历表明,项目负责人对本研究有所顾虑和担忧,使得调研无法进一步推行。"山重水复疑无路,柳暗花明又一村",幸好有明德项目负责人抱着开放的心态鼓励我独立开展此研究,因为该负责人也希望知道该评估项目对参与学校起了多大作用①。对于学校的选择,则由项目类型的选择直接决定。需要指出的是,明德项目前十年主要是在新省实施的区域性项目,后续才将服务推广到全国,故在下文会将新省参与院校简称为"省内院校",省外参与院校简称为"省外院校"。

第二,参与院校的抽样。本研究案例的院校选择经历了三个阶段。第一阶段,我选择了国际项目至善项目。至善项目在中国的联盟成员仅有四所大学,在案例选择上无太大选择余地,必要时可增加国际上的大学,如首尔大学等②。我借助访谈法,将该研究的案例选择标准划分为国别类型、大学类型、主管部门类型和态度类型四个维度,形成案例院校选择方案一,见表3-4。

表3-4 案例研究项目的案例院校选择方案一

维度	分类
国别类型	国际/国内
大学类型	研究型大学/教学型大学
主管部门类型	教务处/学工处
态度类型	积极/消极

我将至善项目成员之一C1大学作为首个案例学校后,一系列努力最终宣告失败③。如上文所述,由于机缘巧合我能够以明德项目为例,对参与该项目的院校进行研究。考虑到可操作性问题,案例研究项目的案例院校选择方案二出炉(见表3-5)。由于明德项目的联盟院校均是中国高校,故将国别类型删除。与方案一相比,仅保留大学类型、项目主管部门类型和态度类型,增加了"参与时间长短"的时间维度。

---

① 来源:2017年5月18日、11月7日与AH1老师的非正式面对面访谈。
② 第一个案例学校当然是N大学,因为该学校是我的母校,我觉得可操作性最大。
③ 我2017年暑期初开始与项目负责人、相关人员联系,发现数据搜集比预料的要更困难。

表3-5 案例研究项目的案例院校选择方案二

维度	分类
大学类型	研究型大学/教学型大学
项目主管部门类型	教务处/学工处
态度类型	积极/消极
参与时间长短	十年以上/五年以上

我于2018年上半年正式接触明德项目组，参与了一些相关工作，对案例院校的选择标准又进行了调整，原因在于，如果要看明德项目对院校的本科教育质量的影响，院校的参与时间最好连续超过五年。在参与过明德项目的65所本科院校中，参与时间达到十年的并不多（22所），而超过五年的院校超过40所①，这样看来，样本就可以在所有的40余所院校中间进行选择，因为其可以代表总体情况。尽管省外院校的项目对接部门有学工部门、教务部门和高教所，但绝大多数院校只参加了一年，而省内院校则都是学工部门负责，因此根据项目参与时长的限制，主管部门类型只有一种。如此，案例院校选择方案仅剩两个维度，即大学类型和态度类型。态度类型的划分是根据访谈中项目负责人谈及的两类比较极端的案例学校，但实际上，其他院校很难界定哪些是积极的，哪些是消极的，因此取消态度类型的划分。大学的类型如果分为研究型大学和教学型大学，可能会引起争议，故本研究换为传统的原"985工程"院校、原"211工程"院校和地方本科院校三种类型。另外增加了优势学科类型的维度，分为理工科院校和综合性大学。故目前案例学校选择标准可包括大学类型和优势学科类型，见表3-6。

表3-6 案例研究项目的案例院校选择方案三

维度	分类
大学类型	原"985工程"院校/原"211工程"院校/地方本科院校
优势学科类型	理工科院校/综合性大学

在正式抽样之前，我将本科院校定位为公办本科院校（见图3-3），去掉民办院校、新办大学、以艺体为特色的大学、连续参与项目时间少于5年的大学、近3年未参加项目的大学，剩余样本总量为37所。根据选择方案中的维度划分，在选择中注意二者的结合，如：原"985工程"院校中共有5所综合性大学，选择3所；有4所理工科院校，选择2所。最终抽样选择共15

---

① 数据来源于明德项目组档案。

所院校,编号 A1—A15,其中原"985 工程"院校 5 所,原"211 工程"院校 5 所,地方本科院校 5 所,各占三分之一①。

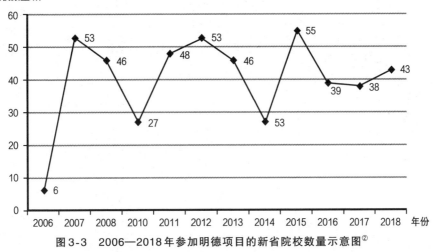

图 3-3　2006—2018 年参加明德项目的新省院校数量示意图②

第三,院校项目管理者的选择。这里的项目管理者包括项目分管领导、项目负责人和参与者,以负责人为主。在确定 15 所案例院校的基础上,进一步选择研究对象共计 25 人(见表 3-7)。尽管案例研究更强调典型性,不强调代表性,但由于我调研准备时间较为充裕,故尽可能兼顾典型性和代表性。

访谈人员样本编号采用大学和受访者角色结合的方式,如"A1M1","A1"表示 A1 大学,"A1M1"表示受访者为项目负责人;"A1P1"表示受访者是 A1 大学的项目参与者;"AH1"表示受访者是明德项目组的负责人;"A15L1"表示受访者是 A15 大学项目负责部门的分管领导;"A1S1L"表示受访者是 A1 大学 S1 学院的分管领导(如副书记、副院长);如果访谈了项目的新、旧负责人,则以 M1 表示前任,M2 表示现任。除此之外,"A 大学"表示项目总负责人所在大学。对于文中涉及的亲民项目、至善项目和笃行项目相关信息,编码规范一致。

---

① 在原"985 工程"院校中,实际上选择了 6 所院校,但 1 所院校婉拒了访谈邀请;原"211 工程"院校中,因为 1 所院校的 1 名访谈者能提供的信息特别少,使得样本减少为 5 所。
② 图 3-3 中,2009—2010 年合为一次调研;绝大多数年份项目针对本科生开展调研,仅有 2014 年和 2016 年主要针对研究生调研,为保持示意图的连续性,将两年数据也放在图中。

表3-7 抽样院校和访谈人员名单列表

参与院校	院校类型	院校项目负责人/参与者等	性别	职务/职称	负责项目时间	访谈方式	访谈时长(约)	备注
A1	原"985工程"院校	A1M1	男	副处长	2015—2018年	面对面访谈	40分钟	亦参加亲民项目、麦可思
		A1P1	女	科长	2014—2018年	面对面访谈	36分钟	
		A1S1L	女	副院长/副书记	—	面对面访谈	30分钟	
A2	原"211工程"院校	A2M1	女	科长	2017—2018年	面对面访谈	41分钟	
		A2P1	男	工作人员	2017年	电话访谈	17分钟	
A3	原"211工程"院校	A3M1	女	科长	2015—2018年	面对面访谈	61分钟	
A4	原"211工程"院校	A4M1	女	科长	2015—2018年	面对面访谈	39分钟	
		A4P1	女	职员	2017—2018年	面对面访谈	49分钟	
A5	原"211工程"院校	A5M1	女	副处长	2011—2018年	电话访谈	57分钟	亦参加亲民项目
		A5P1	女	科长	2015—2018年	面对面访谈	44分钟	
		A5P2	女	科员	2017—2018年	面对面访谈	15分钟	
A6	原"985工程"院校	A6M1	女	副研究员科室负责人	2008—2015年	面对面访谈	50分钟	亦参加亲民项目
A7	原"985工程"院校	A7M1	女	科室负责人	2016—2018年	面对面访谈	33分钟	
A8	原"211工程"院校	A8M1	女	科室负责人	2008—2015年	面对面访谈	40分钟	
		A8M2	男	科室负责人	2016—2018年	面对面访谈	48分钟	
A9	原"985工程"院校	A9M1	女	副处长	2014—2018年	面对面访谈	29分钟	
A10	地方院校	A10M1	男	副部长	2015—2018年	面对面访谈	74分钟	亦参加麦可思
		A10P1	男	科级/中级	2010—2012年	面对面访谈	37分钟	
		A10P2	女	科级/中级	2018(0.5年)			
A11	原"985工程"院校	A11M1	男	副处长	2018(0.5年)	面对面访谈	35分钟	亦参加亲民项目
A12	地方院校	A12M1	女	副书记	2009—2018年	面对面访谈	21分钟	参加麦可思
A13	地方院校	A13M1	男	科级干部	2015—2018年	面对面访谈	48分钟	
A14	地方院校	A14M1	女	处长	2011—2018年	电话访谈	21分钟	
A15	地方院校	A15M1	女	教授	2016—2018年	面对面访谈	60分钟	亦参加亲民项目、麦可思
		A15L1	女	副处长	2017—2018年	面对面访谈	60分钟	

注:(1)A1S1L代表院系分管领导,A15L1代表项目负责部门的分管领导。(2)A10P1和A10P2是集体访谈。

除了对上述三个分析单位的抽样外,为了增加后续的研究结果和理论模型的解释力,我同时对明德项目、亲民项目、至善项目、笃行项目的相关管理者17人进行了访谈(见表3-8)。具体而言,我对运行近十年的亲民项目的两名主要负责人,以及两所亲民项目联盟院校的项目负责人(分别来自A1大学和A5大学)①进行了访谈;对至善项目的中国区发起人CP1以及中国四所联盟院校的项目负责人进行了访谈;同时,为了更深入地了解明德项目的形成背景以及类似项目发挥的影响,我专门访谈了A大学的一些专家,以及项目组的负责人、发起人、前成员、所在单位的专家等6人;最后,也访谈了1名笃行项目核心成员。也就是说,本研究的访谈对象涵盖了目前中国较有影响力的四个项目的相关人员,共计42人。

表3-8 明德项目、亲民项目、至善项目和笃行项目负责人等相关成员访谈名单列表

项目名称	院校名称	项目组总负责人/参与者	性别	职务/职称	负责(参与)项目时间	访谈方式	访谈时长(约)
明德项目	A	AH1	女	副教授	2006至今	面对面非正式访谈	70分钟
						面对面正式访谈	148分钟
		AOP1（项目原成员）	男	博士	—	面对面非正式访谈	10分钟
		AOP2（项目原成员）	男	研究员	—	面对面非正式访谈	7分钟
						面对面访谈	35分钟
		AP1	女	副教授	—	面对面非正式访谈	15分钟
		AP2	女	项目主管	2008至今	面对面非正式访谈	60分钟
		AT1（项目组所在单位成员、专家）	女	教授	—	面对面非正式访谈	20分钟
		AT2（项目组所在单位成员、专家）	男	教授	—	面对面访谈	30分钟
亲民项目	B	BH1	女	教授	2009至今	面对面访谈	51分钟
	B	BH2	女	副教授	2009至今	面对面访谈	40分钟
	A5	B1A5M1（院校项目负责人）	女	副研究员	2009—2016	面对面访谈	59分钟

① 也就是说,A1大学和A5大学同时参加了明德项目和亲民项目,我也就同时访谈了这两所大学的两个不同项目的负责人。

续表

项目	院校名称	项目组总负责人/参与者	性别	职务/职称	负责(参与)项目时间	访谈方式	访谈时长(约)
至善项目	A1	B2A1M1（院校项目负责人）	女	副研究员	2012至今	面对面访谈	75分钟
	C	CP1（至善项目中国区发起人）	男	研究员	2011至今	面对面访谈	64分钟
	C1	C1M1	男	教授	2011—2016	面对面非正式访谈	10分钟
	C1	C1M2	男	教授	2011至今	面对面访谈	30分钟
							92分钟
	C2	C2M1	男	教授	2011至今	面对面访谈	66分钟
	C3	C3M1	女	副教授	2011至今	面对面访谈	94分钟
笃行项目	D1	DP1	女	博士生	—	电话访谈	35分钟

注：(1)除A5外，其他院校均为"双一流"大学。(2)A1、A5大学均为同时参加明德项目和亲民项目的院校。(3)至善项目为国际项目。

三、数据搜集与数据分析

（一）数据搜集

数据来源主要包括问卷调查、访谈、文献资料、档案记录（如明德项目的档案数据、案例学校的相关文件、调研报告、舆情周报等）和现场观察等。其中，问卷调查回收43份有效问卷，由参与明德项目的院校项目负责人和参与者填写。访谈法的运用是本研究的重点和难点（访谈提纲见附录2—附录4）。重点是因为本研究主要依赖于质性研究的数据，难点在于访谈对象的多元化。访谈对象包括项目负责人和参与者，这里的负责人界定的重要标准在于对项目的运行了如指掌，对于项目的结果使用比较清楚。必要时候需要访谈部门分管领导。如果项目的影响明确提到涉及院系层面，也可访谈学院分管领导，即党委副书记。比较麻烦的是，行政系统人员流动频繁（尤其是本研究关注的学工部门），有时每一类访谈对象可能要访谈两个以上，才能将信息"拼凑"完整，具体根据访谈者提供的负责或参与项目的时间跨度决定，如A10大学，我访谈了3位对象才将明德项目在该校发挥作用的情况了解清楚。因为要保持我在本研究中的独立性，所以避免使用明德项目负责人的类似自上而下的关系联系访谈者，而是借助于我个人的人际关系挨个联系。绝大多数项目负责人、参与者是通过熟人路径联系,少数是通过"陌拜"的方式完成,如A5大学,虽是通过熟人路径联系,却因为该院校项目负责人更换频率过快,几经周转,没有一个人认为可以接受访谈,不得已,我联系了新任项目对接人,结果比较成功,并且还访谈了该项目名副其实的负责人,即部门的分管领导。不过"陌拜"的联系成功率确实低于熟人路径,比如原先的一所院校项目新联络人答应帮我"请示"领导,一段时间后却仍无消息,我再提醒他的时候,他却称不方便接受访谈。另一所院校中,我联系上其中一位参与者,因为其对于项目的运行几乎一无所知,我不得不联系该项目的另一位参与者,对方称近期工作忙而婉拒了我的访谈[①]。

  获得受访者的信任,是访谈法获得高质量信息的重要前提。如何与受访者保持良好的关系呢?目前大致有三个路径:一是尊重对方,我预约访谈时尽量按照让对方舒服的时间(时间点、时长)、地点来行动,并赠送小礼物(因为无科研经费,一般选择学校纪念品);二是分享信息,目前个别院校负责人有考博的需要,而我作为免费的资深考博咨询达人,可以为对方提供经验分享和信息咨询服务,有时也有院校需要招聘有博士学位的辅导员,会通过我做宣传,我往往也会第一时间协助;三是提供咨询服务,我的研究方向可以为受访者提供一些学术研究上的建议,比如有学校在访谈结束后,会向我咨询一些问题,如有人咨询如何更好地使用项目数据,我会很认真地回复,做到"知无不言,言无不尽",我的一封邮件内容详见附录9。另外,我曾经的学生工作经历可以让对方觉得我是"自己人",对他们的工作状态比较熟悉,初步的访谈可以验证这一点[②]。这些效果很不错,绝大多数访谈者和我临别之时,都会主动说有问题可以再沟通,我也确实和A1S1L、A2M1、A4M1等都有二次交流甚至多次交流,均与本研究有关。

[①] 我觉得联络访谈对象首先应该通过熟人路径,而且该熟人尽可能要具有一定社会地位,这样他们可以直接和有一定话语权的人直接联系调研的事项,不需要增加过多的"向上请示"的沟通成本。"陌拜"的如果是有一定社会地位的人,我们往往因为与其"没交情",会被礼貌婉拒,甚至是热情的邀请换来的是冰冷的"毫无回应"。"陌拜"时选择基层管理者,至少可以保证得到回应,但他们对于学生开展的调研又会比较谨慎,会按照程序"向上请示"是否可以接受访谈,也会因为"没有交情"而"多一事不如少一事",或者有时因为对我们不了解,担心我们不会真正按照学术伦理处理访谈内容,会给他们带来声誉上的损失。

[②] 来源:2018年6月14日与A3M1老师的面对面访谈。

(二) 数据分析

本研究有两种类型数据：一种是定量研究的数据，主要是通过问卷调查获得的数据；一种是质性研究的数据，主要来源于访谈和档案记录等，其中又以访谈数据为主。主要章节的研究方法和数据分析方法，详见表3-9。对于定量研究的数据，由于样本较小（仅为43个），只能采用描述性统计方法，为质性研究提供必要的辅助，如为案例学校的选择和问题的设计提供科学的参考，或者将定量研究结果与质性研究结果相对照，加强说服力。重点是对访谈数据进行编码。第五、六、七章，均采用质的研究方法，使用编码的思维和方法，其中，第六章和第七章重点使用扎根理论方法，力求生成中层理论。

表3-9 核心章节研究方法、数据分析策略和编码步骤分布列表

章节	研究方法分类	数据分析策略	编码步骤
第四章	量的研究方法	描述性统计	
第五章	质的研究方法	分析归纳法	一级编码
第六章	质的研究方法	扎根理论	一级编码、二级编码和三级编码
第七章	质的研究方法	分析归纳法（第一节）；扎根理论（第二节）	一级编码；一级编码、二级编码和三级编码

这里重点介绍一下扎根理论方法。扎根理论是一种研究路径，而不是一种实体的"理论"，其要义可以被总结为：研究的目的是生成理论，而理论必须来自经验资料（empirical data）；研究是一个针对现象系统地收集和分析资料，从资料中发现、发展和检验理论的过程；研究结果是对现实的理论呈现；通过系统的资料收集和程序分析而发现理论（Glaser et al.,1967；陈向明,2015）。

扎根理论研究的实践有如下要求："①资料收集、资料分析和理论生成同时进行；②从经验资料而不是从预想的、逻辑演绎的假设中形成代码（code）和类属；③保持理论敏感性，对事件与概念以及概念与概念的关系不断提问、比较；④为了理论生成的目的进行抽样，抽样的单位是概念，而不是人、地点或事件，不必按照人口学变量进行抽样；⑤类属需要达到理论性饱和，即属性基本齐全，再收集资料会出现重复；⑥研究伊始尽量不要带有前设，在形成独立的结论之前，不要阅读本实质领域的文献；⑦通过编码、写备忘录和画图表来完善类属和类属之间的关系，形成初步假设，最后

进行理论整合(integration)。"(陈向明,2015)第六章、第七章的研究基本是按照上述步骤开展的,具体采用Strauss和Corbin(1990)《质性研究概论》的开放性编码、主轴编码和选择性编码步骤,分别俗称"一级编码"、"二级编码"和"三级编码"。

扎根理论是一套行之有效的分析质性资料的方法,其完整的分析过程包括上述三个编码步骤:一级编码指将资料分解、检视、比较、概念化和范畴化的过程(寻找类属);二级编码指借助于因果条件(causal conditions)、现象(phenomenon)、脉络(context)(或称为"情境条件")、中介条件(intervening conditions)、行动/互动(action/ interaction)和结果(consequences)(A-F)将属性串联起来,将资料组合到一起的过程;三级编码指选择核心类属,把它和其他类属系统地联系起来,验证其关系,并把概念化尚未发展全备的类属补充完整的过程(Strauss等,1997:69,109,133)。前两种编码方式,可以单独使用或者结合使用,可以帮助分析质性访谈资料和数据,本研究第五章、第七章第一节将使用归纳分析法,即依赖一级编码分析资料。

最后,本研究核心的难点是处理好理论在案例研究法中的角色,主要有三种类型:验证理论(演绎法)、产生理论(归纳法)和案例描述(潘慧玲,2005)。本研究选择后两种方式,产生理论依靠扎根理论方法,针对案例的归纳分析概括明德项目对院校的影响。

第四节 研究伦理与信效度

一、伦理问题

学术伦理首先表现在调研的匿名性上,包括问卷调查和访谈法实施方面。伦理问题在质的研究部分涉及更多。质的研究对伦理道德问题的关注体现在,研究者需要事先征求受访者的同意,对他们提供的信息严格保密(陈向明,2000:9)。我的具体操作包括如下几个方面。一是在是否录音的问题上,充分尊重对方的意见,有四名受访者不希望录音,我便采取笔录的方式,有一位是宣传部的副部长,因其部门的特殊性,我主动放弃录音;也有个别受过严谨学术训练的人主动邀请我录音,他们表示自己进行质性研究时也有这个需求。二是我答应对我的研究感兴趣的受访者,在我的研究结果即将发表时,会将相关文字给对方过目。对于质性研究而言,他们面对我们的研究成果,往往也能和我们一起来建构研究结论和理论模型。

也有一些受访者表示相信我们的学术训练,不需要以上这些后续的程序。不过,在伦理问题上,我经历了一个小插曲。2018年学期初,我意外受邀成为明德项目组的成员,其优势在于我可以申请使用项目组十年来积累的大数据,在进入案例学校进行田野调查时也会具有便利性。一开始我向项目组负责人表示,如果我不能保持中立的身份从事这项研究,可能会影响研究的结果。然而,这种谨慎被繁忙的学术活动和日常生活冲淡,直到有一天我拜访一位前辈,他提醒我价值中立的问题需要解决①。我方才想起研究之初的担忧,意识到必须回归到初始的谨慎,赶紧联系"介绍人",请其帮我联系案例学校时,只说我是教育学院的一名博士生,后续的资料搜集仅作为博士论文素材和后续的研究之用。虽然这会增加我联系受访者的难度,但优点在于可以始终保持我的独立性。

二、信效度问题

就定量研究方法而言,问卷设计涉及信度的问题,主要是采用克伦巴赫alpha系数测验检验问卷的信度。在效度方面,检验内容效度、结构效度和关联效度。在质的研究方法方面,大多数学者不提倡讨论定量研究的术语"信度"(陈向明,2000:100),但依然要考察搜集信息的真实性,主要是基于我的教育研究者和高校实践者的身份,我可以去辨析通过访谈获得的数据和资料是否有受访者宣称的那么真实。如,有受访者谈及为何将项目提供的研究结果在很小的范围内分享时,一方面提及对项目组研究实力的信任,一方面却说因为有一次发现事后数据有问题而不敢在太大范围内分享,故对项目本身的数据存在一定的质疑。作为曾经的高校学工战线的辅导员和学工部门的智囊核心成员,我深知高校的部门之间的竞争性关系远大于合作关系。问卷调查表明,仅有五分之一的院校能够将调研结果与相关部门分享(详见第四章),这已经从侧面体现了部门之间的暗中较劲(竞争性关系)。而我的教育研究者身份可以辨别出,有些问题是出自人员本身教育研究专业性的欠缺,而非项目组的数据分析的问题(当然不排除有时数据上的失误处理的可能性)。如关于李克特量表的五项、四项和六项题项之间的变化,受访者抱怨其导致数据的纵向比较只能在有限的范围内进行②,而我却可以解释,这并不是项目组"善变",而是根据国际前沿的研

---

① 来源:2018年6月6日与A4大学的某老师非正式的面对面交流。
② 来源:2018年6月14日与A3M1老师的面对面访谈。

究范式的转变,逐步消除因中国人的中庸文化导致喜欢选择"一般"选项带来的影响,而且实际上通过选项之间的整合依然可以达到同一指标的历年的比较。如果我不具备教育研究者和高校实践者的身份,思考就容易被受访者的意见带着走,忽略或者淡化两个核心问题:一是高校部门之间过犹不及的竞争关系导致信息共享受限;二是院校的项目负责团队或个人的专业性可能也是明德项目影响院校的本科教育质量的重要变量。此外,对于本研究,我有一个颇有意思的心得。现在越来越多的高校受访者对于录音已经不再排斥,但要说他们对录音一点戒备心理都没有的话,那就太理想化了。有些关键信息就是关掉录音之后才得到的,比如,我在对C3M1老师的访谈结束后,陪她乘坐电梯,她说:"其实这个项目没有那么重要。"[1]她的这个评价在录音过程中始终都没有出现过[2]。再比如,在对B1A5M1的访谈结束之后,道别之时,我才知道她和B1项目负责人之一是师生关系。我一般会赶紧把重要的信息写下来,或者通过自我录音的方式记录下来。这些似乎可以称为"录音键关闭效应"。

最后,所谓的推广问题就是研究的外部效度问题。案例研究法讲究案例的典型性,并不像定量研究追求代表性所带来的外在推广的普遍性(王宁,2002)。不过,如前文所述,跨案例研究比单案例研究可以使研究结果更具备说服力。

---

[1] 来源:2018年11月13日与C3M1老师的非正式交流。
[2] 无独有偶,我在从事另一项中外大学生跨文化能力研究的时候,访谈一位中国学生时,他表示理解我录音的做法。当结束录音的时候,他似乎意犹未尽,说:"既然您关掉录音,我就跟您讲个事情。"这个事情讲的是跨文化冲突的典型案例,这在整个录音过程中都未曾提及。

第四章　中国明德项目运行调查分析

如前文所述,中国有五大主流的大学生学习评估项目,分别为北大项目、清华项目、厦大项目、SERU项目和华科项目,明德项目是其中的典型代表。该项目有两大主题——一是教师教学,二是学生发展,测评对象为在校大学生。起初是新省教科院(化名)的科研项目,后来由新省地方教育主管部门长期资助委托明德项目专家组具体执行[①②],随着项目的稳定发展,官方资助由显性的经费支持转变为隐性的政策支持[③]。该项目目前已经运转超过十年,在中国同类大规模测评项目中历史最早,参与项目的院校规模排名稳居前三。项目组十余年累计调查院校近600所次,仅2017年单年参加的学生人数就近9万人[④],同时从一个地方性的大型调研项目发展为全国性调研项目。如前文所述,当前中国的五大学习评估项目,尚无一个开展过系统的影响评估。当然,时间长度是一个必要条件,有领域内学者认为,当前明德项目和亲民项目比较符合此标准[⑤]。项目组希望通过扎实的调研来了解项目如何影响院校的本科教育质量,搜集参与院校对项目的相关建议,以便明德项目组更好地提供符合院校实际需求和长远发展的服务,也为保障我国高校的本科教育质量奉献绵薄之力[⑥]。这也是笔者开展本研究的契机。尽管本研究既关注影响是什么,也关注背后的影响机制,但因为样本量的有限性,无法对因变量和自变量进行建模,以深入研究影响机制,所以需要借助于质性研究。不过,定量研究往往可以帮助我们对现象进行较好的素描和扫描,对明德项目在院校内部运行情况做较好的

---

① 来源:2017年12月26日与AOP1老师的面对面访谈。
② 来源:2018年6月14日与A3M1老师的面对面访谈。
③ 来源:2019年2月21日与明德项目组负责人AH1老师的面对面访谈。
④ 来源:明德项目的2017年全国调查报告和明德项目组负责人AH1老师的介绍。
⑤ 来源:2017年11月2日与B1M2老师的非正式电话交流。
⑥ 来源:2017年5月18日与明德项目组负责人AH1老师的面对面非正式交流。

分析,在项目对院校发挥的作用方面有基本的了解。

本次问卷调查时间为2018年5月底,明德项目共有两次促进会:一次是针对地方的项目联盟的"老会员",即省内院校;另一次是针对省外已经参加一年或首次参加项目的"新会员",即省外院校。研究者对所有参加两次项目促进会的项目负责人或参与者发放问卷(详见附录1),每所院校仅有1名符合条件的人员填写问卷。本研究将项目负责人或参与者统称为"项目管理者"。

第一节 数据和方法

一、问卷设计

研究明德项目对院校本科教育质量影响这一问题属于元评估的范畴,因为条件有限,无法对该项目进行完全规范的元评估,但美国的教育评价标准联合委员会(Joint Committee on Standards for Educational Evaluation, JCSEE)针对教育项目开展元评估常问的一些问题(简称"美国'元评估'之问")(桑德斯,2012:203)却可以用于问卷框架设计,如"该项目评估的发现是否清楚""数据和信息对于评估结论的成立来说是否充分""评估结果是否充分地传达了出去""结果是否得到了使用"等等。

除此之外,根据章建石介绍,美国JCSEE的前两个版本的元评估标准,和德国、瑞士、澳大利亚等发达国家在美版基础上的修订(章建石,2014:185-187),以及国内学者制定的中国版元评估标准(严芳,2010),基本上都确定了四大标准:有效性标准、可行性标准、适当性标准和准确性标准,JCSEE在2010年出台了第三版的元评估标准,增加了第五个标准"评估问责制标准"(evaluation accountability standards)(JCSEE,2018)。

从内容来看,有效性标准与本研究的项目影响的主题较为接近,以JCSEE项目评估标准为例,包括:评价者可信度,利益相关者认定,协商评价目的,价值判断,利益相关者信息筛选,有意义的评价流程和结果,及时、正确地交流评价报告和评价后果及影响力关注。结合JCSEE项目评估标准,以及研究者反思、专家意见,本研究的调查维度确定为如下七个方面(见表4-1),适用于本研究问卷设计和后续的访谈提纲设计。本研究问卷由笔者设计,明德项目组负责人对问卷进行了修订。

表 4-1　问卷维度一览

问卷维度	来源
1. 态度:重视程度、项目认知	研究者反思
2. 参与评估目的	《教育项目评估标准》(2011),德国评价协会、瑞士评价协会元评价标准
3. 信息匹配度/问题反馈	美国"元评估"之问
4. 反馈评估报告(报告清晰度,解释和与专家的互动)	美国"元评估"之问,《教育项目评估标准》(2011)
5. 结果传播(方式、范围)	文献综述,研究者反思,专家意见
6. 使用结果(使用情况等)	文献综述,美国"元评估"之问,德国评价协会元评价标准
7. 影响效果(后续措施引起的变化、效果、满意度、是否继续参加,是否推荐给他人)	《教育项目评估标准》(1994):U7评估影响,研究者反思

来源:章建石(2014)《基于学生增值发展的教学质量评价与保障研究》第185-187页;詹姆斯·桑德斯(2012)《教育项目评估标准——如何评价对教育项目的评估(第二版)》第61-62页。

二、数据说明

本次调查以参与院校为单位,每个单位由1名项目管理者填写问卷。问卷共发放66份,回收53份,回收率80.3%;有效问卷45份,有效率84.9%。去除两个高职样本,共计43个样本,其中省内院校25个样本,省外院校18个样本。院校特征和个体特征基本情况如下:省内院校占58.1%,省外院校占41.9%;原"985工程"院校、原"211工程"院校占57.5%,地方本科院校占42.5%;项目管理者所在部门,学工部门占70.0%,教务部门占10.0%,高教所占7.5%,教学质量评估部门占4.7%,其他占7.8%;女性占59.5%,男性占40.5%;科级干部以上占62.5%,科员及其他占37.5%;高级职称占36.0%,中级职称占40.0%,初级及其他占24.0%;负责项目时长两年以内占79.3%,三至五年占13.8%,五年以上占6.9%。

在信度方面[①],采用克伦巴赫alpha系数测验,项目效果(0.696)、态度(0.599)、结果传播(0.540)等维度方面,通常alpha系数大于0.6即可,由于态度和结果传播的具体指标仅两个,此时一般alpha系数大于0.5也可接受(SPSSAU数据分析手册,2020)。这些系数结果基本符合标准。

---

① 这里的信度测量使用的是45份全样本。

在效度方面,本研究对内容效度、结构效度和效标关联效度进行了检验。首先,在内容效度方面,问卷结果来自国际上元评估有效性标准的分类结构,故内容效度有所保证。其次,本研究为了检验问卷的结构效度,进行了探索性因素分析。根据检验结果可知,KMO值为0.718,表示适合进行因素分析。此外,Bartlett球形检验的近似卡方值为120.886(自由度为36),显著性水平为0.000,达到显著,说明变量内部有共同因素存在。最后,在效标关联效度方面,我们以项目了解程度作为效标,通过重视程度、部门领导满意度、分管校领导满意度、影响效果与项目了解程度之间的相关性,对问卷效标关联效度的"同时效度"进行检验。问卷中的重视程度、部门领导满意度、分管校领导满意度、影响效果与项目了解程度之间呈现显著的中度相关($P<0.01$)。本问卷所关注的重视程度为0.446**,部门领导满意度为0.466**,分管校领导满意度为0.447**,影响效果为0.382*(*表示$P<0.05$,**表示$P<0.01$),与项目了解程度显著相关,即问卷表现出较好的效标关联效度。

三、方法

由于参与明德项目的全国院校数量年平均在70所上下(新省地区50所左右)[1],每个院校有1名项目负责人或参与者参加问卷调查,客观上导致总体样本较小,也就决定了本章节的定量研究以描述性统计为主。对省内院校和省外院校、不同层次院校(原"985工程"院校、原"211工程"院校和地方本科院校)的相关指标进行卡方检验,分析结果是否存在显著差异,帮助我们了解明德项目影响联盟院校的情况,需结合后续的质性研究才更有说服力。

第二节　调查结果分析

由于本研究后续的质性研究集中在省内院校,混合研究方法的关键之一在于定量研究结果和质性研究结果相互对照,故在本部分呈现的描述性统计数据,按照总体、省内院校和省外院校三类,从院校对项目的态度、参与原因、院校情况反馈、结果传播、结果使用、项目成效、项目反馈和其他等八方面进行分析。需要指出的是,由于有些院校的项目管理者属于新人上

---

[1] 来源:明德项目电子档案。

任,对项目的运行和作用发挥并不了解,故多数题项都专门设置了"不了解"一项。

一、态度

本研究主要通过对参与项目的重视程度和了解程度来测量态度。调查显示,近八成院校对参与明德项目很重视,两成院校重视程度仅为"一般"。相比较而言,省内院校对明德项目的重视程度比省外院校高,有可能是因为省内院校参与会议有地方教育主管部门的发文要求,省外院校则无行政上的约束力,但卡方检验表明,两者之间在重视程度上并无显著差异。

在了解程度上,项目管理者中近五成对明德项目较为了解,超过四成对项目一般了解,近一成对项目并不了解;省内院校对项目较为了解的达到六成,省外院校比例则较低,对项目较为了解的仅过三成,一半成员仅为一般了解。两类院校在了解程度上存在显著性差异[①](见表4-2),在0.1水平上显著,但力度系数仅为0.263,处于温和水平(modest)(Muijs,2004)。原因在于绝大多数省内院校参加明德项目已经超过10年,而省外院校只有1年。

表4-2 明德项目联盟省内院校和省外院校项目管理者对项目了解程度卡方分析

	值	df	渐进 Sig.(双侧)	精确 Sig.(双侧)	精确 Sig.(单侧)
Pearson 卡方	2.978[a]	1	0.084*	—	—
连续校正[b]	2.007	1	0.157	—	—
似然比	3.022	1	0.082	—	—
Fisher 的精确检验	—	—	—	0.124	0.078
线性和线性组合	2.909	1	0.088	—	—
有效案例中的 N	43	—	—	—	—

注:*表示在0.1水平上显著。

二、参与原因

调查显示(见图4-1),院校参与明德项目的主要原因,一是认为项目可以帮助他们反馈教学质量和学生发展方面的问题,二是相信该项目团队的科研实力,三是项目免费和上级部门要求参加。第一个原因表明了院校的

---

① 由于卡方分析对每一个题项的选项样本有一定要求,故此处将"一般"和"不了解"的样本合并。

实际需求,第二个原因代表项目组的学术权威得到认可。尽管明德项目在启动初期,是通过地方教育主管部门发文要求院校参与,但由于项目本身能够满足院校的需求,上级部门要求参加已经是比较次要的原因。也就是说,院校参与调研项目有可能已经从外在的制度压力转向内在的理性需求。而选择"项目免费"一项的主要是省外院校,这可能和其包含较大比例的地方本科院校有关,将"是否省内院校"、"院校类型"和"该项目免费"进行交叉分析即可证明这一点,五所选择"项目免费"理由的高校,均为地方本科院校。明德项目和亲民项目的区别在于,前者是免费,后者和NSSE、SERU项目[①]一样走的是国际的市场路线,需要收取一定的费用。如BH1老师所言,亲民项目的运行从原先的免费到后来的收费,确实影响了联盟院校的规模。至于上级部门要求一项,则是针对省内院校而言,的确是地方教育主管部门要求参加这个项目调查。卡方检验结果验证了这一点。

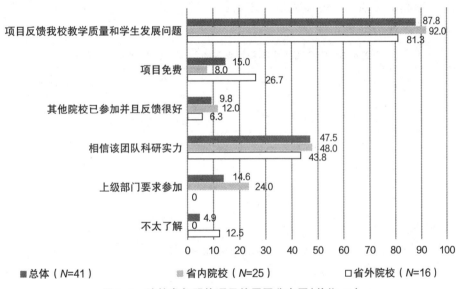

图 4-1　院校参与明德项目的原因分布图(单位:%)

三、院校情况反馈

(1)信息匹配度。项目结果的匹配度是传播和使用的基本前提。调查表明,大概六成院校认为明德项目反馈的信息与院校实际情况匹配(见图4-2)。其中,省外院校的比例近七成,比省内院校高出近7个百分点。卡方

---

① 来源:2018年6月23日与C2M1老师面对面访谈。

检验表明,省内院校和省外院校并无显著差异。

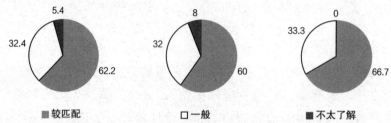

图 4-2 明德项目反馈的信息与院校实际情况匹配程度示意图(单位:%)

注:从左到右依次是总体($N=37$)、省内院校($N=25$)和省外院校($N=12$)情况。

(2)问题反馈。该项目对课业学习、课余生活、课程教学评价、学生工作、学业成就和职业生涯规划等方面较为关注,调研主要关注排名前三位的问题(见表4-3)。院校主要存在问题集中在课业学习、学业成就、职业生涯规划和课程教学评价,这些问题紧扣项目关注的主题,也从侧面看出大学生学习评估的重要性。

表 4-3 明德项目联盟院校存在的问题一览表(单位:%)

关注维度		第一位	第二位	第三位
1.院校存在的主要问题($N=36$)		课业学习(55.6)	学业成就(33.3) 职业生涯规划(33.3)	课程教学评价(27.8)
2.项目关注指标的问题	a.课业学习($N=36$)	学生的学习动机(55.6)	课内外时间配置(47.2)	专业认同感(38.9)
	b.课余生活($N=37$)	课外活动的参与度(70.3)	学生的大学适应(54.1)	学生干部的培养(10.8)
	c.课程教学评价($N=37$)	学生对院系教学质量的满意度(43.2)	教师与学生课外的沟通交流(40.5)	学生对教学方式的偏好(37.8)
	d.学生工作($N=36$)	院校对学生的支持(如新生适应指导等)(54.1)	学生与辅导员的互动交流(50)	学生对辅导员的满意度(29.7)
	e.学业成就($N=36$)	学生的通用能力(63.9)	学生的专业能力(41.7)	学生的道德价值观(27.8)
	f.职业生涯规划($N=36$)	个体发展规划(61.1)	毕业计划及去向(30.6)	学生就业层次(27.8)

由于此题是多选题,对其进行卡方检验的方法与单选题略不同。这里以课业学习为例进行说明。首先需要定义课业学习问题变量集,然后对变量集进行交叉表分析,即可得到省内院校和省外院校在不同问题选项上的频率分布,再把得到的8个选项各项的频率重新制成SPSS表格。这个表

格中有三个变量:第一个变量为"课业学习问题",值为1,2,3,4,5,6,7,8,分别表示这8个选项,可相应赋予标签;第二个变量为"是否省内",用0和1分别表示省外院校和省内院校,同样相应赋予标签;第三个变量为"频率",即刚得到的变量集的频率。将交叉表中得到的频数分别按省内院校和省外院校对课业学习问题的选择填入表格中的相应位置,先对频数加权,再进行卡方检验,就可得到卡方值(路庆 等,2017)。结果显示,就课业学习整体而言,省内院校和省外院校的卡方检验未发现存在显著差异。

同样运用卡方检验对省内院校和省外院校的上述其他指标进行检验,仅发现学生工作(与学生辅导员的互动交流)有显著差异(3.273^a,$P=0.07$,$\varphi=0.07$),省外院校问题更突出,不过从力度系数来看,这种显著差异属于微弱。的确,从2017年的全国报告和地区报告来看,与学生辅导员的互动交流四个指标上,省内地区的两个指标和全国得分持平,另外两个指标"辅导员为我的品德、个人发展提供帮助"和"我会主动向教师或辅导员请教课业与生活上的问题"比全国得分有微弱优势[①]。

也就是说,不管是院校整体存在的主要问题,还是项目关注指标存在的问题,几乎不存在地域(省内地区和省外地区)差异,这些问题是全国性的普遍问题。比如,学生在向教师或辅导员"请教课业与生活上的问题",或者"交流内心的想法或困惑"方面,持消极态度的比例超过四成;学生群体中存在一定比例的道德失衡群体,尤其值得关注的是崇尚个人主义(36.0%)、金钱至上(20.9%)的道德失范现象[②]。

四、结果传播

(1)传播方式。调查显示,七成院校通过纸质文档传播项目调研结果,近三成院校实现线上共享。省内院校和省外院校情况也基本类似。卡方检验结果表明,两类院校并无显著差异。很显然,纸质文档传播意味着项目结果只在小范围内分享,而线上共享意味着可能会在传播范围上有所突破。

(2)传播范围。结果表明(见图4-3),从总体来看,近八成院校会把明德项目反馈的报告提交给分管校领导,八成院校会在本部门内学习,六成院校会发给各学院学习,仅有两成院校的项目负责部门与相

---

① 来源:明德项目档案2017年全国报告和地区报告。
② 来源:明德项目档案2017年全国报告。

关机关部门共享报告,仅有个别院校能够通过OA(办公自动化)等途径供全校教师参考,没有一所本科院校做到让全校师生学习和校内外人士可网上查阅调研结果①。省内院校和省外院校对于项目结果的传播也是集中在校领导、本部门和学院,卡方检验表明两类院校无显著差异。这与调研结果仅在局部范围共享的假设基本一致。高校部门之间的信息共享一直是个挑战。据一位至善项目负责人介绍,其所在大学决策层对于向全校师生公布调研结果一般有所顾忌,尽管他们对于好的调研结果很欣慰,很想对外公布,但又不愿意自我暴露存在的问题,最后往往会选择在局部范围内分享结果②。

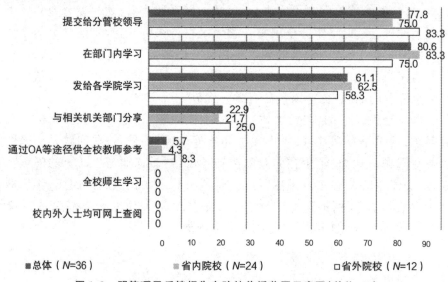

图4-3 明德项目反馈报告在院校传播范围示意图(单位:%)

传播范围的调查仍然无法进一步回答一个问题:分享的调研结果是完整的还是局部的?基于初步的访谈,上文所指的分享内容是经过加工后的内容,比如将院校数据与省内或全国常模数据进行比较后再分享传播③。有人指出,院校主要挑选积极的内容交与分管校领导或者在相关重要会议上提出,或与其他部门(上级、同级)分享④,但也有人否认这一点,他们反馈

---

① 有意思的是,笔者查看原始数据,发现有一所高职院校选择了全校师生学习。
② 来源:2018年5月26日与C1M2老师的面对面访谈。
③ 来源:2018年6月14日与A3M1老师的面对面访谈。
④ 来源:2018年5月29日与AH1老师的面对面非正式交流。

的结果同时包括积极的方面和存在的问题①。

五、结果使用

（1）使用方式。按照理想的考虑，院校会基于明德项目提供的反馈保持成功的经验，解决存在的问题，从而促进本校教育教学的发展。然而项目结果的实际使用方式与这种理想的方向尚存在一定距离。调查显示（见图4-4），近八成院校会在相关部门内部研究使用研究结果，超过四成院校会对突出问题进行专题研讨，近三成院校会将突出问题列入部门年度计划，近两成院校会将突出问题列入学校年度计划，近一成院校会通过其他方式使用，仅有一所院校没有使用调研结果②。近九成省内院校会在相关部门内部研究使用研究结果，对突出问题进行专题研讨、将突出问题列入部门年度计划的院校仅有三成。而省外院校在相关部门内部研究使用的比例明显偏低，不到六成，但超过六成院校会针对突出问题进行专题研讨，也有近三成院校会将突出问题列入部门年度计划。也就是在突出问题解决的层面上，不论是省内院校还是省外院校，都还有较大的提升空间。

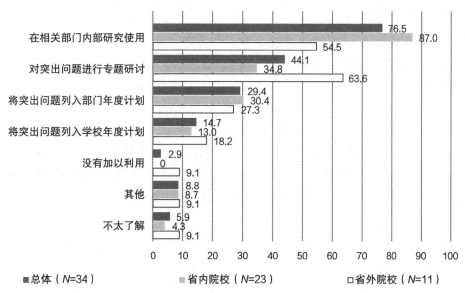

图4-4　院校对于明德项目反馈报告的使用方式示意图（单位：%）

（2）教育教学改革工具。本次调查发现，65.8%的院校有监测教学质

---

① 来源：2018年6月14日与A3M1老师的面对面访谈。
② 这所院校仅仅参加过明德项目一年。

量与学生发展的校本研究项目,这些项目也是以问卷测量为载体的。尽管如此,依然有近三成院校将明德项目作为教育教学改革的工具之一[①]。当然,也有近三成院校并未如此,超过四成院校的项目负责人或参与者表示不了解。很明显,在将明德项目作为教育教学改革的工具上,省内院校比省外院校有着更高的比例,高出28个百分点(见图4-5)。不过也有可能是项目管理者对宏观的问题无法判断,影响了比例的分布。

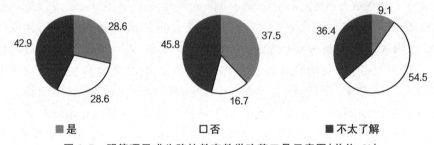

图4-5 明德项目成为院校教育教学改革工具示意图(单位:%)

注:从左到右依次是总体($N=35$)、省内院校($N=24$)和省外院校($N=11$)情况。

六、项目成效

本研究将衡量项目的成效分为五个维度测量,分别是项目效果、部门分管领导和分管校领导对项目效果的满意度、持续参与和推荐意愿,其中,项目效果是受访者的总体感受,后四个指标是具体体现。

(1)项目效果。两成院校项目负责人认为项目对于该校教育教学改革的影响很有效,超过三成院校项目负责人认为效果一般,超过一成院校项目负责人认为不太有效或没有效果,而超过三成的院校项目负责人表示对项目效果不太了解(见图4-6)。相比较而言,有近三成省内院校项目负责人认为明德项目对院校教育教学改革的影响很有效。

[①] 尽管从数据上看,此比例并不高,但考虑到教育教学改革的复杂性和系统性,能有这样的比例实属不易。

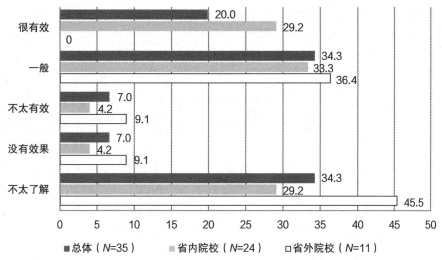

图4-6　明德项目对参与院校教育教学改革的影响效果示意图(单位:%)

(2)效果满意度。调查表明,超过五成的院校部门分管领导对项目效果满意,超过两成的院校部门分管领导对项目效果的满意度一般,近三成的院校项目负责人表示对部门分管领导的满意度不了解。省内院校部门分管领导的效果满意度比省外院校的要高出近13个百分点。与此同时,在分管校领导的满意度方面,总体而言,近五成的院校分管校领导表示对项目效果较为满意,两成院校分管校领导认为项目效果一般。省内院校比省外院校的分管校领导满意度要高出近14个百分点。需要指出的是,省外院校有近一半的项目负责人或参与者不了解分管校领导的满意度。

(3)持续参与、推荐意愿。在是否持续参与项目方面,九成院校项目负责人表示会持续参与明德项目,其中,省内院校是近九成,省外院校超过九成。推荐其他院校参与方面,九成以上院校项目负责人表示会将项目推荐给兄弟院校;省内院校亦有九成愿意推荐,而省外院校推荐意愿高达100%。卡方检验结果显示两类院校在以上两个维度方面不存在显著差异。

七、项目反馈

(1)项目内容反馈。总体而言,85%的院校项目负责人认为明德项目的测评问卷体现了当前的教育热点,省内院校选择该项的比例近九成,而省外院校比例略低,但也超过八成。同样,关于问卷内容的充足度,总体、省内外院校选择情况类似,近九成的院校认为,测评问卷的内容充足,超过一成的人认为内容有待增加。希望增加的内容包括①:①院校特色方面的观测指标;②学习方式,如在线学习、跨文化学习、高阶学习等;③实习参与的深度分析;④学校人才培养的定位;⑤教师教学行为指标的拓展;⑥校园(学术)文化氛围;⑦政府、社会对学校的关注度或支持度;⑧少数民族学生的学业问题、心理问题和生活适应问题。在以上两个维度方面,省内院校和省外院校的卡方检验未发现存在显著差异。

(2)院校与专家互动。调查表明,近一成的院校经常与明德项目组互动,四成院校与项目组互动频率一般,两成院校与项目组互动较少。不过,也有超过四分之一的院校项目负责人对此不太了解。近五成院校与项目组互动不是很频繁,有一种解释是原"985工程"院校、原"211工程"院校有较强的专业团队,他们可以自己分析数据、解释数据,对于项目组的需求没有地方院校那么强烈②。值得一提的是,项目组专家近两年的服务增加了定制服务,通过这个形式增加与参与院校的深度互动。

(3)服务建议。如图4-7所示,院校对项目组的服务主要还有如下七项建议:提供当年全国报告(72.5%),整合多年数据深度分析(70.0%),提供专业的讲座、研究咨询等(53.8%),按照院校分类分析、方便比较常模(50.0%),成功经验分享(47.5%),增加有关特色办学的调查(42.5%),与项目组深度合作(35.0%)。另外,还有院校希望项目组提供研究方法方面的培训。实际上,目前明德项目组给参与院校提供的服务已经包括提供全国的调研报告、参与院校的数据、研究方法的培训和定制服务。院校重视针对调查的每个数据可以和同类院校、全国常模数据进行比较,过去往往是由院校依据项目组提供的省内地区常模自行比较。目前项目组正在计划完全实现电子化,院校未来可以更加方便快捷地借助于网络平台③。专业的讲座、研究咨询的提供也在陆续地进行,如明德项目组负责人给全省辅导员训练基地的辅导员进行培训④。也就是说,成功经验的分享、增加有关特色办学的调查

---

① 具体还包括"学习动机领域的测量应当找到更加充分的理论依据""对发展维度的关注不足,选项不能反映学生实际情况",等等。来源于问卷中的开放题。
② 来源:2018年5月29日与AP2老师的面对面访谈。
③ 来源:2018年12月28日与项目主管AP2老师的非正式交流。
④ 来源:2018年2月21日与AH1老师的面对面访谈。

是项目组未来的可供选择的工作方向。这类做法在美国教育考试服务中心(ETS)提供的服务中已经有所实现(博格 等,2008:80)。

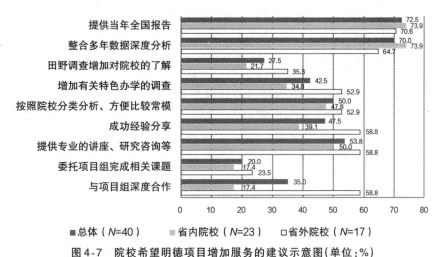

图4-7 院校希望明德项目增加服务的建议示意图(单位:%)

省内院校和省外院校的服务建议和总体情况基本类似,而省外院校较为突出的一点是希望"与项目组深度合作",并且卡方检验结果表明(7.376^a, $P=0.007$, $\varphi=0.007$, $N=40$),省外院校和省内院校存在显著差异,但从力度系数上看属于微弱的差异。不过,就服务建议整体而言,省内院校和省外院校的卡方检验未发现存在显著差异。

八、其他

除上述七个维度的分析之外,本研究还对不同层次院校(原"985工程"院校、原"211工程"院校,地方本科院校)的情况进行了比较①。卡方检验,仅在服务建议的"田野调查增加对院校的了解"(5.290^a, $P=0.021$, $\varphi=0.021$, $N=39$),"与项目组深度合作"(3.804^a, $P=0.051$, $\varphi=0.051$, $N=39$)两项上,两类院校存在显著差异,但从力度系数来看,属于微弱的差异。

研究者还对不同层次院校的项目成效进行了观测,观测项目成效有五个指标。尽管两类院校在五个指标上未发现显著差异,但从数据来看,原"985工程"院校、原"211工程"院校比地方本科院校的项目成效更明显,特别是在项目效果维度上,前者有明显的优势。两类院校在项目结果的传播和使用情况方面也类似,从数据上来看,原"985工程"院校、原"211工程"院

---

① 由于民办本科院校数量过少,无法将公办本科院校和民办本科院校进行比较。

校稍占优势,但和地方本科院校并无显著差异,在此不再呈现相关数据①。

第三节 结论与讨论

一、研究发现

通过对明德项目的43所联盟本科院校的项目负责人或参与者的问卷调查数据分析,主要得出如下基本结论。

第一,院校对项目的态度。近八成院校对参与明德项目很重视。近五成院校项目管理者对明德项目较为了解,超过四成院校项目管理者对项目一般了解,近一成院校项目管理者对项目并不了解。说明院校项目管理者对项目的认知度还不够。省内院校比省外院校在对项目的了解程度上有显著优势。

第二,院校参与项目的原因。主要有三点原因:一是近九成院校认为项目可以帮助他们反馈教学质量和学生发展方面的问题,二是近五成院校相信该项目团队的科研实力,三是项目免费和上级部门要求参加。省内院校和省外院校情况类似。

第三,院校情况反馈。大概六成院校认为明德项目反馈的信息与院校实际情况匹配。从院校存在的问题维度来看,主要是课业学习、学业成就、职业生涯规划和课程教学评价。具体来说,主要是在学生的学习动机、课外活动的参与度、学生对院系教学质量的满意度、院校对学生的支持、学生的通用能力和个体发展规划等方面。省外院校在"与学生辅导员的互动交流"方面的问题显著突出。

第四,项目结果传播。大多数院校通过纸质文档传播项目调研结果,少数实现线上共享。近八成院校会把项目反馈的报告提交给分管校领导,八成院校会在本部门内学习,六成院校会发给各学院学习,极少有院校会把结果与师生进行分享。省外院校和省内院校均相似。

第五,项目结果使用。近八成院校会将研究结果在相关部门内部研究使用,近五成院校会对突出问题进行专题研讨,三成以上院校会将突出问题列入部门年度计划,近两成院校会将突出问题列入学校年度计划。省内院校近九成会在相关部门内部研究使用,对突出问题进行专题研讨、将突

---

① 实际上,笔者开展对15所院校的调研后,在两类院校对项目结果的使用上的确未发现明显的差异,既有积极者,也有旁观者。后续再展开讨论。

出问题列入部门年度计划的院校仅有三成。而省外院校在相关部门内部研究使用的比例明显偏低，不到六成，但超过六成院校会对突出问题进行专题研讨，也有近三成院校会将突出问题列入部门年度计划。尽管有超过六成院校有本土测评工具，但仍有近三成院校选择将明德项目作为教育教学改革工具之一。

第六，项目成效。有两成院校认为项目对于该校教育教学改革的影响很有效，超过三成院校认为效果一般，相比较而言，有近三成省内院校认为明德项目对院校教育教学改革的影响很有效，比省外院校情况要好；超过五成院校的部门分管领导对项目效果满意，省内院校部门分管领导满意度接近六成，省外院校该比例偏低，在分管校领导满意度上情况相似，且两类院校在满意度维度上无显著差异。不论在持续参与项目还是在推荐项目意愿上，选择的院校比例均高达九成左右。

第七，项目反馈。院校对测评内容的教育热点和充足度评价较好；与专家互动率偏低，经常互动的院校比例不到一成；院校期望项目组增加服务，包括提供当年全国报告，整合多年数据深度分析，提供专业的讲座、研究咨询等，按照院校分类分析、方便比较常模，成功经验分享，增加有关特色办学的调查，与项目组深度合作，等。

二、讨论

尽管本研究的问卷样本较小，但由于总体样本小的客观情况，对于参与院校而言，采用的是全样本调查，其结果仍具有一定借鉴意义。然而，因为小样本只适合描述性统计，故结论更具探索性。由于无法按照定量研究的范式建构模型，故进一步研究影响机制将在后续采用质性研究方法完成。在讨论部分，笔者将分为两部分：一是与关于项目影响的一些主流观点进行互动；二是揭示项目在发挥影响上仍然存在的问题。

第一，有关明德项目对院校本科教育质量的影响，有三种主流的观点：一是项目对于院校没有影响或影响较小[1]；二是项目对地方本科院校比对原"985工程"院校、原"211工程"院校影响更大，使用上更为充分[2]；三是省内院校参加该项目，有地方教育主管部门的发文保证，而省外院校却无此

---

[1] 来源：2017年11月17日与专家AT2老师的面对面非正式交流。另一位项目组所在单位专家成员也有类似悲观的观点。这两位老师不是课题组成员，但作为局外人根据经验判断得出如上观点。

[2] 来源：2018年5月29日与明德项目主管AP2老师的面对面非正式访谈。

行政约束力,理论上来说参加项目是基于院校需求,那么对于项目的重视程度、结果传播和结果的使用应该比省内院校更好[①]。结果表明,这三种观点均存在一定偏颇。

(1) 明德项目对于参与院校的影响是存在的,从项目效果、部门领导和分管校领导的满意度以及持续参与项目和推荐项目意愿都可以看出来,但有何影响有待进一步研究,这也是第五章关注的主要内容。

(2) 原"985工程"院校、原"211工程"院校和地方本科院校,在对项目结果的使用和项目效果上并未发现显著差异,从比例来看,原"985工程"院校、原"211工程"院校高于地方本科院校。

(3) 省外院校在重视程度、传播范围和结果使用方面,未发现和省内院校相比有显著差异。

第二,明德项目在院校中形成了一定的影响,主要表现在:院校对参与明德项目的重视程度较高,对明德项目的信任度较高;大多数院校在有本土测评工具的前提下,明德项目反馈结果在院校的传播范围能够覆盖包括分管校领导、相关部门、院系甚至全体教师等范围;甚至近三分之一的院校将明德项目作为该校教育教学改革的工具之一等,已经证明明德项目正在潜移默化地影响参与院校的教育教学。同时,我们也能看到,如果要让正面的影响更持久,有一些客观和主观上的困难不容忽视,项目组和院校需要加强合作,不能仅仅各自"有所为",还要共同"有所为"。尤其是如下几点需要参与院校和项目组注意:

(1) 项目结果共享范围还不够大。研究发现,项目结果在部门之间的共享比较有限,可能因为部门之间的实际竞争关系较难协调。然而,明德项目同时关系到第一课堂和第二课堂,部门之间的共享确实极有必要。只有将信息尽可能扩大到利益相关部门、群体,才会引起更多对项目反馈的问题的重视和成功经验引发的信心。同时,项目结果在师生群体中的传播受限也是较为明显的问题。师生共同体作为大学发展的核心,特别是学生的教育增值是大学生学习评估项目的理论支撑,项目结果的传播也应当覆盖全校师生群体。像比较成熟的国际项目如NSSE项目,与教师群体的分享率在2007—2013年稳定在80%以上,2014—2015年在75%左右(NSSE,2019),而明德项目在该

[①] 从项目效果上看,毕竟省外院校参与项目时间只有一年,而省内院校参与项目时间超过十年,比较起来暂时没有实际的意义。

指标上的比例仅为5.7%。

（2）项目结果的使用还不够充分。研究发现,项目结果主要在部门内部研究使用,对突出问题进行专题研讨并列入部门甚至学校年度计划的程度还不够。其背后原因可能比较复杂,有待进一步研究。然而,院校参与明德项目测评目的之一是在大学生学习和教师教学领域发现问题、解决问题,进而促进学校和学生发展,这和明德项目的服务宗旨也是相契合的①。可以看出,目前项目发挥影响的关键环节面临较为严峻的形势。当然,项目结果使用不足的问题,在国外项目中,也同样是巨大挑战,如对 Wabash National Study 项目结果使用进行调查发现,仅25%的院校做出积极回应(Blaich et al.,2011),而NSSE的第一代负责人认为项目结果使用不理想②,这从NSSE项目2002—2016年的数据统计也可以看出(NSSE,2019)。

（3）院校项目负责人如何形成专业的数据分析团队。从院校对明德项目组提供更多的服务类型需求来看,更多的是和研究素养有关,因为本校团队对教育数据统计的专业性不够,希望明德项目组能够提供更有深度的服务。这里的专业性指针对项目数据的统计与分析能力。然而,项目组成员数量是有限的,院校需求是无限的,"授之以鱼不如授之以渔",一方面,项目组过去的研究方法培训仍需要继续,也有项目负责人呼吁以后每年举行相关的工作坊③;另一方面,院校也需要自己解决专业的团队建设问题,使之形成长效机制。专业团队的形成有助于更好地理解和解释项目组提供的调研报告,并且根据各自的需要进行二次数据整合,服务于院校自身的决策。

（4）考虑增加相应的服务。院校希望项目组增加更多服务,包括提供当年全国报告,整合多年数据深度分析,提供专业的讲座、研究咨询等,按照院校分类分析、方便比较常模,成功经验分享,增加特色办学的调查,与项目组深度合作,等等。实际上,明德项目组正在实现绝大多数服务（一定程度上说明院校内部对明德项目的认知程度还不够),真正尚未完全启动的工作是搜集院校成功经验和增加有关院校办学特色的调查。在搜集成功经验方面,NSSE项目组做得很好

---

① 来源:明德项目新省地区研究报告。
② 来源:2019年1月10日与清华大学全球学校与学生发展评价研究中心副主任Hamish Coates教授的非正式交流。
③ 来源:2018年6月14日与A3M1老师的面对面访谈。

（NSSE，2019）。当然，院校需要项目组提供有关办学特色的调查，这是大多数大规模测评项目服务面临的难题（程星，2011：82）。不过，从定制服务的方向尝试解决院校的服务需求，明德项目组已经为几所院校真正实施，如 A4 大学[①]、A14 大学[②]。亲民项目[③]也可实现定制服务。

（5）项目管理者的流动性大。大多数人负责项目的时间在三年以内，超过五年的属于少数。从很多题项的结果也可以侧面看出项目负责人的流动性很大，如项目负责人对项目的不了解（8.9%），对分管校领导、部门分管领导的满意度不了解（分别为 29.7%，24.3%），对项目是否成为教育教学改革的工具之一不了解（40.5%），对与专家组的互动不了解（24.3%），等等。项目负责人流动性大的次生问题是，新旧负责人之间的交接可能不够充分，新负责人往往得从头开始认识和理解该项目[④⑤]，笔者在访谈中已经发现了这一点。这个问题可能对项目结果的传播和使用产生负面影响，需要重点关注。

最后，需要指出的是，本次调查报告开发的问卷填写对象是院校的项目负责人或参与者，由于工作变动的频繁，绝大多数负责 2—3 年的人，对项目结果的使用、项目影响的了解程度比较有限。并且，研究者无法从问卷调查中知道影响内容、程度分类，以及影响背后的机制，故还需要通过深入访谈（如访谈院校历届项目负责人、部门分管领导等）、文档资料的搜集等方式获得数据，以便更加全面地反映明德项目在更长时间范围内发挥的作用，后续的章节将逐步展开研究和讨论。

---

① 来源：2018 年 12 月 29 日与 A4M1 老师的面对面访谈。
② 来源：2019 年 1 月 3 日与 A14M1 老师的电话访谈。
③ 来源：2019 年 1 月 9 日亲民项目年会观察记录。
④ 来源：2018 年 7 月 5 日与 A2M1 老师的面对面访谈。
⑤ 来源：2018 年 11 月 12 日与 A11M1 老师的面对面访谈。

第五章 中国明德项目对院校本科教育质量的影响

> 调研的事情,要看重,又不能太看重。有使用就是效果。
> ——A15大学学工部副部长,明德项目分管领导

> 可能大家对学生整体性的状况,喜欢用意识流描述,如"我印象当中大部分好像是怎么怎么样"。像这种描述偏主观,无数据支持。我觉得你们坚持做这样的项目,是学术的一种积累,更多的是用数据描述,评估学生工作成果,改进工作方法。
> ——A4大学明德项目负责人

本研究主要关注大学生学习评估项目对院校本科教育质量的影响,主要包括何种影响和如何产生影响(即影响机制)两个问题,本章首先回答第一个问题。美国教育评估标准联合会将"评估影响"界定为:"一项评估对评估报告的读者进行决策及开展后续行动产生的影响。也可以是对项目各方观念的影响。"(桑德斯,2012:61)对应于本研究,就是考察明德项目对于新省院校本科教育质量的影响,时间跨度是十年左右。评估影响的标准在于评估的计划、执行及报告方式,应该鼓励项目各方自始至终地参与评估,从而提高评估结果被使用的可能性(桑德斯,2012:61)。也就是说,评估项目的影响重点在于,院校对于评估结果的使用以及后续产生的影响。根据文献综述,国际主流的大学生学习评估项目如NSSE、CSEQ、NSS和CEQ,项目影响均可归纳为内部影响和外部应用,内部影响包括组织层面和个体层面,外部应用主要针对组织层面。由于评估项目主体包括教师教学和学生发展,从本科教育质量的内涵来看,分别对应于第一课堂和第二课堂,前者由教务部门负责,后者由学工部门负责。故本研究中明德项目的内部影响的个体层面包括教师、学生和管理者(以项目负责人为主,以及少量参与者和项目分管领导),管理者属于质量保障体系中的重要环节。当然,项目对组织层面的教育教学的影响亦属于本科教育质量的范畴。

第一节　资料分析方法

针对本研究的访谈资料等采用归纳法分析，主要依赖于扎根理论的开放性编码即一级编码。如前文所述，一级编码指将资料分解、检视、比较、概念化和范畴化的过程（寻找类属），其步骤包括贴标签和发现类属、属性和维度。其中，"类属是一组概念，研究者借着比较概念而发现它们都涉及同一个现象时，就可以把这些概念聚拢成为同一组概念"（Strauss et al.，1997:69）。

本研究共选择15所大学，每所院校访谈1—3人不等（见表3-7）。此处以A1大学的项目负责人A1M1为例，呈现一级编码过程，见附录7的A1M1老师（一级编码：贴标签）。另外，本研究还分析了A1S1L、A2M1、A3M1等20余名院校项目负责人和参与者的访谈资料[①]。一般而言，如果样本数量较多，有针对性地分析几个资料后，其他的无须再按照过于程序化的方式完成一级编码过程。不过为了防止重要信息遗漏，本研究按部就班地完成绝大多数受访者访谈资料的一级编码（个别有用信息过少的除外）。针对访谈资料的贴标签是最基础性的工作，如A1M1老师的访谈资料标签数量为88个，如①背景一：副部长，法学硕士，研究思政；②背景二：职责是分管思政管理；③学校职员制；④教育部滚动性调查：师生返校思想状态、学生价值观、意识形态；等等。另外还对A1S1L、A2M1、A3M1等20余名受访者访谈资料进行贴标签。

根据以上贴标签的结果，进一步发现类属、属性和维度。一般而言，上述样本资料类属包括制度环境[②]、院校参与项目动力、项目特征、项目影响、项目认知、项目校内运行、影响路径、项目管理者特征和理想方案设计等。属性由各个类属的标签归纳而成，是类属的下位概念，也是标签的上位概

---

① 本研究针对几乎所有受访者访谈资料进行一级编码贴标签，寻找类属、属性和维度的分析，因为后面的章节都会使用到一级编码的基本分析结果。样本访谈资料的一级编码的字数近3万字，篇幅较长，不适合全部放在附录，仅保留样本A1M1老师和A2M1老师作为编码的示例，供读者参考。

② 通常认为"制度"包括社会生活提供稳定性和意义的规制性、规范性和文化—认知性（cultural-cognitive）要素，以及相关的活动与资源，其中，规制性、规范性和文化—认知性是三大基础要素。详见斯科特（2010）《制度与组织——思想观念与物质利益》第56-59页。

念。在类属的属性中寻找有意义的发展维度,维度一般有两种分法。一种是名义分类法,如A1大学的背景类属中,学业归口变化的维度就是"学工部—本科生院/教务处",也就是未来在本研究分析中,项目责任归属的变化,可能会导致明德项目对A1大学的影响发生变化。还有一种是程度分类法,如项目特征类属的属性中有一个很重要的"结果匹配度",其维度可以分为"高—低",它的意义在于,如果项目结果与项目负责人、领导的经验判断匹配度较高,意味着项目结果被采纳的可能性更高。有时,我也会直接对类属进行维度划分,比如,类属"项目影响",从价值角度来看项目作用的发挥,可以分为工具性价值和目的性价值。当然,本章重点使用一级编码对资料进行分析归纳,不以生成理论为目标,故暂不进行主轴编码和选择性编码,也可不对维度部分进行深度分析。这两种编码将在第六章和第七章有所涉及。

按照一级编码的方式,我陆续对15所大学的25名受访者,专门提炼类属"项目影响"。这种处理方法的优点在于不会缺失任何关键性信息。这里首先以A1M1为例(见附录7),资料呈现的是项目在组织层面的影响,如对工作有指导作用、早期有学院感兴趣、掌握学情和本土项目与明德项目结合等。而A1S1L的资料中不仅有项目对组织层面的影响,还有对个体层面(如教师、中层干部和学生)的影响。继续考察其他访谈对象的属性构成,基本均有组织层面和个体层面,或者其中一点。故组织层面和个体层面将成为下文呈现明德项目影响本科教育质量的重要维度之一。在此基础上归纳概括明德项目的影响,可以发现,前文文献综述浮现的"内部影响"和"外部应用"同样可以用来阐述项目影响。

第二节 研究结果:项目影响

一、内部影响

(一)组织层面

(1)科学掌握学情。具体指项目满足院校在大数据时代依赖数据分析促进工作的需求。评估项目某种程度上是在给院校学生发展的情况"体检",帮助院校清晰了解学情、科学诊断问题,这些是许多院校达成的基本共识①②③④。调研的15所院校中,有13所明确地提到这个基础性功能⑤。诊断问题往往有助于满足问题导向的行政部门的需求,给项目负责人留下深刻印象。

  A1M1:学生学习的规则性、过程性学习、自主性学习,确实反映学生状况,规则性(多一些),另外两个弱些。亲民项目也是类似的结果。比如说,课堂学习、出勤率、学习方法……⑥

  A3M1:学生体育运动少,师生沟通有问题……⑦

  A14M1:(新生问题)生涯机制、动机问题、适应障碍等⑧。

  掌握学情、诊断问题之后,是否会促成决策或措施,在各个学校的样态是不太一样的。知道问题和是否针对问题采取措施是两回事。针对发现的问题,有的院校会根据各自情况有选择性地采取措施解决。如上面的三所高校,A3大学针对体育运动少的问题,增加了体育设施,倡导学生多运动;针对师生沟通的问题,设计中层干部联系班级制度、导师制、课外科技项目和读书会等⑨;A14大学通过生涯指导和心理沙龙来解决问题⑩;而A1大学在学业参与的类型上未提及针对性措施,但在课堂学习、出勤率和学习方法方面却创造性地进行了后续调研和措施⑪。

  当然,明德项目并非院校掌握学情的唯一选择,它们往往都有自己的本土测评项目,可能相似或相异。像A1大学一样,A2大学和A5大学也提到将明德项目和本土项目结合起来使用⑫⑬。

  明德项目已经运行十几年,常年的数据积累,可以帮助院校实现时间

---

① 来源:2018年12月29日与A4M1老师的面对面访谈。
② 来源:2018年7月5日与A2M1老师的面对面访谈。
③ 来源:2018年10月23日与A1M1老师的面对面访谈。
④ 来源:2018年6月14日与A3M1老师的面对面访谈。
⑤ 具体院校是A1、A2、A3、A4、A5、A6、A7、A10、A11、A12、A13、A14、A15等13所院校。
⑥ 来源:2018年10月23日与A1M1老师的面对面访谈。
⑦ 来源:2018年6月14日与A3M1老师的面对面访谈。
⑧ 来源:2019年1月3日与A14M1老师的电话访谈。
⑨ 来源:2018年6月14日与A3M1老师的面对面访谈。
⑩ 来源:2019年1月3日与A14M1老师的电话访谈。
⑪ 来源:2018年10月23日与A1M1老师的面对面访谈。
⑫ 来源:2018年7月5日与A2M1老师的面对面访谈。
⑬ 来源:2018年11月21日与A5P1老师的面对面访谈。

上的纵向比较,有助于监测大学生的变化①②。明德项目从区域性联盟扩展为全国性联盟,优点在于,有助于院校实现横向比较,并为其寻找坐标、对标提供契机。这在理论上是成立的,在实践上一些院校也是这样做的③④,比如,在A2大学,项目调查发现该校学生学习时间或课程量低于原"211工程"院校常模,结果对学校冲击较大。

在学院层面上,A1大学和A10大学曾经也有学院对报告数据较感兴趣,希望看到自己学院学生和全校数据相比情况如何。比较遗憾的是,这些情况均是发生在2010年前后,该常模比较的思维在这两所学校似乎就是昙花一现。不过,A2M1老师则较为乐观,她认为明德项目的调查结果在学院不如就业调查结果那么被重点关注,原因在于,过去明德项目调研在他们学校是小样本抽样,而就业调查是全样本调查,所以她相信明德项目开始全样本调查后,学院一定会关注自己学院学生的情况,会主动来找她要数据⑤。

总体而言,明德项目在大多数院校都实现了基本目标,即为参与院校提供学生基本情况数据、诊断问题⑥,帮助校、院两级掌握学情。这样可以避免"打牌却不知手中牌"的基本管理常识问题,"比较科学的问卷,结果的反馈,是很好的途径,不能拍脑袋做事。千年宝宝的情况了解一下,再做指导啊,教育啊。"⑦应该说,明德项目帮助参与院校提供了一个了解学生学情的机会,发挥了项目的基础性功能和首要功能,增加了发挥提升性功能的可能性,但并不代表必然性。

(2)服务学校决策。服务学校决策的前提是科学掌握学情。学校决策从生存性问题开始。明德项目2016年安全校园主题的调研和2017年网贷主题的调研分别促进了A15大学和A12两所大学的相关工作。

A15M1:2016年关于校园安全的,(结合)数据,针对学校实际情况,采取安全措施,(提出)注意事项⑧。

---

① 来源:2018年10月23日与A1M1老师的面对面访谈。
② 来源:2018年12月6日与A13M1老师的面对面访谈。
③ 来源:2018年7月5日与A2M1老师的面对面访谈。
④ 来源:2018年11月21日与A5P1老师的面对面访谈。
⑤ 来源:2018年7月5日与A2M1老师的面对面访谈。
⑥ 来源:明德项目新省地区研究报告。
⑦ 来源:2019年1月9日与A15L1老师的面对面访谈。
⑧ 来源:2019年1月9日与A15M1老师的面对面访谈。

A12M1:报告的一些结果,比如说网购,学生网购数据这么高,应该是AH1老师,说是30%网贷率。我们进行了网贷教育[①]。

明德项目在A12大学、A15大学的这种影响属于"服务学校决策类型Ⅰ",基于项目数据结果扮演"兜底"角色。也有在学校发展性层次上提供决策依据的。较为典型的例子是,在A2大学,明德项目调研报告服务于学校的"双一流"建设的战略[②③]。

A2M1:2017年报告出来的时候,我们应该是在进行"双一流"的调研,包括教育质量调研等各种,各个部门都要针对人才培养等各方面主题,思考怎么去建设,在这过程中,恰好用到了这个数据。这个数据比较好的点在于,可以针对主题进行院校比较。校本研究呢……

B:不能和外面比较。

A2M1:对啊。"双一流"调研恰巧需要对标其他高校,(看)我们存在什么问题,这个环节确实发挥了很大的作用。报告提交给学校领导,这里面有人才培养,关于学生参与啊,出勤啊,思想动态啊,学习时间啊,选课分数啊,满意度啊,所有的方面。(领导)就会知道我们学校是什么状况。

明德项目结果服务于学校决策,不只是体现在学校层面,在学院层面也有所体现。最具典型意义的是对A1大学S1学院的影响引起了制度层面的改变。研究结果"专业老师对学生的影响排名第一"带来了师生联系方面的重要制度变革,包括两项制度和四项特色活动:班主任制度、本科生导师制[④],以及"导师下午茶""导师面对面""师声花语"(针对研究生)和"相约星期二"(学校栏目)[⑤]。其中,班主任制度发生了根本性的变化,而其他制度或活动是从无到有的建设。明德项目主要针对本科生教育,但该研究成果也将应用范围扩大到研究生教育。像"师声花语"是唯一专门针对研究生和教师互动的活动,教师会带学生爬山,而"相约星期二"更是将受益

---

① 来源:2018年11月21日与A12M1老师的面对面访谈。
② 来源:2018年7月5日与A2M1老师的面对面访谈。
③ 类似地,A4大学将数据结果用于年度教学工作报告。来源:2018年12月29日与A4M1老师的面对面访谈。
④ 本科生导师制由魏克汉姆(Wykeham)首先于1400年引入牛津大学,后为剑桥大学采用。主要特点是,师生主要以学院为单位,每一名本科生由一名或数名导师指导。详见黄福涛(2008)《外国高等教育史》第49页。
⑤ 来源:2018年7月10日与A1S1L老师的面对面访谈。

范围从学院学生扩大到全校学生,其特色在于"知名教授与学生面对面,把专职管理者、校长、教务处处长,各个部门的处长都请过来,和学生一起"①。该活动申请书中使用了项目结果数据,获得了学校经费的资助②。应该说,明德项目对于该学院的影响已经从行为层面到了制度层面,这是质的飞跃。A1大学、A2大学将数据运用于学校重大决策或者项目在院系层面引起制度层面的积极变革,属于"服务学校决策类型Ⅱ"。

（3）营造证据文化。所谓证据文化,就是判断高校办学成效是通过评估大学生学习进展或学业成就增值程度来实现的,往往会借助于直接的或间接的测量方法(谢晓宇 等,2019;黄海涛,2013;贾莉莉,2015)。证据文化的营造首先体现在促进学校本土化的项目建设。如前文所述,SERU项目在南大的影响有"该项目扮演了孵化器的角色,引发了一系列类似的实证调研,逐渐在该大学形成了证据文化"(王小青 等,2018)。明德项目对于一些联盟院校来说,也正起着类似的影响。参加联盟性质的评估项目的优点在于,能够帮助院校和地区性、全国性常模进行比较;缺点在于,无法满足院校个性化的需求。并非所有院校都具备开发出信效度高的测评工具的专业能力,这也是它们的苦恼所在③。因此,可由院校主动提出个性化调研项目的需求,明德项目组通过提供定制服务给予专业支持,或者授予版权,由院校自主设计量表。前者以A4大学、A14大学为代表,后者以A5大学为例。

A4大学的做法颇有特色④。他们与明德项目负责人直接对接,在项目量表基础上,增加了院校需要的指标(德育是重点),既能实现个性的需求,也能和全国性数据进行比较。他们设计了"五阶段四年滚动性调查"计划。所谓"五阶段"具体指大一新生刚入校称为零阶段,每年接受一次调研,分别为一、二、三、四阶段。"滚动性调查"指每年对高年级和大一年级学生进行测评。他们计划将2018级新生的基本情况做成册子,增加学情分析,在全校范围内分享。在A4大学,很显然项目负责人对明德项目报告结果不太了解,也承认对报告结果使用很少,但对本土化评估结果的重视程度和使用程度更到位。A14大学与项目组的合作源于前几年他们比较关注大学新生的适应问题,于是删除明德项目量表中有关高中经历和教师教学部

---

① 来源:2018年7月10日与A1S1L老师的面对面访谈。
② 来源:2018年10月25日与A1S1L老师的非正式面对面交流。
③ 来源:2018年6月14日与A3M1老师的面对面访谈。
④ 来源:2018年12月29日与A4M1老师的面对面访谈。

分,增加了他们更关注的指标,直接帮助指导他们的工作①。A5大学同样根据明德项目量表进行改进,逻辑框架几乎和明德项目一样,也是进行新生问卷和跟踪调研,主要是对全样本的需要。刚好2018年开始,明德项目可以接受全样本调研,所以他们的新生调研就直接使用明德项目量表。他们考虑以明德项目量表为基础,也是想在未来的白皮书中能够进行常模比较,在新生工作总结会上报告②。

证据文化还体现在工作理念的变化上。几乎每一位项目负责人和参与者都会提到"大数据时代"和"让数据说话"。这在A2大学是"学校开始有重视研究的氛围"③,在A5大学是"过去谈效果是务虚的座谈会,现在是用数据说话,更具说服力"④。A4M1老师阐述得更形象生动⑤:

> 以前,可能大家对学生整体性的状况,喜欢用意识流描述,如"我印象当中大部分好像是怎么怎么样"。像这种描述偏主观,无数据支持。我觉得你们坚持做这样的项目,是学术的一种积累,更多的是用数据描述,评估学生工作成果,改进工作方法。(以前)大部分是想到什么做什么。这大概是工作理念的改变。

除了上述对于院校科学掌握学情、服务学校决策和营造证据文化等影响之外,明德项目也改进了学工部门的工作和质量⑥,促进了部门之间的联动⑦⑧(因为明德项目关注的内容既有第一课堂的教师教学,也有第二课堂的学生发展),为以学工部门为主的部门计划、总结⑨⑩和政策建议⑪⑫提供数据支撑。这些在此不再赘述。

(二)个体层面

尽管明德项目调研内容的主题是教师教学质量和学生发展,项目组也

---

① 来源:2019年1月3日与A14M1老师的电话访谈。
② 来源:2018年12月10日与A5M1老师的电话访谈。
③ 来源:2018年7月5日与A2M1老师的面对面访谈。
④ 来源:2018年12月10日与A5M1老师的电话访谈。
⑤ 来源:2018年12月29日与A4M1老师的面对面访谈。
⑥ 来源:2018年6月14日与A3M1老师的面对面访谈。
⑦ 来源:2018年7月5日与A2M1老师的面对面访谈。
⑧ 来源:2018年9月12日与A7M1老师的面对面访谈。
⑨ 来源:2018年10月9日与A8M2老师的面对面访谈。
⑩ 来源:2018年12月27日与A10P1老师的面对面访谈。
⑪ 来源:2019年1月3日与A14M1老师的面对面访谈。
⑫ 来源:2018年9月12日与A7M1老师的面对面访谈。

极力提倡院校将每年的调研结果在学工部和教务部(处)分享,但实际执行过程中,几乎所有的院校项目负责人都在访谈中提到两个部门的微妙关系,说明在信息共享和部门合作方面仍面临巨大挑战,笔者后面将会专门讨论。调研发现,相比较而言,明德项目对大学组织层面的整体影响更具普遍性,对教师和学生的影响则更具个别性(少数),主要体现在A1大学和A2大学。

(1)对教师的影响。在A1大学S1学院,明德项目的调研结果对老师的影响比较深远。如上文所述,有关大学生跟谁比较亲近的数据对该学院的老师触动特别大,先后直接导致了班主任制度、本科生导师制等制度层面的变化。其中,A1S1L老师花了很多时间激动地和我描述班主任制度为何设立和后来的进展情况。她一开始在党政联席会上讲调研结果①,后来又在全院教师大会上讲:

> 因为这个报告很全面,也很科学。我给老师们讲,他们有很多会很诧异。当时给老师们说嘛,学生对专业老师还是抱有很大期望的,对专业老师还是很欣赏的,所以专业老师要多投入一点时间到学生的管理中。他们说,无所谓啊,我觉得学生们跟你们更亲啊。我把结果拿出来给他们看:你看,学生们把专业老师放在第一位,辅导员排最后。以前老师不想做班主任,说很忙,没时间做班主任。后来因为这个,我给老师讲了调研的结果嘛,现在所有的班主任全部是教授,而且,都是知名的教授。因为他们当了班主任就会觉得很自豪。现在是教授当班主任,副教授当副班主任,研究生当辅导员,专任辅导员当联络员,相当于四位一体,相当于把他们囊括在这个框架中。这也是当时给我们的启发,就是专业老师对学生有重大影响。②

---

① 来源:2018年7月10日与A1S1L老师的面对面访谈。
② 来源:2018年10月25日与A1S1L老师的非正式面对面交流。因为我在看访谈记录的时候发现,该领导说是在党政联席会上和老师们分享调研结果。我发现这里有问题,因为党政联席会只能是学院领导参加,决议重大事项(我曾经为某大学分校区党政办的会议秘书,对该联席会制度比较熟悉)。我后来在一次非正式场合向她核实,她承认党政联席会上所谓的教师就是学院的领导,但她补充说,她在全院大会上确实也分享过报告的数据。

的确,从一开始专业课老师对于担任班主任"能躲多远就躲多远"①,到后来的争先恐后、引以为荣,这种前后的鲜明对比凸显了明德项目调研结果传播和分享的力量。在A1S1L老师看来,因为科学的调查结果改变了教师的主观判断,他们似乎找到了在学生们那里的"立身之本",这一点对于教师群体的职业认同感来说,也是至关重要的。如果说该调研报告引发了制度层面的变化,那么班主任制度则是实现了从1到2的革命性变化,而其他属于从0到1的变化。令人欣慰的是,A1S1学院管理者后来特地通过访谈法发现,新班主任制度使得学生更活跃,成绩更好,投入度更高②。她坦言,虽然不是定量研究的统计结果,但质性访谈也能在一定程度上说明问题。这整个生动的过程可以用蝴蝶效应(Butterfly Effect)来形容。可以发现,该学院的六项制度变化都和师生互动有关,而这些制度和措施增加了师生互动的频率和深度,无疑对学生的发展(学业成就)(鲍威,2014:199)和各方面满意度的提升(王小青,2016,2010)有很大的促进作用。

此外,A2大学项目负责人反映,2017年的报告帮助任课教师更好地认识学生的情况,"把结果汇报给大家,影响到大家,跟任课老师也是,对学生的认识发生了颠覆性变化"③。同时,辅导员的身份也很特殊,具有教师和行政人的双重身份(中华人民共和国教育部,2014)。A2大学将明德项目报告反馈给新生班辅导员作为开展工作的依据,"新生辅导员,对学生个体有相对了解,与学生交流的时候有相对的支撑,开展工作有根有据"④。

(2)对学生的影响。上文提到,明德项目对大学整体的影响,体现在科学掌握学情、服务学校决策和营造证据文化方面,对于学生或多或少都会产生积极的影响(如A1大学S1学院的班主任制度的积极作用),但相对比较间接。影响比较直接的例子是A2大学正在推行的"大学生成长报告"计划。我访谈的时候,其尚处在构思阶段⑤:

---

① 根据我曾经担任辅导员的经验,有的教师担任了班主任,大学四年中,和学生也是一年都难得见几次面。我与个人负责的十个班级的班主任交流发现,确实有一些教师,尤其是青年教师,科研压力很大,在每年不到2000块的班主任补贴下,对于班主任职责实现没有任何内在动力可言,倒是少数教授很积极,最出色的班主任往往是不需要管文章发表,而是一心扑在教学上的教师。
② 来源:2018年7月10日与A1S1L老师的面对面访谈。
③ 来源:2018年7月5日与A2M1老师的面对面访谈。
④ 来源:2018年7月5日与A2M1老师的面对面访谈。
⑤ 来源:2018年7月5日与A2M1老师的面对面访谈。

A2M1:(项目结果)对学生也会有所反馈,学生也希望,或者也有必要知道,他自己的状况,在目前学生整体中,或者说,在相关专业中,他处于怎样的位置,他有怎样的倾向,别人是什么样子……有数据可以参考一下。大数据运作,几类模型,个体的模型输入,自己发展报告(专业),不同专业……做些比较,做哪些准备。相对于国家,相对于专业,自己是什么状况。当然这个比较理想……我是希望这样做。

……

A2M1:我们下学期的工作计划准备做,这学期做不太可能。下学期再做,要做大学生成长发展报告,可能要引用项目的结果。报告是在行政部门,(在)相关部门分享。做好了可以反馈给大家。

B:就是说一部分会应用到这个项目的结果?

A2M1:应该说,全版的会用到,简版的用不到。

B:这个项目是包括全国的数据,和你们自己的数据。

A2M1:会用到我们学校自己的数据,其他的作对比。

概言之,A2M1老师计划用本土的数据和项目数据作为素材,做成大学生成长包,让每个大学生在大学期间有机会根据科学的调研项目数据,实现自我定位,扬长避短。另一位老师的形象说法是"个人画像"[①]。半年后,我专门在线跟踪该计划的进度,相比于之前,该计划已经基本完成数据搜集整理工作[②]。

A2大学正在推行的做法,有些学校也在孕育。在访谈A4M1老师的时候,我问她关于跟踪调查相关的情况,她显然对于学生反馈的做法有天然的兴趣。

B:那这个追踪是属于群体追踪还是点对点的追踪?比如我是您的学生,我今年参加了这个调研,明年不是还参加嘛,我能看到各项指标的变化吗?还是告诉我这个年级的群体变化?

A4M1:目前,我是能把数据定点出来,但是目前没有设计反馈环节。……因为我不知道研究上,学生这种反馈的意义,是否有这样的做法,多不多。

为了防止干扰她的观点,我示意访谈结束之后,再和她分享我所知道

---

① 来源:2018年11月21日与A5P1老师的面对面访谈。
② 来源:2018年12月24日与A2M2老师的网络交流。

的做法。结束之后,她又急切地问我这个问题①。我和她分享了国外和明德项目个别成员的想法,她认真地记笔记。同样,我在访谈 A5 大学的项目执行人 A5P1 老师(她是科室负责人)结束后,也提到某个学校有类似的做法。一个月后,她专门就那个问题咨询了相关做法以及征求我的意见,我也正式地给她回复了邮件(见附录9)。

有意思的是,我在访谈 A1 大学的高教研究中心的老师即亲民项目执行人的时候,她提到在他们学校开展的本土化项目之一——大学新生适应的调研项目,所有学生参与,学生填完之后一个月,学校都会给他们发一个用雷达图表示的个人情况分析单,而且学生非常愿意填写②。可以说,上述这些做法和想法非常具有国际前沿性,即便是国际四大评估项目也不是全部可以做到如此深层次的学生个体反馈。在澳大利亚和新西兰共同开展的医学项目评估中,有类似的做法,也备受学生欢迎(Edwards et al., 2014)。

不得不指出的是,该项目对教师影响甚微的原因在于,绝大多数项目联盟学校并未提供一个平台让一线教师了解调查报告。即便是在 A1 大学 S1 学院产生的影响也是因为早期调研报告通过学校 OA 发布,每一位教师和管理者都能看到,而 OA 发布的前提在于该报告通过上级主管部门传过来③。而 A1S1L 老师作为明德项目组的前成员,对这个结果很重视,在学院大会上分享报告,并且其作为副院长、副书记也发挥了其在领导班子中的作用。那一年之后,明德项目报告再未从 OA 发布过,但项目引起的影响却在 S1 学院生根发芽,至今制度层面的改革对教师和学生的影响仍然深远。然而,这个影响也是很具偶然性的。因为根据 A1S1L 老师介绍,这个影响暂时未发现在其他学院发生过④。

(3)对管理者的影响。项目结果对管理者的影响主要体现在三个方面:一是改变教育管理理念;二是提升工作水平;三是提高个体科研水平。

---

① 我一开始以为这位科长不是真的感兴趣,虽然我答应访谈结束后和她分享我的看法,但我担心访谈结束后,她忙着去做其他的工作,因为学工部门确实非常忙碌。有意思的是,我正要就这个问题进行回应时,她就抢先问我这个问题,生怕我忘记回复她似的。这说明对方是真的对此感兴趣。就像我在访谈亲民项目总负责人的时候,她告诉我在全校做完数据结果分析之后,有的行政部门领导主动向她咨询相关问题,问这个问那个,说明对方确实对项目结果感兴趣。

② 来源:2019年1月13日与B2A1M1老师的面对面访谈。

③ 来源:2018年10月23日与A1M1老师的面对面访谈。

④ 来源:2018年7月10日与A1S1L老师的面对面访谈。

这里的管理者主要是院校项目负责人以及其他项目受益人,分布在基层和少数中层管理岗。

第一,改变教育管理理念。颇令人惊喜的是,有项目负责人谈到了教育增值理念[①]。教育增值理念最早来自奥斯汀,他借用经济学家所说的增加最多价值的观点:"最卓越的学校是那些对学生的知识和个人发展,以及对教师的学术能力、教学能力和教学产出施加最大影响力的学校。"(Astin,1985:60-61)明德项目背后的教育理念恰恰是奥斯汀的教育增值,现在流行的多数国际评估项目无一可以离开奥斯汀理论的支撑,只是大家更多关注的是学生的教育增值。院校影响力研究关注的焦点在于,如何控制一系列变量如院校类型、个体特征,研究出学生的能力提升有哪些是由大学带来的。调研的院校却鲜有人从这个角度讨论这个项目,只有A4M1老师提到了增值的概念。根据她的解释,我认为尽管他们只是选取了德育这个领域,但她是真正领悟了增值理念和院校影响力研究的真正内涵。

> A4M1:A4大学的学生来的时候优秀,毕业就业的情况也还很不错。就业率和层次,包括薪资排名,跟清、北当然还有差距,但是还是可以的。<u>但是在这个过程中,学生进来、毕业很优秀,学校的教育,到底哪些是学校给予学生的,特别是从我们做学生工作的角度,揭示我们的道德增值的部分,我们想界定清楚。就是之前,你们说的就是教育黑箱的理论。我们想知道,这个过程中到底发生了什么,哪些因素起到了作用。</u>放在一起思考。另外呢,也想跟现在的大数据进行结合,跟现在A大学[②]合作,学生的选课,获奖情况啊,课间参加活动,然后呢,加问卷,积累的情况,做一些交叉分析,研究对比,进而改进工作。

第二,提升工作水平。A1S1L老师对于此感触尤其深刻。我对他们学院能够对早期明德项目的结果进行系列制度上的变革背后的原因感兴趣,才引起这个话题的讨论。

> A1S1L:其实吧,我回来工作后,一直回A大学听讲座,就像上次你们那个大学和中学对话。我每次的思考都有很多,<u>最大的感触是,实际上,理论和实践的对话太少了。</u>比如说,现在很多做实践的老师,

---

[①] 来源:2018年12月29日与A4M1老师的面对面访谈。我2019年1月16日专门打电话询问该理念的由来,她说是项目参与者A4P1老师提出来的。A4P1老师则告知我,这个理念是她结合曾经在明德大学的科研训练、部门领导讲话、参与明德项目经验以及文献研究提出来的。而这个理念为她的领导A4M1老师所内化,能够准确无误地描述清楚。

[②] 即明德项目所在大学。下同。

>他们就会觉得,这个理论不够接地气,感觉也没什么意义。所以,如果这个报告放在网上,他们就会觉得很无聊,他们不会仔细去看。做理论的老师呢,又会觉得你们……他们两方没有很好地沟通。我觉得,我之所以对这个报告会很重视,(是因为我)在那儿上过研究生,而且做过这个报告。这个报告很有意义。所以呢,我会将从报告中解读的东西,带入我的实践中,我会用科学的方式,或者这种方面来做我的工作。我觉得真的是不一样,相当于给我的工作搭了一个框架。我上研究生之前,当辅导员,像无头苍蝇,东打一耙,西打一耙。

实际上,从该老师的阐述中可以看出,明德项目报告给予她的支持不仅仅是数据方面的,更重要的是促使她形成了可迁移能力[①],能够用科学化的思维和方法来提升工作水平,上述班主任制度、本科生导师制、"导师下午茶"、"师声花语"、"相约星期二"等都是在她的大力推动下实现的。A10P1老师则是几年前从清华大学毕业来到单位工作,拿到明德项目报告后如获至宝,借此很快了解了学情,认为报告对其工作上的帮助很明显[②]。

第三,提高个体科研水平。一般而言,中国高校行政管理者有两条发展路径,一是行政路线,二是学术路线。前者体现在职务的晋升(科级—处级—校级等),后者体现在职称的提升(实习研究员—助理研究员—副研究员—研究员)。也有一些学校走职员制,如A1大学[③]。明德项目运行机制中有个重要环节是在项目促进会上对参与者进行SPSS软件的培训,主要由项目组的专家主持,时间为一天半[④]。明德项目对个体科研水平的提升首先体现在数据分析素养方面。"培训,帮我把SPSS拾起来,实现了专业技能。"[⑤]很多院校项目负责人或参与者对这个培训津津乐道,认为很有必

---

① UNESCO将可迁移能力界定为"一种运用于工作并维持一个人工作必备的能力"。可迁移能力能够帮助人们适应不同的工作需要和工作环境,包括分析问题并能够选择合适的解决方法的能力、有效地交流观点和传递信息的能力、创造能力、领导能力且具有责任感以及自身所具备的创业能力。详见梁丹和戚宝萍(2015)《东南亚六国对可迁移能力整合的实践研究》。
② 来源:2018年12月27日与A10P1老师的面对面访谈。
③ 来源:2018年10月23日与A1M1老师的面对面访谈。
④ 来源:2019年2月21日与明德项目负责人AH1老师的面对面访谈。然而,据明德项目负责人反馈,每年各个高校派出的人员都不一样,感觉培训效果不如期待中那么好,2017年暂停该培训。
⑤ 来源:2018年12月27日与A10P1老师的面对面访谈。

要①。新的项目负责人或参与者对此也很向往②③,甚至在A5P1老师看来就是奔着参加技能培训而参会的。A10大学的项目主管将参加技能培训作为员工福利和激励④。也有少数项目负责人表示SPSS难度太大,并非一朝一夕能掌握⑤⑥。

同时,由于明德项目提供了有关院校区域性(或全国性)的数据,对于一些项目负责人和参与者而言,促成了论文的产出⑦⑧,A10大学⑨和A15大学⑩的辅导员都对数据用于研究很感兴趣,A10大学也鼓励学工人员利用数据申请课题。像A4P1老师是计量研究的科班出身,在A4大学项目新生适应问卷的本土化版本中特地保留了全面的学生个体特征变量,就是为后续做复杂的模型分析做准备⑪。的确,项目负责人和参与者均是管理者身份,有些人对将数据用于个体科研的需求比较强烈,他们对由项目组牵头成立学术共同体充满期待⑫⑬。

根据访谈资料,明德项目对案例院校的内部影响大多数集中在组织层面中的科学掌握学情和服务学校决策Ⅰ型(见表5-1),在个体层面涉及较少,尤以教师和学生更少。

表5-1 明德项目样本院校内部影响分布

	影响内容	案例院校分布
组织层面	科学掌握学情(诊断问题)	A1,A2,A3,A4,A5,A6,A7,A10,A11,A12,A13,A14,A15
	服务学校决策Ⅰ型	A12,A14,A15

---

① 来源:2018年10月25日与A10M1老师的面对面访谈。
② 来源:2018年12月27日与A10P2老师的面对面访谈。
③ 来源:2018年11月21日与A5P1老师的面对面访谈。
④ 来源:2018年10月25日与A10M1老师的面对面访谈。
⑤ 来源:2018年10月9日与A8M2老师的面对面访谈。
⑥ 来源:2018年9月11日与A8M1老师的面对面访谈。
⑦ 来源:2018年10月25日与A10M1老师的面对面访谈。
⑧ 来源:2018年11月21日与A12M1老师的面对面访谈。
⑨ 来源:2018年12月27日与A10P1老师的面对面访谈。
⑩ 来源:2019年1月9日与A15M1老师的面对面访谈。
⑪ 来源:2018年10月11日与A4P1老师的面对面访谈。
⑫ 无独有偶,在亲民项目的年会上,也有院校负责人发出类似的呼吁。来源于2019年1月10日亲民项目年会田野观察记录。
⑬ 来源:2018年10月25日与A10M1老师的面对面访谈。

续表

	影响内容	案例院校分布
个体层面	服务学校决策Ⅱ型	A1,A2,A4
	营造证据文化	A1,A4,A5,A14
	教师反思教育	A1
	学生自我定位	A1,A2
	管理者(项目负责人等)能力提升	A1,A5,A6,A10,A12

二、外部应用

(一) 审核评估

《教育部关于普通高等学校本科教学评估工作的意见》(教高〔2011〕9号)对过去的本科教学评估的一个重大改变是实行院校分类评估,并增加了审核评估。其中,审核评估的对象是参加过院校评估并获得通过的普通本科学校。文件中的几点有助于更好地了解审核评估的运行模式(中华人民共和国教育部,2011):

  建立健全以学校自我评估为基础,以院校评估、专业认证及评估、国际评估和教学基本状态数据常态监测为主要内容,政府、学校、专门机构和社会多元评价相结合,与中国特色现代高等教育体系相适应的教学评估制度。

  学校自我评估。高等学校应建立本科教学自我评估制度,根据学校确定的人才培养目标,围绕教学条件、教学过程、教学效果进行评估,包括院系评估、学科专业评估、课程评估等多项内容。应特别注重教师和学生对教学工作的评价,注重学生学习效果和教学资源使用效率的评价,注重用人单位对人才培养质量的评价。

  审核评估重点考察学校办学条件、本科教学质量与办学定位、人才培养目标的符合程度,学校内部质量保障体系建设及运行状况,学校深化本科教学改革的措施及成效。审核评估形成写实性报告,不分等级,周期为5年。

可以看出,在自评报告部分,注重学生对教学工作的评价,注重学生学习效果和教学资源使用效率的评价,明德项目以及类似项目正好可以提供相关内容的数据支撑。院校对这类项目的需求可以用一个极端的例子来形容——个别院校选择参加学习评估项目,参加完审核评估就退出了项目联盟①。

将学习评估项目结果用于审核评估与美国将类似数据用于院校认证制度,同样实现了制度上的动力。教育部审核评估给予高校充分的自主权,对使用的测评工具没有要求,甚至也没有建议清单。故在笔者调研的学校中,有的选择使用明德项目数据作为支撑,有的选择亲民项目数据,有的选择市场化的麦可思服务(见表5-2)。当然,有些大学已经或正在计划综合一些大型的调研数据结果,如就业调查、新生适应调查等②③。

表5-2 明德项目联盟部分成员院校审核评估学生发展模块选择项目列表

序号	院校	院校类型	明德项目	亲民项目	麦可思	其他项目
1	A1	原"985工程"		√	√	√
2	A3	原"211工程"	√(计划使用)			
3	A9	原"985工程"	√			
4	A10	地方本科			√	
5	A12	地方本科			√	
6	A13	地方本科	√			
7	A14	地方本科	√			
8	A15	地方本科	√(计划使用)		√	√

我们可以看出,将大型评估项目数据作为审核评估的支撑资料不仅仅是国际趋势,也是国内通行的做法。在我们调研的院校中,原"985工程"院校A9大学④和地方本科院校A13大学⑤提到了数据的使用情况。

A9M1:用于审核评估的数据主要是对学校工作的总体评价、对本校教师队伍的整体印象、专业素养的增值性变化、通用能力的增值性变化。

A13M1:这次迎接教学评估,借鉴这里的数据。你好在哪里,拿数据说话。特别感谢A大学的报告,领导让报告留着,不能丢,全部提供给学校准备工作组借鉴。(了解)"学风"(就)让数据说话,(可以看出)

---

① 清华大学某教授在2018年6月A大学学术会议上举的例子。
② 来源:2019年1月13日与BA1M1老师的面对面访谈。
③ 来源:2019年1月9日与A15L老师的面对面访谈。
④ 来源:2018年10月16日与A9M1老师的面对面访谈。
⑤ 来源:2018年12月6日与A13M1老师的面对面访谈。

几年有什么变化,感谢(课题组)提供帮助。

(二) 绩效依据

这里的绩效依据,是指地方教育主管部门推出重大政策、工作重点要求后,都会定期去院校督查。院校会按照上级文件要求和自己的实际情况"八仙过海,各显神通"。如果能够形成成功经验在官方网站或者在媒体上进行报道的话,则可以作为上级绩效考核的依据,对于学校声誉来说更是加分项。A10大学①以新省重点推广的深度辅导工作为例,将明德项目报告数据在整个过程中的作用发挥得淋漓尽致。

> A10M1:在2009、2010年的时候,上级主管部门正在推的一项工作,叫作深度辅导。要求每个辅导员每年要对学生进行一次深度辅导,深入了解学生的学习状况、思想状态、心理状况和发展需求。这是上级主推的工作。然后,当时(明德项目组)反馈报告出来以后,学校形成(内部)文件,A10大学的研究报告,(名称是)基于学生深度辅导调查研究。这是一个,这个(项目)数据作为内部研究使用的。第二个,学生对象研究报告,也是援引了这个报告的数据。第三个是我们学校对学生深度辅导规划建议,是内部文件,但是呢,我们把它作为学校的成功经验,报送给新省。后来的有一篇(文章讲)学生深度辅导的"润物细无声"(准确名称是《恰似春雨润万物 精致育人春满园》,笔者注)。
> ……
> A10M1:这个材料应该是收录在《北京教育》(德育版),进行交流。这个报告,对于当时改进我们整体工作,通过分析研究学生特征的研判(帮助很大)。

A10M1不只是想强调数据对于该校深度辅导工作的指导作用,更加强调其作为支撑资料结合他们的做法形成的成功经验"对上呈报"和"对外输出"。"对外输出"也体现为院校之间的交流。像A6大学的项目负责人,谈到他们会在院校交流的时候分享明德项目的数据,原因在于数据可证明辅导员与学生的亲密度高于专业教师②。的确,这个结果与全省地区和全国的常模相比,很能证明他们的绩效,因为该项调查的普遍性结果是专业

---

① 来源:2018年10月25日与A10M1老师的面对面访谈。
② 来源:2018年9月25日与A6M1老师的面对面访谈。

性教师排名第一,辅导员排名落后很多①。

明德项目对案例院校的外部应用影响体现在组织层面,一些院校将结果用于审核评估,但绩效应用方面仍然较少,个体层面的影响如作为学生和家长择校依据并未出现(见表5-3)。

表5-3 明德项目样本院校外部应用分布

影响内容	样本院校分布
审核评估	A3,A9,A13,A14,A15
绩效应用	A6,A10(早期)

第三节 明德项目的影响分类

前文探讨项目影响使用的是组合法,无法对样本院校影响程度做进一步的研判,本节内容将对这方面进一步探索,分两个步骤来完成。第一步,将明德项目的影响与国际上同类项目的影响进行比较。第二步,在国际比较基础上,尝试构建影响程度分类评价框架,并将已经调研的15所院校置于不同的影响程度序列之中。这里的思路在于,中外比较的做法实际上是对明德项目产生的影响进行更好的定位,假设国际上四大主流评估项目处于成熟期,这一点将会体现在影响分类指标框架中。

一、中外比较

前文文献综述(见第二章第三节)中,我们重点关注了国际上主流的大学生学习评估项目,分别为美国大学生学习性投入调查(NSSE)、美国大学生就读经验调查(CSEQ)、英国全英大学生满意度调查(NSS)和澳大利亚课程经验问卷(CEQ)。可以进一步将它们发挥的影响归纳如下(见表5-4),并同时进行中外项目影响比较(见表5-5)。

---

① 来源:明德项目负责人2017—2018年度第二学期课堂,明德项目2018年全国和地方性调查报告也是这样的结论。

表 5-4 国际上四大学生学习评估项目的影响一览

项目名称	内部影响		外部应用
	组织层面	个体层面	
美国大学生学习性投入调查(NSSE)	主要体现在教学改革实践上： 1.促进学校策略计划实现； 2.促进通识教育改革、课程改革； 3.提高一年级保持率； 4.提高学生服务质量。	1.提高学生主动合作学习兴趣； 2.加强学术指导； 3.提高学术挑战水平。	1.地区认证与专业认证； 2.用于VSA问责报告； 3.州绩效评鉴的依据； 4.校园项目评价依据，发展评价的校园文化； 5.结果成为准大学生和学生家庭择校依据。
美国大学生就读经验调查(CSEQ)	可从学生个体层面监控、保障教学质量，还可根据需要形成院系、年级、专业等类别常模，对各院系、年级、各专业学生整体学习的动态变化，有针对性地改进教学，不断提高教学质量。	促进学生自我反思和评价，提供有价值的信息，激发他们思考学习的经历及取得的进步。	教育行政机构把握学校的实际教学状况，为高校教育质量的评估、认证奠定现实基础，并从根本上提高干预高校教学质量的科学性。
英国全英大学生满意度调查(NSS)	1.为高校提供基本信息； 2.高校以此教学质量信息来完善教学质量保障措施，促使高校从根本上提高教学质量。	—	1.政府不以此干预高校内部教学质量保障工作，通过发布信息让不同利益相关者评判教学质量，间接对高校施加影响，支持公共问责； 2.其提供的质量信息可以对外公开，任何个人或单位都可以查询； 3.高中毕业生可以根据质量信息来选择高校与专业。
澳大利亚课程经验问卷(CEQ)	监控教学质量信息，最终为教学质量的改进措施提供凭据；可以进行横向和纵向的比较，明确学校教学质量工作中的不足和需改进的方面。	将学生评教结果以恰当的形式告知教师个人，并附以改进的意见，以便促进教师反思和改进教学质量。	1.政府借助于项目结果对各个大学的教学质量进行排名，排名结果作为对大学拨款的重要依据； 2.作为高教问责制度的基础； 3.优质高校指南采用CEQ调查结果，以毕业生的教育经历界定为指标，确定各大学的星级标准； 4.希望进入大学的人通过该调查结果了解相关的大学信息。

注：(1)根据韩菊花(2012)、岳小力(2009)、章建石(2014)、鲍威(2014)、吕林海和陈申(2010)、李昕和田张霞(2009)、NSS官网等文献资料整理。(2)学生评教结果对于教师提升自我和促进教学改进均有积极作用，所以该指标同时放在组织层面和个体层面。

表5-5　中外大学生学习评估项目影响比较

影响内容			案例院校和国外项目分布
内部影响	组织层面	科学掌握学情	A1,A2,A3,A4,A5,A6,A7,A10,A11,A12,A13,A14,A15 NSSE CSEQ NSS CEQ
		服务学校决策Ⅰ型	A12,A14,A15
		服务学校决策Ⅱ型	A2,A4 NSSE CSEQ NSS CEQ
		营造证据文化	A2,A4,A5,A14 NSSE CSEQ NSS CEQ
	个体层面	教师反思教育	A1,NSS
		学生自我定位	A1,A2 NSSE CSEQ
		管理者(项目负责人等)能力提升	A1,A5,A6,A10,A12
外部应用	组织层面	院校评估(审核评估)	A3,A9,A13,A14,A15 NSSE CSEQ
		绩效应用	A6,A10(早期) NSSE CEQ
		择校应用	NSSE NSS CEQ

（一）内部影响比较

首先看组织层面。明德项目和国际上的四个项目相比，都能实现对参与院校的基础性功能，即科学掌握学情，为诊断问题提供依据。在服务学校决策方面，明德项目结果重在是否使用了，但无法得知究竟效果如何，在访谈中可见，这一问题似乎也没有得到关注。与国际项目相比，明德项目对于促进教学改革的证据略显不足,尽管有人对此很乐观,"对教育教学改革有效,根据数据统筹考虑,辅助决策的依据"①,不过,对于具体的证据却无法详细展开,或者认为对教育教学的作用是确定的,但程度无法确定②。而国际上的四个项目在促进教学改革方面均产生了较好影响。

在营造证据文化方面产生的差异,可能原因在于,国际上的四个项目主要是在西方发达国家进行,这些国家的共同点在于,证据文化本身已经处于成熟阶段,使用科学的测评工具服务于院校发展是"标配"。而对于中国的大学而言,证据文化则处于蓬勃发展阶段,所以在访谈中能够感受到很多受访者对于能够使用科学的测评工具促进日常工作和重大决策异常兴奋。

在个体层面,对教师的影响,在A1大学体现为项目结果帮助S1学院的老师转变了对师生关系的看法,从而奇迹般地直接引起了系列制度的变革,但这一影响具有偶然性和稀缺性。而在NSS项目联盟大学,将项目结果反馈给教师则是普遍行为,而且确实能够促进教师的教学反思和教学改进,学生的受益更直接。有意思的是,对于项目负责人为主的管理者的个人提升特别是科研能力的提升,集中体现在明德项目上,国际项目中均未提及。这个原因可能在于,国外项目负责人往往属于行政人员,走的是职业化路径,他们的角色就是组织调研顺利进行,即使在院校研究人员那里的职责也主要是形成内部报告,服务于学校决策层(程星,2011:203)。相比较而言,明德项目的负责人在新省地区往往是学工部工作人员,绝大多数学校给他们保留了研究序列的晋升通道,明德项目数据对于有志者来说是自我提升的契机,故该方面的影响具有中国特色。

(二)外部影响比较

明德项目联盟院校将数据结果用于决定学校发展的教育部审核评估,具体运用在学校自评环节。类似地,NSSE项目和CSEQ项目的结果可以用于参加院校认证和专业认证。在绩效应用方面,A6大学将结果用于院校交流,A10大学曾经将其作为工作绩效,而美国的NSSE项目和澳大利亚的CEQ项目的结果则会直接被政府当作绩效考核的依据,关系到学校的经费拨款等,直接影响学校发展。明德项目与国际项目很大的不同之处在于,公众运用方面差异较大。国际评估项目如NSSE、NSS和CEQ的数

---

① 来源:2018年6月14日与A3M1老师的面对面访谈。
② 来源:2019年1月9日与A15M1老师的面对面访谈。

据开放程度相对更高,社会公众特别是学生和家长可以将其作为择校依据,而明德项目这方面暂时尚无进展。

二、影响程度分类

即便是从文献综述中,我们也很难衡量国际四大评估项目对院校本科教育质量的影响程度,往往是采用案例组合或者内容概括的方式来完成关于项目影响的研究和讨论。以 NSSE 为例,其官网在项目 2000 年运行后第二年着手关注调查参与院校对数据结果的使用情况,包括早期的结果使用率,以及后来的结果使用率和分享率两个指标(NSSE,2019)。从第三章可以看出,国际元评估标准也非常关注评估结果的使用和结果传播(分享)两个指标。本研究在传统的影响程度的研究方式(案例分享和"两率"指标)基础上,尝试对参与院校进行归类。

本研究拟将项目的影响程度分为三档——浅度、中度和深度[①],共有三大衡量项目,分别为"必选项"、"参照项"和"附加项",具体指标体系见表5-6。必选项包括国际流行的两个经典指标即结果使用和结果传播,分别对应于内容维度和利益相关者维度。需要说明的是,内容维度的结果使用对应于浅度、中度和深度三个等级,是因为前文有关的项目影响可以分为基础性功能和提升性功能。所谓基础性功能在于,结果仅仅是在掌握学情,处理发现的问题,属于"运动战",但未因此形成长期机制即"持久战";或仅仅用于部门计划、总结,证明绩效,对于大学和个体没有实质性的促进作用。这个指标对应于掌握学情和服务学校决策Ⅰ型。提升性功能则指项目结果适用于服务学校决策Ⅱ型,直接促进学生、教师和项目负责人等的自我提升。在这个维度上,中度和深度的区别在于,学生和教师是否因此而直接受益,尤其是明德项目的核心受益群体指向学生,其理念在于关注学生是否从本科教育中实现教育增值。参照项就是上文的研究结果,将国际四大评估项目放在分析框架中进行对照。由于目前国际四大评估项目处于较为成熟的阶段,所以笔者根据其发挥的影响,将它们至少放在中度等级。附加项包括时间维度和当事人维度。所谓时间维度,就是研究关注明德项目数据结果是否在近两三年内使用。所谓当事人维度,即项目负责人对项目影响的主观评价。因为有些项目负责人明确认为,该项目对于院校的本科教育质量影响很小或者没有发挥作用,其举例确实也无法支撑项

[①] 也可以考虑分为初级阶段、中级阶段和高级阶段。

目发挥的作用,则将其所在院校列为浅度影响一类。

表5-6 明德项目影响程度的指标构建框架

项目构成	具体维度	影响程度等级		
		浅度	中度	深度
1.必选项	(1)内容维度:结果使用	内部影响: (1)掌握学情 (2)服务学校决策Ⅰ	内部影响: (1)掌握学情 (2)服务学校决策Ⅰ、Ⅱ或形成证据文化 外部影响:审核评估或其他	内部影响: (1)掌握学情 (2)服务学校决策Ⅰ、Ⅱ或形成证据文化 (3)学生/教师/管理者提升 外部影响:审核评估及其他
	(2)利益相关者维度:结果传播	项目主管部门	大学校领导 项目主管部门 and/or 横向相关部门 学院 教师/管理者	大学校领导 项目主管部门 横向相关部门 学院 教师/管理者/学生 ……
2.参照项	(3)中外比较维度:国际四大评估项目	CEQ	NSS,NSSE,CSEQ	
3.附加项	(4)时间维度:近两三年使用结果情况	近两三年几乎未使用结果	至少近两三年持续作用	至少近两三年持续作用
	(5)当事人维度:项目负责人对项目影响的主观评价	无或较小		

按照以上评估指标体系和调研的实际情况,明德项目对十五所院校的影响程度分类结果如下:A4,A5,A6,A7,A8,A9,A10,A11,A12等九所院校处于浅度影响;A3,A13,A14,A15等四所院校处于中度影响;A1和A2两所院校是深度影响。浅度影响序列中原"985工程"院校、原"211工程"院校和地方本科院校均有,中度影响序列中原"211工程"院校和地方本科院校均有,而深度影响序列的两所院校则分别是原"985工程"院校与原"211工程"院校。评估项目对于参与院校的影响分类当然可以有不同角度,比如按照是否直接发挥作用可分为直接影响和间接影响,按照是否独立发挥作用分为独立影响和融合影响。未来可以继续深入探讨。

第四节 结论与讨论

本章通过质的研究方法将明德项目对院校本科教育质量的影响在内

容上进行了初步研究,主要结论如下:

第一,内部影响和外部应用。内部影响的组织层面包括科学掌握学情、服务学校决策(分为Ⅰ型和Ⅱ型)和营造证据文化,个体层面是促进教师教育反思、学生自我定位和管理者(项目负责人等)能力提升。外部应用体现在项目结果用于组织层面的审核评估和绩效依据。与NSSE、CSEQ、NSS和CEQ等国际评估项目相比,明德项目的内外部影响在内容类型方面多数有所涉及,而不足之处在于对教师教学反思和学生教育增值影响较少,特色在于促进项目管理者能力提升(如科研能力)。明德项目的影响与尤厄尔及其合作者(Ewell,1983;Ewell et al.,1984)和金尼克(Kinnick)(1985)有关学生学业成就信息运用研究结果基本类似,但在影响的广度和深度上有差距。

第二,项目影响按照程度分类可以分为浅度、中度和深度。浅度影响序列中原"985工程"院校、原"211工程"院校和地方本科院校均有,共九所院校;中度影响序列中原"211工程"院校和地方本科院校均有,共四所院校;而深度影响序列的两所院校分别是原"985工程"院校、原"211工程"院校。有两点值得讨论。一是处于深度影响的院校占少数,这里的深度影响的标志在于学生的学习能力是否得到提升。舍普(Schoepp)和本森(Benson)的一项元评估研究显示,74项大学生学习评估中仅有4%报告有证据显示学生学习能力得到提升(Schoepp et al.,2016),说明明德项目对当前院校本科教育质量的影响的有限性,实际上也是国际上类似的学习评估项目面临的普遍性难题。二是这个结果与课题组的预判有一定差异。多数人认为,项目影响比较大的是地方本科院校,因为原"985工程"院校、原"211工程"院校有着较强的科研能力,完全有实力设计较好的本土评估工具,未必会依赖明德项目[①]。这和一些项目负责人的预判也是相左的,如A8M2老师认为,地方本科院校会更重视项目结果的使用[②]。实际上,项目结果反而对原"985工程"院校、原"211工程"院校产生较深的影响。因此,院校类型与项目对院校本科教育质量的影响程度似乎并无规律可循。

如果将视野转向类似的亲民项目,我们可以发现,明德项目对于院校本科教育质量的内部影响和外部应用对亲民项目而言大抵是成立的,如服务学校决策,根据项目结果反映出的教师对学生的辅导较少的问题,亲民

[①] 来源:2018年5月29日与AP2老师的面对面访谈。
[②] 来源:2018年10月9日与A8M2老师的面对面访谈。

项目联盟院校普遍设立了学习辅导中心①;项目结果为学校提供科学的学情和服务学校的发展,在B2A1M1的访谈中多次得到确认②。对于项目负责人和参与者的能力提升方面,笔者在亲民项目2019年年会上观察到,该项目也有类似的SPSS技能培训,唯一不同的是,亲民项目由博士生负责培训,时长为一个晚上③。在这个年会上,很多高校分享经验时还提到,项目数据帮助他们申请到了国家级、省级的课题项目④,对此他们倍感自豪。在学生的影响方面,尽管暂时并未发现亲民项目联盟院校将该项目结果反馈给学生的做法,但B1大学在本土的新生适应的调研项目中,却创造性地将个性化的结果通过雷达图反馈给每一位学生⑤。项目结果外部应用于审核评估,从表5-2可以看出,除了明德项目和麦可思的研究结果之外,一些院校也将亲民项目结果用在教育部的审核评估上。对于至善项目来说,其内部影响也是类似的,但外部影响暂时未涉及。

另外,研究结果至少也回应了一些专家的担忧,有人认为明德项目对于参与院校没有影响或影响很小⑥。实际上,这种观点过于悲观了,但就影响程度而言,项目的影响的确在不同院校中呈现多样化和不均衡的形态。

后面两章,笔者将重点使用扎根理论探索明德项目对于联盟院校的本科教育质量产生影响的机制——动力和路径。

---

① 来源:2018年5月27日与亲民项目负责人BH1老师的面对面访谈。
② 来源:2019年1月13日与B2A1M1老师的面对面访谈。
③ 来源:2019年1月9日亲民项目年会现场观察记录。
④ 来源:2019年1月10日亲民项目年会现场观察记录。
⑤ 来源:2019年1月13日与B2A1M1老师的面对面访谈。
⑥ 来源:2017年11月17日与专家AT2老师面对面非正式交流。另一位项目组所在单位的专家也有类似观点。

第六章 中国明德项目影响院校本科教育质量的动力

> 我有一种强烈的奉献感觉,这就是我所需要的事业,我想要完成的任务,我发誓,我要这样去做,就像在宗教典礼上许愿和自己奉献于祭坛上一样,我将全心全意地投身于这项事业……
>
> ——马斯洛

> 我对这个项目有天然的感情。
>
> ——A8大学学工部科长,明德项目负责人

> 我之所以对这个报告会很重视,(是因为我)在那儿上过研究生,而且做过这个报告。这个报告很有意义。
>
> ——A1大学S1学院党委副书记兼副院长

根据前文研究,我们已知明德项目对院校本科教育质量的提升有一定促进作用,主要体现在内部影响和外部应用上。其中,内部影响在组织层面包括科学掌握学情、服务学校决策和营造证据文化等,个体层面包括教师反思教育、学生自我定位和管理者提升能力;外部应用包括组织层面的审核评估和绩效运用等。与此同时,笔者将项目对院校本科教育质量的影响程度分为浅度、中度和深度。

本研究不只关注项目有何影响,还关注影响背后的机制,动力就是我们特别感兴趣的关键问题之一。如前文所述,动力指推动组织事业或个体行为前进和发展朝向正向促进作用的力量。也就是说,动力的对象可以是组织,也可以是个体。本章将通过扎根理论的研究路径力求生成中层理论,并按照该方法的范式,探讨明德项目影响院校的动力理论对于类似情境(如亲民项目、至善项目等)的解释力。

第一节　扎根理论方法

一、理论性抽样

理论性抽样（theoretical sampling）是以已经证实与形成中的理论具有相关性的概念为基础所做的抽样（Strauss et al.,1997:197）。理论性抽样在一级、二级和三级编码中都可以用到。由于整体性的研究需要，我在研究项目对院校产生哪些影响的过程中，已经形成了15所院校25名受访者的访谈资料样本库（见第三章表3-7）[1]，在此基础上，我重点在主轴编码（二级编码）A-F 中使用了理论性抽样。当我发现第一个样本资料中，某院校参与项目的动力是 X1 时，我会想知道动力同样是 X1 的院校的结果有何异同，或者动力为 X1+X2 的院校的结果有何异同。下文中会具体提及。

二、编码分析

扎根理论完整的步骤的三个编码部分，前面已经充分使用了开放性编码探索明德项目对院校本科教育质量的影响。开放性编码分为两个部分：一是贴标签，二是寻找类属[2]、属性和维度。该部分编码除了使用开放性编码之外，还将增加使用主轴编码和选择性编码。其中，主轴编码即二级编码的重要特征就在于，通过 A-F 将一系列类属串联起来，将资料组合到一起。所谓 A-F 的编码分别为因果条件、现象、脉络（或称为"情境条件"）、中介条件、行动/互动和结果（见表6-1）（Strauss et al.,1997:109-110）。而选择性编码即三级编码是寻找核心类属（core category），形成类型（pattern）和理论。这里的理论往往是中层理论，分为实质理论和形式理论。诚如前文所述，实质理论是适合某一特殊情境脉络里所发展成的理论，而形式理论是指许多不同种类的情境，检视统一现象所做成的理论。

---

[1] 本研究作为一个整体性的研究，采用了混合研究方法，在质性研究方法中，扎根理论不是唯一的方法路径，还包括分析归纳法，故抽样方法有所差异等。我首先使用的抽样法是按照院校分类，即保证访谈的院校包括原"985工程"院校、原"211工程"院校和地方本科院校，这与几乎是根深蒂固的观点有关，即明德项目的影响在不同层次院校有明显差异。

[2] 我在前面提到，类属是一组概念，研究者借着比较概念而发现它们都涉同一个现象时，就可以把这些概念聚拢成为同一组概念。详见 Strauss 和 Corbin(1997)《质性研究概论》第69页。

表6-1　二级编码A-F步骤列表

A-F	解释
A.因果条件	致使一个现象产生或发展的条件、事故、事情。
B.现象	针对具有核心地位的观念、事件、事情、事故,会有一组行动或互动来管理、处置,或会有一组行动发生。
C.脉络	指一个现象的事件、事故,在它们面向范围内的位置的总和。脉络是行动或互动策略之所以发生的一组特殊条件。
D.中介条件	一种结构性条件,它会在某一特定脉络之中,针对某一现象而采取有助的或抑制的行动或互动上的策略。
E.行动/互动	针对某一现象在其可见、特殊的一组条件下,所采取的管理、处理及执行的策略。
F.结果	行动及互动的结果。

三、备忘录

所谓备忘录是为形成理论,将分析写成的文字记录(Strauss et al.,1997:219)。我撰写了7次备忘录。比如,在对前三所院校受访者的资料分析结束,初期形成了动力组合"权威—需求—人际"之后,我就在考虑未来样本饱和与该动力组合是否可以解释美国 SERU 项目对中国院校的影响(见附录6)[①]。借助于备忘录,在完成访谈院校的25位项目负责人(或参与者)及少量管理者后,我对动力三组合模型进行调整。尽管国际上类似的测评项目对中国院校影响的解释力可能是有限的,但这也意味着,我可以尽可能创造条件去探讨对于类似的中国亲民项目对其联盟院校影响的解释力。

四、增加理论触觉的方法

所谓理论触觉(或理论敏感度)(theoretical sensitivity)是指研究者的一种个人特质,一种能察觉资料内涵意义精妙之处的能力(Strauss et al.,1997:45)。常用方法包括提问题、比较法(丢铜板技术等)和摇红旗(wave the red flag)等。提问题在一级编码寻找类属、属性和维度中比较实用,基本问题包括"是谁? 何时? 哪里? 发生了什么? 怎么发生的? 到什么程度? 为什么?"(Strauss et al.,1997:87),也就是我们常说的5W2H。比较法分为丢铜板技术(the flip-flop technique)、对多个现象系统式的比较和极远

---

① 来源:2018年8月22日备忘录3。

比较(far-out comparisons)。这里仅介绍丢铜板技术。丢铜板技术"就是把你觉得有意思的概念倒过来想，想象它的极端反例"(Strauss et al.,1997:95-103)。摇红旗是基于大家承袭相同的文化传统，大部分想法类似，以至于相同的盲点不太容易靠大家的质疑指认出来(Strauss et al.,1997:104)。这样看来，摇红旗和比较法类似，但它的挑战更大，因为识别文化的差异比实际情境更难。

第二节 过程和结果分析

一、开放性编码：1.0动力理论

针对A1—A15的每个大学样本共计25个访谈资料进行开放性编码即一级编码，贴标签的结果见附录7。一般而言，每个访谈资料形成的类属包括大学的制度环境、院校参与项目动力、项目特征（优势与问题）、项目影响、项目校内运行、影响路径、项目负责人/参与者特征和理想方案设计等，有时也会增加项目障碍因素。

本章重点关注明德项目影响院校的动力，从时间的维度来看，就需要关注两个阶段——第一阶段(Time 1)是院校参与项目，第二阶段(Time 2)是院校对项目结果的使用。该部分考察的是哪些动力在起推动作用。针对提炼动力的类属，使用归纳法形成表6-2，这里首先体现的是院校参与项目阶段的动力。实际上第四章涉及的问卷中也有题项专门针对院校参与项目阶段的动力，暂未涉及项目结果使用阶段的动力。定量结果表明，三大动力分别是"可以帮助他们反馈教学质量和学生发展方面的问题"、"相信该项目团队的科研实力"和"上级部门要求参加"，可以概括为学校发展需求、项目组的学术权威和政府行政权威。这和一级编码的结果基本相同。动力类属有两个属性——权威和需求，但后者出现一个奇异值——人际。如果按照定量的思维，人际这个变量是否作为动力的属性需要排除，但如果回归到人际所在的访谈资料样本A8M2中，则发现人际属性有可能成为动力的第三个属性。

表6-2 院校参与明德项目的动力类属的属性、维度一览表

参与院校	样本编号	动力类属的属性	维度
A1	1.A1M1	a.权威：新省教育主管部门与A大学合作；教育主管部门通知 b.需求：学校认为有意义	意义：有一无

续表

参与院校	样本编号	动力类属的属性	维度
A2	4.A2M1	a.权威:项目有代表性 b.需求:数据服务于重大调研;增加常模数据	代表性:有—无
A3	6.A3M1	a.权威:行政参与,委托高声誉、高质量的教育研究单位;团队专业性 b.需求:院校发展需求,包括数据监测、横向比较、加强学校自身建设、用于审核评估、持续参与—把握趋势;高校需要滚动性调查、长期项目;数据促进工作,需求强烈;需要定制服务;契合的供需匹配	权威:单—双 需求:强—弱/长期—短期
A4	7.A4M1	a.权威:行政命令 b.需求:本土项目需求;期待高校对比;学校需求;参与条件(共性+个性满足需求);定制服务(可以考虑付费) c.人际:机缘巧合	需求:共性—共性、个性—个性
A4	8.A4P1	a.权威:"抱专家大腿";教育主管部门领导项目;需要专家指导	单权威—双权威
A5	9.A5M1	a.权威:专业权威 b.需求:自身需求(加强新生工作);数据挖掘需求	专业权威:有—无
A5	10.A5P1	a.权威:教育主管部门通知 b.需求:比较有意义(2次);SPSS培训;做出成绩;学习前沿研究方法;探索资源互用;提供数据;本土特色工作	行政权威—学术权威
A6	12.A6M1	a.权威:教育主管部门支持力度大;上级任务;硬性规定动作 b.需求:提供数据	支持力度:大—小
A7	13.A7M1	a.权威:教育主管部门通知;工作任务;与外部合作好 b.需求:成立新科室;学生发展指导是分水岭;工作任务VS工作帮助;自身需求	
A8	14.A8M1	a.权威:教育主管部门领导揭示项目意义;教育主管部门领导重视工作 b.需求:报告系统、深入、真实(付费前提);可横向、纵向比较	横向比较—纵向比较
A8	15.A8M2	a.权威:行政行为;配合做研究;新人没感情,领导批示是工作前提;领导重视 c.人际:继续参加项目("我在");与项目有天然感情;认可项目价值	重视程度:重视—不重视
A9	16.A9M1	a.权威:教育主管部门发文;专业性达不到 b.需求:项目关心第二课堂(指标);形成需求(岗位职责发生的需求);横向比较有需求	专业性:强—差
A10	17.A10M1	a.权威:权威数据纳入审核评估(应然);官方和第三方(客观) b.需求:数据可比较性;比较(知彼知己);调查结果作为支撑材料	比较:知彼—知己
A10	18.A10P1	a.权威:行政命令	

续表

参与院校	样本编号	动力类属的属性	维度
A11	20.A11M1	b.需求:提供数据;项目诊断问题;调研不针对同类问题	
A12	21.A12M1	a.权威:配合上级工作、搜集数据;完成上级任务;非官方途径不做;教育主管部门推动 b.需求:(项目)对工作有意义、价值;学生发展(定性感受、社会调查);追踪大数据需要	
A13	22.A13M1	a.权威:不是社会第三方 b.需求:领导要求留好报告;免费(第三方昂贵);多少有帮助	参加项目经费:便宜—昂贵
A14	23.A14M1	a.权威:地方教育主管部门组织 b.需要:(对学校)有帮助	帮助程度:有一无
A15	24.A15M1	a.需求:定制服务的需求;(正面)影响办学;对学校有用;了解同行的窗口;辅导员关注项目结果	
	25.A15L1	a.权威:名校效应,嵌入式教育(不同层次、不同对象);专家的权威 b.需求:期待了解学生变化;免费(麦可思贵);教育需追踪	行政权威—学术权威 参加项目经费:便宜—昂贵

在 A8 大学访谈时出现了一个插曲:A8M2 老师告诉我,他们学校项目中断了两年。后来他主动与明德项目主管交流,发现原因是地方教育主管部门工作人员漏报。按照行政惯例,如果红头文件上没有学校名字,该工作则可跳过,但由于他属于明德项目组的前成员,"我对这个项目有天然的感情"[①],他主动与项目主管联系上,要求继续回到联盟阵营中来。当我问到后续是否会继续参加该项目时,他豪言万丈:"参加,只要我在!"这个案例表明,当时权威对于他们来说暂时是缺位的,而且从他对项目的结果使用仅仅体现在将好的结果用于工作总结中可以推断,院校需求也不强烈,权威和需求都不能解释该校为何要参加这个项目。同时,明德项目组负责人曾经告诉我,项目将在某个大学的医学院开展,"因为我们一个博士毕业生就职于那边"[②]。在明德项目电子档案里,我能从通讯录中看出,省外院校的首批联络人中,并非每个院校都有联络人,而是可能由某个院校的中层干部负责联络三所院校[③]。我认为可暂时将人际关系作为动力类属的第

---

① 来源:2018 年 10 月 9 日与 A8M2 老师的面对面访谈。
② 另外,某项目前成员告知我,明德项目推向全国的时候,正值他导师推行全国重大项目调研,为明德项目做了较好推广。我在讨论部分还将展示更多证据来表明,这种依靠人际来形成项目联盟原始积累的情况较为普遍。
③ 来源:明德项目电子档案。

三个属性。

应该说,政府工作人员的一个失误为本研究提供了一个自然实验的结果。这个结果为本研究打开一扇窗户。可以这样说,在有些学校(如 A1 大学),就项目产生作用而言,将出现意外结果的情况称为"逆袭"或"黑马"都不为过。如果能够将隐藏在背后的人际属性剥离出来,我们则可以发现,人际成为第三动力的成员如同事物开始从冰山一角慢慢露出一般。

根据原始的访谈资料和标签池数据分析,我将院校参与明德项目的动力类属按照权威(authority)、需求(need)和人际关系(personal relationship)这三个属性的维度分别命名为行政权威—学术权威、院校发展长期需求—短期需求、人际关系亲密—疏远,如表 6-3 所示。其中,由于行政权威对于省内院校而言无法拒绝,故权威维度调整为"行政权威—双权威",双权威的意思是既有行政权威,也有学术权威。院校发展长期需求和短期需求简称为"院校长期需求—短期需求",并且,考虑到一般院校如果明确院校的长远需求的同时,也会充分意识到短期需求,这是由我们国家浓重的实用主义文化决定的。院校长期需求往往包含短期需求,二者并非完全对立。人际关系有时简称为人际。我暂时将这个动力组合称为"1.0 动力理论"[①]。

表 6-3 院校参与明德项目的动力类属的三个属性分类

动力类型属性	维度	Time 1
1.权威	行政权威	是
	双权威(行政权威+学术权威)	
2.需求	院校长期需求	是
	院校短期需求	
3.人际关系	亲密	是
	疏远	

注:Time1 表示院校参与项目阶段。

首先,动力类属第一个属性——权威。很显然,"上级部门要求参加"和"相信该项目团队的科研实力"可以分别对应于行政权威和学术权威,特别是前者对于省内院校在权威属性的维度上,有个共性是行政权威[②]。这里的行政权威和学术权威可以从马克斯·韦伯(Weber)(1997:238)对三种

[①] 如果我们按照一般性的质性研究方法仅停留在一级编码,这里的 1.0 版本就是很有意义的研究发现。不过,扎根理论依靠多步的编码步骤可以帮助我们进一步完善研究结果。

[②] 而对于省外院校,或者亲民项目,则对应于学术权威。

统治类型的讨论获得理论上的支持。

"统治"应该叫作在一个可能标明的人的群体里,让具体的(或者一切的)命令得到服从的机会。因此,不是任何形式的对别人实施"权力"和"影响"的机会。这个意义上的统治("权威"),在具体的情况下,可能建立在服从的极为不同的动机之上:从模糊的习以为常,直至纯粹目的合乎理性的考虑。任何一种真正的统治关系都包含着一种特定的最低限度的服从愿望,即从服从中获取(外在的和内在的)利益。

简言之,统治的概念可以理解为一种权威秩序(陈洪捷,2002:105),可以分为三种类型:合法型统治、传统型统治和魅力型统治[1](韦伯,1997:241)。亦有学者翻译为"理性型统治或法制性,传统型统治和卡里斯玛型统治"(陈洪捷,2002:104)。这里,我倾向于后者的译法,但更愿意将"卡里斯玛"[2]替换为"卡里斯马"。阅读韦伯(2018)在《儒教与道教》中对 charisma 的系列注释后[3],我觉得"卡里斯马"的"马"比"玛"更为传神。马在古代就是重要的交通工具,也可以用于农耕,代表一种力量。这三种统治类型的具体界定如下(韦伯,1997:241;陈洪捷,2002:104):

a. 理性型统治:建立在相信统治者的章程所规定的制度和指令权力的合法性之上,他们是合法授命进行统治的。这里涉及的是信任(glauben)问题。

b. 传统型统治:建立在一般的相信历来适用的传统的神圣性和由传统授命实施权威的统治者的合法性之上。

c. 卡里斯马型统治:某一个人物或他所创立的制度被奉为神圣或英雄或典范,受到不同寻常的崇尚与追随。

---

[1] 周雪光将这三种统治类型直接称为三种权威:个人魅力型、传统型和理性法制型,详见周雪光(2003)《组织社会学十讲》第187页。

[2] 也有其他学者将 charisma 翻译为"卡里斯玛",详见威廉·克拉克(William Clark)(2013)《象牙塔的变迁——学术卡里斯玛与研究性大学的起源》。

[3] 马克斯·韦伯是这样说的:"卡里斯马,无论在哪里,都是一种非常的力量(maga,常作 mana,马那,梅拉尼西亚与波利尼西亚语中的'力量'之意,太平洋诸岛土著宗教的基本观念,指一种超自然的非人格的神秘力量,任何一种不同寻常的东西之所以如此,都是由于具有马那。马那附着于自然事物、人、鬼魂、精灵之中,本身并不是崇拜对象。但具有马那的人都可以使别人获福或遭祸。orenda,奥伦达,北美休伦族印第安人语,意思同马那),体现在魔法力量与英雄业绩中,新教徒只能通过神秘的苦修的考验来确定自己有了卡里斯马(换一种说法,也可以叫获得新灵魂)。"详见马克斯·韦伯(2018)中文版《儒教与道教》第108-109页。

韦伯(2018:68)认为,"卡里斯马被理解为一个人的非凡的品质(不管是真的、所谓的还是想象的,都一样),卡里斯马权威则应被理解为对人的一种统治(不管是偏重外部的,还是偏重内部的),被统治者凭着对这位特定的个人的这种品质的信任而服从这种统治"。根据以上叙述,院校参与明德项目的行政权威即对应于理性型统治,学术权威则近似于卡里斯马型统治。和问卷调查结果一样,几乎所有的受访者都提到,参加明德项目的原因是地方教育主管部门要求,还有不少提到是因为相信课题组的学术能力[1],较为形象的说法是"抱大腿"[2]。

其次,动力类属的第二个属性——需求。①个体需求(或需要)。需求是指因缺乏某种东西而产生的内在紧张状态(张春兴,2009:310)。最经典的需求理论要数亚伯拉罕·马斯洛的需求层次理论。如前文所述,马氏在《动机与人格》中将需求层次理论涉及人的需要分为如下几个方面:生理需要、安全需要、归属和爱的需要、自尊需要、自我实现需要、认识和理解的欲望和审美的需要(Maslow,1970:35-51)。他将以上这些需要归纳为匮乏性需要(deficiency need,DN)和成长性需要(growth need,GN),或称为"基本需求"和"成长需求",前者包括生理需要、安全需要、归属和爱的需要、自尊需要,后者包括自我实现需要、认知需要和审美需求(马斯洛,1987:243-245)。这里主要针对项目负责人专业发展的需求分类。②组织需求。类似地,组织需求一般也可分为生存性需求(或基础性需求)和发展性需求,前者对应于短期需求,后者对应于长远需求。短期需求包括通过项目结果掌握学情,或者给常规的日常工作或者非常规的重大工作(如审核评估)提供依据,但在项目结果的使用上并非直接促进教育教学质量的提升,特别是对学生增值方面无较为明显的贡献;长远需求是合理运用明德项目多年形成的常模数据,横向和同类院校进行比较,纵向和自我的历史比较,对自我进行定位,并且将结果充分地运用于院校日常管理和重大决策。

在院校参与项目阶段(Time 1),动力的构成是以院校需求为核心的,其维度可以分为长远需求和短期需求,暂时与个体需求无关。此处我将院校发展需求属性的维度分为短期需求—长期需求。

最后,动力类属的第三个属性——人际关系。作为西方社会心理学的主要概念之一,"人际关系"概念的逻辑起点是西方意义上的"自我"(self)。

---

[1] 如A2、A3、A5、A10、A15等大学。
[2] 来源:2018年10月11日与A4P1老师的面对面访谈。

在西方文化背景下，"自我"蕴涵"动力"(dynamics)的意义[1]和"独立"(individual)的意义；因此，个体之间的关系大多是由人与人之间的互动(interaction)建立起来、蕴含着各种各样内容的关系，这种人际关系被称为"获得性关系"(achieved relationship)，其本质是可选择性和契约性(杨宜音，1995)。在中国人际关系情境下，翟学伟(1993)梳理了一些华人学者的贡献：冯友兰在《新世训》中对"待人接物"发表了颇有见解的观点，梁漱溟在《中国文化要义》中提出的"伦理本位"和西方社会的个人中心形成鲜明对照，费孝通创立的"差序格局"[2]已成为海外学者研究中国人际关系的基础，而许烺光(Francis L.K. Hsu)的"情境中心"[3]更是把中国人际关系的特色看成是分析中国人整个生活方式的关键。翟学伟(1993)也对中国人际关系做了本土化的概念界定：

> 中国人际关系的基本模式是人缘、人情和人伦构成的三位一体，它们彼此包含并各有自身的功能。一般来说，人情是其核心，它表现了传统中国人以亲亲(家)为基本的心理和行为模式。人伦是这一基本模式的制度化，它为这一样式提供一套原则和规范，使人们在社会互动中遵守一定的秩序，而人缘是对这一模式的设定，它将人与人的一切关系都限定在一种表示最终的本原而无须进一步探究的总体框架中。由此，情为人际行为提供是什么，伦为人际行为提供怎么做，缘为人际行为提供为什么，从而构成了一个包含价值、心理和规范的系统。

不管中国和西方情境下的人际关系形成机制的差异性如何，人际关系的维度分为亲密和疏远都是适用的。像差序格局为学术界所认可的首要原因就在于它表现了中国人人际交往的亲疏远近的特点(翟学伟，2009)。中国人往往没有"公"与"私"的明确分野，而只有对关系远近的亲疏判断

---

[1] 而在中国情境下，翟学伟在 2009 年《再论"差序格局"的贡献、局限与理论遗产》中也研究出费孝通先生的差序格局中的动力学意义。

[2] 费孝通先生用"差序格局"将中国社会结构比喻为把一块石头丢在水面上所发生的一圈圈推出去的波纹，每个人都是他社会影响所推出去的圈子的中心，被圈子的波纹所推及的就发生联系。每个人在某一时间某一地点所动用的圈子是不一定相同的。详见费孝通(2011)《乡土中国 生育制度 乡土重建》第 27 页。

[3] 许烺光认为，中国人和美国人生活方式的差异，可以归纳为两点。第一，美国人更重视个人的偏好，这个特征我们称为"个人中心"。与之相对，中国人强调个人在群体中恰当的地位及行为，我们称为"情境中心"。第二，美国人多情绪外露，而中国人则含蓄内敛。详见许烺光(2017)《美国与中国人》的引言"文化与行为"第 32 页。

(杨宜音,1995),此观点颇有道理。在本研究中,A8M2在人际关系的表现为其曾经在明德项目负责人所在大学求学,更重要的是,他曾是项目组成员,这也是他界定自己和明德项目有"天然关系"的原因,这里的双重经历其实是人际关系的抽象说法,或者说是人缘、人情和人伦。这是他会在行政权威无意漏掉辐射其所在大学的不利前提下,仍然主动和项目主管对接、重新加入项目的原因。该老师同时也给人情做了很好的现实诠释。在我设计的访谈提纲中,我都会问,如果我们不再借助于地方教育主管部门的红头文件,而是以明德项目组的名义邀请做评估,那么该院校是否还会继续参加。该老师直言,那样参加项目就不是工作,而是"人情"[①]。

二、主轴编码:2.0动力理论

如前文所提及,项目影响的动力根据影响的时期可分为院校参与项目阶段(Time 1)和项目结果使用阶段(Time 2)。可以初步发现,大多数院校在参与项目的时候,动力组合已经确定,而在项目结果使用期间也有新的动力加进来,组织层面和个体层面的动力综合作用,导致不同的结果。这种发现"新大陆"的方式是通过二级编码A-F分析实现的(见表6-4)。如前文所述,现象可以是针对具核心地位的观念、事件、事情、事故,同时意味着"会有一组行动或互动来管理、处置,或会有一组行动发生"。该部分,我将现象确定为"院校参加明德项目"这样一个事件,潜在的挑战是项目结果的传播和使用不足。A-F的作用在于,能够从逻辑上把这些类属串联起来。

表6-4 六个样本访谈资料的二级编码A-F分析过程列表

A-F	A8大学(M1)	A6大学	A12大学	A1大学	A2大学	A5大学(M1)
A.因果条件	地方教育主管部门重视	教工委发文;项目提供数据	配合上级工作;搜集数据	教工委发文+顶尖大学执行;有意义	项目具有代表性;可提供常模	工作任务,自身需求;专业权威
B.现象	参加明德项目	参加明德项目	参加明德项目	参加明德项目	参加明德项目	参加明德项目

[①] 来源:2018年10月9日与A8M2老师的面对面访谈。

续表

A-F	A8大学(M1)	A6大学	A12大学	A1大学	A2大学	A5大学(M1)
C.脉络	抽样增多;参会人员变化(行政老师—学生);学生填写真实;作为一个工作	参与提供数据;完成任务;团队建设弱	领导安排专业人士负责;团队构成:副书记、辅导员;无实质性团队	团队构成:三人+有一定稳定性;执行路径:党工委—学工处—学生填写问卷	项目内化为校本调研的一部分;固定工作;工作格局的一部分	落地本土化;近些年未看到报告;项目团队特征:专业性弱
D.中介条件	对麦可思评价不高;现实工作多;教务处有亲民项目报告;老领导重视项目作用;研究素养:质疑任何报告;不会用统计软件;政策变化	调研项目多:教育部调查,大数据中心建立;学校系统性、复杂性;人员流动快;研究素养:习惯性质疑主观调研数据	审核评估制度;麦可思提供本土调研;市属院校;研究偏弱;个体特征	地方教育主管部门重视学业辅导;本科教育大会;"三全育人";项目非唯一性(重视亲民项目、本土项目);报告变多;制度尴尬;部门协调性差;A1S1L求学背景(明德项目组前成员)	部门认可研究氛围,有研究的传统;部门职能调整;自建大数据;项目采用全样本;就业研究数据与学院关联度高—关注度高;明德项目组的前成员、负责人的学生;研究素养较强	学校加强新生工作;开展新生教育;成立学生发展指导中心;领导海外考察;UCLA学生发展问卷启发
E.行动/互动	结果传播范围:部门领导、学校领导；结果使用:审核评估未使用项目数据	结果传播范围:部门内、学工例会问题通报；结果使用:院校交流(正向结果,如辅导员与学生的亲密度)	保留全部数据；结果传播范围:部门领导—校领导；结果使用:未结合使用(考虑到声誉);开展网贷教育	(1)学校层面:结果传播范围:校领导—学工系统;结果未形成分享机制;结果使用:明德项目和本土项目结合使用;问题分类处理 (2)学院层面:将结果应用于学生工作	结果传播范围:上级反馈,校领导汇报,兄弟部门,学生工作一把手(副书记);结果使用:为"双一流"调研服务;推进大学生成长发展报告	计划将本土报告结果与明德项目结果比较;新生工作总结会上分享;本土报告全校范围分享,覆盖一定师生范围

续表

A-F	A8大学(M1)	A6大学	A12大学	A1大学	A2大学	A5大学(M1)
F.结果	未提及	项目影响不太明显；个体过程受益	校领导主动要数据；未有深度效果；个体论文发表	(1)学校层面：明德项目未发挥期待的大作用；明德项目有指导作用(A1M1) (2)学院层面：班主任制度、本科生导师制、"导师下午茶"、"导师面对面"、"师声花语"、"相约星期二"；学生提升明显；学工地位的变化；个体工作水平提高(A1S1L)	教育教学促进作用不确定；促进部门联动；教师对学生的认知颠覆	营造证据文化氛围

我选择6个院校样本资料为例进行A-F的编码分析，即将样本访谈资料通过因果条件、现象、脉络、中介条件、行动和结果等串联起来。根据因果条件的不同，笔者在样本库中进行理论性抽样，尽量兼顾院校的层次。比如，A8大学(M1)的动力是行政权威，因为仅有一个访谈资料提到组织层面唯一动力因素，那么我们就要考察，如果院校有两个动力，结果是否有差异？所以，我加进来A6大学。A6大学除了行政权威，还有院校的发展需求（偏向于短期，因为主要是搜集数据）。那么，同样的动力组合，在不同层次的大学有何异同呢？我继续加进来A12大学。按照这样的思路，陆续加进A1、A2和A5大学(M1)的访谈资料分析。在有些大学，不同时期由不同的项目负责人负责，比如，A8大学有两个项目负责人，分别为A8M1和A8M2，前者负责时间为2008—2015年，后者负责时间为2016年至今。两者在项目校内运行上具有明显的差异，故我将作为两个样本资料进行分析。

(1)A8大学(M1)分析。现象是参加明德项目，背后因果条件是地方教育主管部门重视，有红头文件下发，即行政权威。脉络是针对现象的，是现象类属的属性的维度范畴，在A8大学主要是增加样本、负责人从原先的亲自参会变成学生参加、确保学生真实填写、定位为"一个工作"。中介条件是指当采取相关行动的时候，会产生促进或阻碍作用的条件，在A8大学有:①对麦可思评价不高;②现实工作多;③教务处有亲民项目报告;④老领导重视项目作用;⑤研究素养:质疑任何报告;⑥不会使用统计软件;等等。她的行为主要是将报告提交给校领导和部门领导,结果可想而知。

(2)A6大学和A12大学分析。以原"985工程"院校A6大学和地方本科院校A12大学为例。两所大学资料的因果条件均为相同的两项,即行政权威和院校需求。在脉络方面,A6大学在提供数据、完成任务和团队建设(下文简称"团建")方面弱,A12大学也是团建弱,但领导安排A12M1这位专业人士负责项目。其实A6M1作为副研究员,在这一点上也较为相似。在中介条件方面,A6大学有:①调研项目多:教育部调查;②大数据中心建立;③学校系统性、复杂性;④人员流动快;⑤研究素养:习惯性质疑主观调研数据。这里研究素养对报告的使用有很大影响,A6M1一再强调,问卷测量的是主观调查数据,不如大数据中心的数据那么客观,加上抽样不如全样本,使得她对项目结果持质疑态度[①]。在行动方面,A6大学和A12大学的项目结果传播范围都比较窄,前者会在学工例会通报问题,或者在院校交流时呈现结果比较好的数据,而后者则基本未结合使用,偶尔会服务于学校的生存性决策。在结果方面,两所大学均表示效果不太明显,但A6M1和A12M1表示个体在学术上或专业上有所受益,并且A12大学校领导已经能够主动要来数据掌握校情。可以发现,通过A-F的逻辑分析,个体层面的需求开始浮现,即在专业上有所求,A6M1和A12M1都提到专业上受益的事情,尤其是A12M1表达希望明德项目组能够建立学术小组,请项目组专家带着院校项目负责人做研究[②]。

(3)A1大学分析。如果说A8大学在A8M2负责期间,人际的重要性决定了该学校继续参加项目,即发生在参与阶段(Time 1),那么在A1大学,人际的重要性就体现在项目结果使用阶段(Time 2),但我不能说它是唯一决定因素。在A1大学,参与项目的动力在于行政权威和学术权威,以及院校需求。该校的团建比一般院校要好,三名成员至少有一名能够保持稳定性,在执行方面也是"比较听话"[③]。在中介条件方面,宏观的有:①地方教育主管部门重视学业辅导;②本科教育大会;③"三全育人";④项目非唯一性(重视亲民项目、本土项目),报告变多;⑤"制度尴尬";⑥部门协调

---

① 来源:2018年9月25日与A6M1老师的面对面访谈。
② 来源:2018年11月21日与A12M1老师的面对面访谈。
③ 来源:2018年9月20日与A1P1老师的面对面访谈。

性差;等等。而微观的则是某院系层面分管领导的求学背景和明德项目组前成员的身份。在行动方面,A1大学对项目的运用有一个"失宠"的过程,传播范围是分管校领导和学工系统,但在全校范围内仅有2012年是通过全校OA发布报告。项目负责人认为,项目对工作有指导作用,但未出现期待中的作用。然而,可能他并未意识到,2012年的那次全校分享,却带来S1学院学生工作改革的重大契机。A1S1L老师将项目结果在党政联席会和全院教师大会分享的结果直接导致了天翻地覆的变化:制度层次要么是重大变革,要么是创建新的制度;该老师经过访谈,能够感觉到学生提升明显;学工地位也发生了明显变化,从在党政联席会上不讨论到经常讨论;个体工作水平提高,有了分析框架①。而这发生的条件是,A1S1L老师的背景起了关键性的作用。

　　"我之所以对这个报告会很重视,(是因为我)在那儿上过研究生,而且做过这个报告。这个报告很有意义。"②

　　"因为我懂这个报告,有的人不懂。"③

因此,我们会发现,是A1S1L的人际关系和个体发展的需求扮演了动力的角色,促进了项目结果使用达到淋漓尽致的效果。在A1大学,在明德项目于学校层面重要性不断弱化的背景之下,也就是在行政权威、院校需求无法抵达二级学院的时候,该学院依然能够取得积极的成效,这种丢铜板的分析方法更加凸显出人际关系和个体发展需求的重要性。这里的个体发展不仅仅是个体工作所需,也包括专业性的实现。

　　(4) A2大学分析。尽管A2大学参与项目的因果条件是学术权威和院校的长远需求,但行政权威是客观存在的。该项目在A2大学的地位很显然要比其他院校更高些,已经内化为校本调研的一部分,是"固定工作",是"工作格局的一部分"。在中介条件方面,部门的研究氛围、职能调整以及项目负责人的特殊身份(明德项目组前成员、项目组负责人的学生)对于项目结果的运用都有一定的优势,项目结果传播范围相对更广,除了对上汇报、向下传达,还能横向与兄弟部门分享。尽管A2M1老师认为很难评估项目对教育教学的影响,但可以确定的是项目促进了学工处和教务处的联动,改变了教师对学生的认知。该样本的A-F分析同样还原了项目结果使

---

① 来源:2018年7月10日与A1S1L老师的面对面访谈。
② 来源:2018年7月10日与A1S1L老师的面对面访谈。
③ 来源:2018年8月25日与A1S1L1老师的面对面非正式交流。

用期间的动力组合。从人际角度来看，A2M1老师与项目的缘分很深，这种"缘"来自师生关系和项目初创期并肩作战经历（"战友"）。而该老师执着于推进大学生成长发展报告，并且愿意用假期来继续推进该工作①，不只是因为要展现部门的工作，而且因为这些工作将直接关系到学生对自我的认知与定位。因此说，项目结果使用的动力来自人际和专业性自我实现的需求。也就是说，项目影响院校的本科教育质量的动力涉及权威、需求和人际三个方面。

（5）A5大学分析。此处不再详细分析A5大学的样本资料。该大学与其他大学最大的差异在于，它更看重在明德项目量表基础上的本土化项目作用的发挥，在参与项目方面，动力来自权威和需求，而对于本土项目的设计和结果使用与部门领导人在加利福尼亚大学洛杉矶分校（UCLA）考察之行后的要求有很大的关系。也就是说，在项目结果使用方面，行政权威的表现形式不只是地方教育主管部门的重视，也与部门领导的重视程度直接有关。那么中观层面的行政权威是明德项目影响院校本科教育质量的动力的一种吗？不是，因为这种动力不是项目本身产生的，而是部门领导国外考察经历产生的，两者的主体不一样。我会在讨论部分分析中观层次的领导重视的本质是什么。

我们会发现A-F能够将这些院校参与明德项目相关的类属很好地串联起来。现象是一样的，即院校参与明德项目，但因果条件、脉络、中介条件和行动有所差异，最后也展现出不同的结果。通过A-F分析，本研究对1.0版本的动力理论进行修订，形成2.0版本（见表6-5）：一是增加了Time 2的时间维度，即关注到项目结果使用阶段；二是在动力的属性上增加了需求Ⅱ，体现在个体需要上；三是在人际关系属性上，在Time 2发现，微观和中观的人际关系对于项目结果的使用也很关键。这里重点谈第二点和第三点，尤以第二点为重点。

个体需求（需求Ⅱ）是新发现的动力属性。如前文所述，按照马斯洛的分类，个体需求可分为匮乏性需求和成长性需求。匮乏性需求（安全、归属、爱的关系和自尊的需要）只能是完全由他人给予满足，意味着在很大程度上对于环境的依赖，处于这样依赖地位的人不可能真正掌握自己的命运，或控制自己的命运，是"他人导向"；相反，追求成长性需求的人，即基本需求得到满足的自我实现的个体，却更少有依赖性，更少受控制，有更多自

---

① 来源：2018年12月24日与A2M1老师的网络非正式交流。

主和自我导向(马斯洛,1987:243-245)。

表6-5 明德项目影响院校的动力类属四个属性分类列表

动力类属的属性	维度	Time 1	维度	Time 2
1.权威	行政权威	是	行政权威	是
	行政权威—学术权威		行政权威—学术权威	
2.需求Ⅰ	院校长期需求	是	院校长期需求	是
	院校短期需求		院校短期需求	
3.需求Ⅱ	—	—	个体专业性匮乏性需求	是
			个体专业性成长性需求	
4.人际关系	亲密	是	亲密	是
	疏远		疏远	

注:Time 1表示院校参与项目阶段,Time 2表示院校使用项目结果阶段。

自我实现指"人对于自我发挥和自我完成(self-fulfillment)的欲望,也就是一种使人的潜力得以实现的倾向。这种倾向可以说成是一个越来越成为独特的那个人,成为他所能够成为的一切"(马斯洛,1987:29)。我这里着重强调的是专业性上的发展需求维度分类。这两种需求——匮乏性需求和成长性需求,明德项目都能满足。前者是指项目组给予个体的数据统计方面的培训。在访谈中,很多人表示,明德项目组安排的数据统计方面的培训让他们很受益[①][②],或者新的项目负责人对此也很向往[③],又或者资深项目负责人谈到使用项目结果能促进论文发表、课题研究[④]。然而,这些匮乏性的需求主要偏向于工具性的,也就是说,这些需求的满足只能代表项目结果使用的可能性。"一个作曲家必须作曲,一位画家必须绘画,一位诗人必须写诗,否则他始终无法安静。"(马斯洛,1987:20)那么一个在知名学府受过正规学术训练的人,在数据统计上有一定造诣或理解力的人,面对科学的评估项目结果的时候,他也难以无动于衷。很少有人像A2M1老师一样重视在专业性上专注于项目结果数据的运用,其"伟大的设想"——大学生成长发

---

① 来源:2018年9月25日与A6M1老师的面对面访谈。
② 来源:2018年10月25日与A10M1老师的面对面访谈。
③ 来源:2018年11月21日与A5P1老师的面对面访谈。
④ 来源:2018年11月21日与A12M1老师的面对面访谈,2018年10月25日与A10M1老师的面对面访谈,2018年12月27日与A10P1老师的面对面访谈,2018年12月29日与A1M1老师的面对面访谈等。

展报告在稳步推行中,已经超越一般的常规行政工作。这个计划的实现,将会帮助每一位受测者进行自我定位、自我反思,对学生的教育增值有更直接的帮助,即便是国际上的四大评估项目也不是每个都可以做得到。正如前文所述,澳大利亚学者曾经比较本土的AMAC和国际的AHELO两个评估项目运行成败经验,前者的成功之处在于能够给予学生结果反馈,帮助他们了解个体的医疗素养和用人单位要求的差距。"人的匮乏性需求越强,专注于外界而不是专注于自我意识,自我中心和满足定向的能力就变得越困难;人越是受成长性动机促动,他就越是以问题为中心,并且就越能在对待客观世界时把自我意识置于一旁。"(马斯洛,1987:247-248)这里也可以看出,处于匮乏性需求的人专业性能力偏弱或一般,而追求成长性需求的人往往专业性能力较强,且倾向于用专业发展的实现促进院校发展。的确,在那些执着于匮乏性需求的院校,项目结果使用绝大多数处于浅度影响。只有当项目负责人处于成长性需求的状态,结合儒家提倡的奉献社会的文化(向外求),个体需求(目标)和组织需求(目标)才能真正起到露丝·苯尼迪克特(Benedict)和马斯洛所谓的"协同作用"[①](synergy)。

人际关系作为第三个动力属性,在开放性编码阶段初步出现在院校参与项目阶段(Time 1)(如A8M2),而在主轴编码阶段A-F分析的过程中,A2大学和A1大学(S1学院)推动项目结果使用(Time 2)的方式和结果使用后取得的效果令人印象深刻。前者正在力推处于国际前沿的学生反馈一项,促进了部门之间的联动,颠覆老师对学生的认知等,后者更是引起了学院关于建立高质量的师生关系的制度变革。这两个案例的共同特点在于,项目结果使用的推行者均是明德项目组的原成员兼校友关系,这种缘分在中国人际关系中具有"宿命论"的成分。

同样,尽管明德项目在A4大学并未被重视,但由于A4P1是明德项目所在单位的毕业生,其所在部门依靠这种"因缘巧合"[②],邀请项目负责人提供定制服务,促成本土化项目测评工具的诞生,并且推行了完善的五阶段四年跟踪调查计划,而本土化项目测评工具的修订实际上就是在明德项目量表基础上增加有关院校特色项目的测评。这样的客观事实为人际关系

[①] 协同作用的概念是露丝·苯尼迪克特于1941年在一份未发表的演讲稿中首次提出的,其原意指在某种文化氛围内,合作不仅能够得到回报,并且能够使全体成员受益。后来,通过马斯洛的阐述,它逐渐成了管理甚至日常用语的一部分。详见爱德华·霍夫曼(2013)《马斯洛传:人的权利的沉思》第217页。

[②] 来源:2018年12月30日与A4M1老师的面对面访谈。

成为项目的动力属性增加了更有力的证据。当然,我不是说人际关系是导致A2和A1大学(S1学院)获得深度效果的唯一动力。借助于扎根理论常用的比较法,特别是连续比较法(林小英,2015),一些院校和A2大学有着相同的组织层面的权威和需求动力,以及个体层面的专业需求类别相似的情况下,能够解释A2M1的动力落在人际关系的亲密可能性更大。为何不可说是唯一动力?因为有可能是人际关系和A2M1个人专业发展的成长性需求的结合形成混合动力。如果专业上处于匮乏性需求,则会存在"技术壁垒"①,即使有亲密的人际关系,也往往是有心无力。

三、选择性编码:3.0动力理论

如前文所述,选择性编码的任务是寻找核心类属,路径是撰写故事线(story line),重点是把现象中的核心部分的故事予以概念化(Strauss et al.,1997:133-136)。我尝试撰写的故事线如下:

院校参加明德项目的动力,在院校层面上有地方教育主管部门发文(行政权威)或对课题组的学术能力的信任(学术权威),或者两者兼而有之;有院校发展需求;有时也有项目负责人或参与者甚至高层决策者的人际关系缘故。在不同的院校,有的靠项目负责人,有的靠团队来推动项目的运行,将项目定位为配合工作或者内化为校本项目的一部分。当项目结果出炉之后,不同院校会采取不同的行动来对待,一般会有一系列条件阻碍或促进项目的结果使用,这些条件可以是宏观层面的审核评估、本科教育大会、"三全育人"等制度环境;或者是中观层面的学校重视新生工作,部门职能调整,建立有关学生发展的新部门,频繁的人员调动;也可以是微观层面的项目负责人、参与者或者相关人员的求学背景和学术训练(或学术素养),以及他们与项目负责人、项目组的关系等。这些条件中,有的可能是隐藏在背后的动力,如人际关系、专业性的成长性需求(即自我实现)。不同院校对于项目结果的传播和使用都呈现不同面向,有的院校仅是向上汇报和在学工系统内部共享,也有少数院校力求做到向上汇报、向下传达和横向传播。在结果使用方面,有的服务于内部的学校、学院的重大决策,或者仅是掌握学情,有的还会应用在外部的院校交流。在不同的动力组合、不同的运行机制、不同层面的制度环境、不同背景的实施者、不同的行动模式的综合作用下,结果也在不同面向和程度上呈现,有的是效果很小

---

① 来源:2018年12月27日与A10P1老师的面对面访谈。

或不明显,有的是组织层面有了制度的变化,有的是个体有所受益。

核心类属是我们所研究现象的恒星,它应与其他行星彼此间呈有系统及秩序的关系(Strauss et al.,1997:143)。也有一种形象比喻是"房子",即核心类属不是A-F的任何一个类属,而是研究者根据理论敏感度提炼一个更加上位的类属,将其他支援类属包含在内①。这里的核心类属属于两者的综合体。如要寻找核心类属的话(见表6-4),我们发现几乎都可以用动力来主导每一个次要类属,只是在不同的样本资料构成不一样,如A8大学(M1)是单因素动力即行政权威,但这是很少的;更多的至少是二元驱动力,如A6大学和A12是行政权威和院校需求,A1大学和A5大学也是二元驱动力,前者是双权威和人际,后者是双权威和院校需求;而A2大学是多元动力,包括权威、需求、人际,权威包括行政权威和学术权威,需求是个体专业性自我实现,人际处于亲密的维度。根据以上思路,所有样本资料的核心类属可总体概括为"复合型动力"。

核心类属是复合型动力,根据上述的A-F和故事线,我们发现核心类属动力有静态和动态属性需要考虑。静态属性有两个:一是院校参与项目(Time 1)和项目结果使用(Time 2),下一步分析会将二者结合;一是凸显出项目的影响主体是院校和个体。而复合型动力的动态属性包括三个:权威、需求和人际关系。根据每个属性的维度,融合两个静态属性,形成如下型态(见表6-6),在组织层面,表现为权威和需求Ⅰ,在个体层面则为需求Ⅱ和人际关系。组织层面和个体层面组合起来,成为复合型动力理论模型(compound dynamics theory,CDT)②的雏形。

表6-6 复合型动力理论模型的属性分布列表

复合型动力模型属性		组织层面	个体层面
1.权威(authority)		行政权威	
		双权威(行政权威—学术权威)	
2.需求(needs)	需求Ⅰ:院校发展需求	长期需求	

---

① 房子的比喻是比较中国本土化的,其确切来源很难考证,北大陈向明教授在课堂上提到,北京教科院的王富伟博士曾经提到这个说法,但后者澄清是在某个工作坊中听一个老师提起过。

② compound可以用作名词、形容词和动词,其中,作形容词时的意思是"复合",由两个或多个部分组成(formed of two or more parts)。详见Pearsall等(2007)《新牛津英汉双解大词典》第337页。

续表

复合型动力模型属性	组织层面	个体层面
需求Ⅱ:个体专业发展需求	短期需求	
		匮乏性需求
		成长性需求
3.人际关系(personal relationship)		亲密
		疏远

首先,将院校的动力组合类型分为四种(见表6-7),分别为行政权威—长期需求(甲)、行政权威—短期需求(乙)、双权威—短期需求(丙)和双权威—长期需求(丁)。四种类型形成四个象限,根据权威和需求的组合形式,我分别命名为"表演派""保守派""传统派"和"稳健派"。众所周知,在所有的组织中,大学被认为是最有惰性的,也可以用组织惯性来预测其行为。"组织惯性描述的是一种沿袭以往行为模式的组织趋势,指的是由于时间及经验的累积,组织经常偏好于过去的思维习惯和行为方式,采取稳定的运作方式,以至于呈现出一种不易随着环境变迁而作适时调整的现象,在外表现出一种'保守''怠慢'与'迟缓'的作风,甚至出现抗拒变革的情况。"(郑丽娜 等,2007)一个院校参与项目是因为地方教育主管部门要求,在院校发展需求上往往没有意识到或只专注于短期需求,这种动力组合可以称为"保守派"。同样,组织在权威维度上是行政权威,容易将参与项目作为一项任务①②完成,其实很难真的意识到院校发展的长期需求(与区域或全国的常模进行横向比较或纵向比较),因为这里的长期需求和专业上的理解是直接关联的,如果意识到长期需求,往往意味着在权威维度上除了行政权威还有学术权威。因此,我认为即使这些院校可能存在,也是口号上喊得很响而行动上很少,故称为"表演派"。而"传统派"相比较前两种类型而言,优点在于其权威属性上多了学术权威,而"稳健派"又比"传统派"更进步的一点在于,不仅是双权威,还能意识到院校参与项目和使用项目结果是因为考虑到院校的长期需求。

---

① 来源:2018年10月25日与A10M1老师的面对面访谈。
② 来源:2018年10月9日与A8M2老师的面对面访谈。

表6-7 明德项目影响院校组织层面的动力属性及维度分布列表

权威	需求I	
	短期需求	长期需求
行政权威	第二象限:保守派 行政权威—短期需求(乙)	第一象限:表演派 行政权威—长期需求(甲)
双权威 (行政权威—学术权威)	第三象限:传统派 双权威—短期需求(丙)	第四象限:稳健派 双权威—长期需求(丁)

进一步地,个体动力组合可以分为四种(见表6-8)。如果将院校的动力组合分为四个象限,每个象限均有四种个体的动力组合,共计16种(见表6-9)。我尝试将现有的案例院校归入不同的动力组合。

表6-8 明德项目影响院校个体层面的动力属性及维度分布列表

需求II	人际关系	
	亲密关系	疏远关系
匮乏性需求	1.匮乏性需求—亲密关系	2.匮乏性需求—疏远关系
成长性需求	3.成长性需求—亲密关系	4.成长性需求—疏远关系

表6-9 明德项目影响院校的动力的属性、维度分布列表

第二象限:保守派 行政权威—短期需求(乙) 1.匮乏性需求—亲密关系(A8^{M2}) 2.匮乏性需求—疏远关系(A6,A8^{M1},A11,A12) 3.成长性需求—亲密关系 4.成长性需求—疏远关系	第一象限:表演派 行政权威—长期需求(甲) 1.匮乏性需求—亲密关系 2.匮乏性需求—疏远关系 3.成长性需求—亲密关系 4.成长性需求—疏远关系
第三象限:传统派 双权威—短期需求(丙) 1.匮乏性需求—亲密关系(A4) 2.匮乏性需求—疏远关系(A5,A7,A9,A10) 3.成长性需求—亲密关系 4.成长性需求—疏远关系(A15)	第四象限:稳健派 双权威—长期需求(丁) 1.匮乏性需求—亲密关系 2.匮乏性需求—疏远关系(A3,A13) 3.成长性需求—亲密关系(A2) 4.成长性需求—疏远关系

注:(1)每个院校的动力组合会随着时间推移而发生变化,可能朝着更好的方向,也可朝着更差的方向。
(2)这里成长性需求的主体仅讨论项目负责人。而人际关系可以是项目负责人、参与者或者分管部门、校级领导。(3)A14大学从负责人需求来说,是匮乏性需求,关系是疏远关系,但是院校项目负责人直接邀请项目负责人帮他们在明德项目量表基础上设计本土项目问卷,在匮乏性需求和成长性需求之间寻求了解决之道,也许可以称为"类成长性需求"。由于A14的特殊性,不对它进行归类。

结合第五章明德项目对样本院校本科教育质量影响程度的初步评估结果(浅度、中度和深度),以及该章的分析结果,尝试形成如下主要命题:

(1)当院校组织层面动力组合是"行政权威—短期/长期需求"[①]的时候,如果项目负责人即个体专业性发展处于匮乏性需求状态,不管人际关系如何,项目产生的影响很可能处于浅度[②],如A6、A8^{M1}、A11、A12等大学。

(2)当院校组织层面动力组合是"行政权威—短期/长期需求"的时候,如果个体专业性发展处于成长性需求状态,不论人际关系亲疏,结果看起来不可预知。然而考虑到中国儒家文化下的专业实现(学术)往往带有外向性,即通过对国家和社会的贡献(国家治理)来实现个体价值(查强 等,2017),所以如果项目负责人处于成长性需求,明德项目影响很有可能处于中度,属于"野蛮成长"。

(3)当院校组织层面动力组合是"双权威—短期需求"的时候,如果个体专业性发展处于匮乏性需求状态,不论人际关系亲疏,项目产生的影响很可能倾向于浅度,如A4、A5、A7、A10等大学。

(4)当院校组织层面动力组合是"双权威—短期需求"的时候,如果个体专业性发展处于成长性需求状态,不论人际关系亲疏,项目影响可能倾向于中度。

(5)当院校组织层面动力组合是"双权威—长期需求"的时候,如果个体专业性发展处于成长性需求状态、人际关系处于亲密的状态,项目产生的影响往往是深度,如A2大学;如果人际关系疏远,项目影响也极有可能是深度。

(6)当院校组织层面动力组合是"双权威—长期需求"的时候,如果个体专业性发展处于匮乏性需求状态,即便人际是疏远关系,项目产生的影响至少是中度,如A3大学、A13大学。也就是说,院校动力组合处于"双权威—长期需求"是关键,项目负责人处于匮乏性需求状态即可。

结合上述几个命题,我们用示意图6-1进一步呈现研究结果,将框架分为三个层次:第一层是影响程度的分类,即浅度影响—中度影响—深度影

[①] 当院校组织层面动力组合是"行政权威—长期需求"的时候,往往院校不太容易真的关注到长期需求,因为行政权威意味着院校将参与项目当作一项任务去完成。如果他们声称长期需求,从应然层面来说,说明他们信任项目组的专业性,那么在权威的维度上,应该是"双权威",因此这中间多少带有表演的成分。那么,我们完全有理由推断,该序列的院校在项目影响上与"行政权威—短期需求"相似。

[②] 不过,人际亲密有可能会保证院校不会退出明德项目,如A8M2老师发挥的作用。

响(或初级阶段—中级阶段—高级阶段);第二层是组织层面的动力组合;第三层是个体层面的动力组合。考虑到该动力系统包括16种组织和个体层面的动力组合,这些动力组合内部和动力组合之间的互动,可以引入热力学、物理化学领域的"多相系统"①(heterogeneous system)的概念,以尝试更好地诠释复合型动力理论的全貌。"在一系统中,若任一部分都有相同的物理性质和化学性质,则该系统成为均匀系统,此均匀部分称为相(phase);若系统是由两个以上的均匀部分组成的,则该系统称为不均匀系统或多相系统。"(孙世刚,2008)多相系统因为同时存在两个或两个以上的相态,所以"在发生化学反应的同时,必然伴随着相间和相内的传递现象,主要是质量传递和热量传递"(李绍芬,2000)。借用相的概念指代动力要

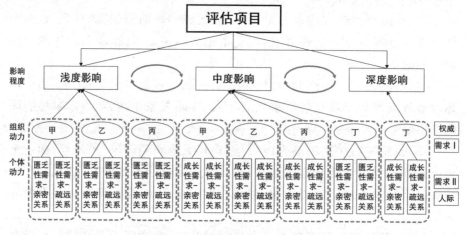

图6-1 明德项目对院校本科教育质量影响的动力示意图②

注:(1)第一层次表示项目影响程度:浅度、中度和深度。(2)第二层次是组织层面的动力组合"权威—需求Ⅰ"。权威分为行政权威和双权威(即行政权威—学术权威),需求Ⅰ分为院校发展的长期需求和短期需求。甲、乙、丙、丁分别为:行政权威—长期需求,行政权威—短期需求,双权威—短期需求,双权威—长期需求。(3)第三层次是个体层面的动力组合"需求Ⅱ—人际关系"。需求Ⅱ分为匮乏性需求和成长性需求,人际关系分为亲密关系和疏远关系。需求Ⅱ和人际形成四种动力组合。(4)双向箭头表示影响程度可随着动力组合变化而变化,如时间是重要变量。

---

① 又译为"非均向系统""复相系统",详见《化工化工大辞典》编委会(2003)《化工化工大辞典》第645页。同时,笔者专门请教了中山大学物理学院的汤亦蕾副教授,确保该术语使用的正确性和恰当性。
② 此图表达方式灵感来源于 Onwuegbuzie and Hitchcock (2017), *A meta-framework for Conducting Mixed Methods Impact Evaluations: Implications for Altering Practice and the Teaching of Evaluation*。

素;相间和相内的传递现象,恰好可以借来形象地描述组织层面和个体层面的动力因素彼此之间的多向、反复的互动场景;上文的"化学反应"类比"产生效果"之意。故最后可以将本研究生成的动力理论正式命名为"多相复合型动力理论"(heterogeneous dynamics theory,HDT)①,也就是本研究的"3.0动力理论"。

综合以上结论,如果明德项目要对院校产生中度影响,从院校层面来说,双权威是基本前提,故对于省内院校来说,就需要学术权威。①如果院校只是关注短期需求,如服务院校重大决策I,项目要发挥较为积极的影响,需要依赖项目负责人是专家式的人物,他们借着"自我实现之光"(霍夫曼,2013:117),将结果的运用当作自己的使命和义务,有专业实现的使命感。②如果院校关注到长期需求,如充分了解横向、纵向比较对于一个院校的发展的重要性,并且将结果充分运用到促进学校发展、学生教育增值上面,那么项目负责人专业性发展上具有匮乏性需求即可,项目影响院校本科教育质量也可以达到中度。如果项目影响想达到深度,则项目负责人处于成长性需求状态和人际关系为亲密状态的动力组合是有效的,但亲密关系在其中有多大的作用,有待进一步探讨。换言之,本研究凸显了组织层面至少有学术权威和需求的动力,个体层面专业性发展的匮乏性需求和成长性需求都是重要的动力,尤其是后者,往往可以"力挽狂澜",而人际作为动力要素可以起到保证院校参与明德项目的兜底作用,而在项目结果使用方面很可能是锦上添花地打破天花板效应(ceiling effect)的作用。

第三节 结论与讨论

一、研究结论

研究初步得出结论:明德项目影响院校本科教育质量的多相复合型动力理论模型由权威、需求、人际三大动力构成,包括院校组织层面和个体层面,涵盖项目参与阶段(Time 1)和项目结果使用阶段(Time 2)。在组织层面有权威、需求两大动力,权威分为行政权威和学术权威,可分别对应于马克斯·韦伯统治类型的理性型统治和魅力型统治(或卡里斯马型统治),其具体维度为行政权威—双权威;需求I分为院校长期发展需求和短期发展需求,动力组合具体分为"行政权威—长期需求"(表演派)、"行政权威—短

---

① heterogeneous本身亦有"复合"之意,故不再增加一个英文单词专门表示复合。

期需求"(保守派)、"双权威—短期需求"(传统派)和"双权威—长期需求"(稳健派)四种类型。在个体层面有需求Ⅱ、人际两大动力,个体专业发展的需求按照马斯洛的需求层次理论可以分为匮乏性需求和成长性需求,人际关系偏向于中国情境,分为亲密关系和疏远关系,可以形成四种类型:匮乏性需求—亲密关系、匮乏性需求—疏远关系、成长性需求—亲密关系和成长性需求—疏远关系。组织层面和个体层面的动力组合共形成16种组合,这些组合是动态的,可能发生变化的。结合项目影响院校的程度,进一步形成六个命题。

二、讨论

(一)动力理论适合其他类似的项目吗?

按照扎根理论的范式,一个理论生成之后需要关注其可以解释的情境。一般而言,这项工作可以在另一个研究中实施,不过由于本研究有丰富的数据,即包括亲民项目和至善项目两个情境,故可以进一步检验多相复合型动力理论对于这两个情境是否具有解释力。

(1)权威。本研究的权威分为行政权威和学术权威,但由于新省省内院校面对的行政权威是既定的,故在生成理论的时候,将权威分为行政权威和双权威。对于当前国内五大项目中的亲民项目(本土项目)和至善项目(国际性项目)而言,它们和明德项目的省外院校一样,没有行政权威,应该对应于学术权威,其维度可以分为强—弱。像亲民项目负责人也为其项目运行十年未使用行政权威而感到自豪[①]。不过,这些都可能发生变化,因为据参与至善项目的其中一位院校项目负责人所言,其已经加入国家层次的审核教学评估方案咨询组,拟提出像美国一样,在学生学习成效模块,明确要求选择国内已有的评估项目作为数据支撑[②]。如果他的咨询建议被接受,中国院校参与项目将普遍面临行政权威,和新省地区类似。行政权威往往能保证参与项目的院校数量,但院校对于项目的结果使用根本还取决于院校的需求。

(2)需求。组织层面,需求Ⅰ分为院校发展长期需求和短期需求。所谓长期需求最重要的是可以和同类院校形成横向比较,为自身寻找更科学的定位;院校自身可以从历史的维度进行纵向比较,监测各项指标的变化。

---

① 来源:2019年1月10日亲民项目年会的现场观察。
② 来源:2018年6月23日与C2M1老师的面对面访谈。

而短期需求,往往服务于为内外部的重大决策,为其提供参考,如"双一流"建设调研、审核评估,或者仅仅是掌握学情。亲民项目也有类似的需求,诸如与常模比较的长期需求均得到参与院校的认可[①]。就像我在前文统计的一样,亲民项目的结果也会被一些学校选择作为教育部审核评估的支撑资料[②]。更为极端的是,个别院校参加完审核评估后,立即退出联盟。或者一些院校津津乐道其依靠亲民项目的数据获得重大课题、国家级教学成果奖[③④]。我在亲民项目年会会议上碰到某地方本科大学的高教所所长,在为学校的"十四五"规划寻找权威的数据支撑。中国研究型大学参与至善项目也能满足院校类似的长期需求和短期需求[⑤⑥],在此不再赘述。

个体方面,重点关注专业性发展层面的匮乏性需求和成长性需求。实际上,明德项目和亲民项目、至善项目由于负责部门不同,运行各有利弊(见表6-10)。

表6-10 中国三大大学生学习评估项目特点比较

项目名称	负责部门	问卷执行效率	专业性
明德项目	学工部(新省省内地区)	较高	较弱
亲民项目	教务处或高教所	一般	一般或尚可
至善项目	教育学科二级单位或高教所+教务处合作	尚可	较强

明德项目由学工部门负责,可以保证问卷的发放和回收的数量和质量,而亲民项目是教务处或高教所来负责,问卷的发放和回收情况就会受到影响,特别是如果由高教所负责,则会遇到更大的困难,有时会给项目负责人带来习惯性焦虑[⑦];倒是至善项目由于采取"教务处+专业部门"合作运行的方式,C1和C2两所大学这方面情况尚好[⑧⑨]。实际上,院校项目负责部门的专业性直接影响到项目结果数据的深度挖掘和解读,对于项目结

---

① 来源:2019年1月10日亲民项目年会的现场观察。
② 如同时选择明德项目、亲民项目的A1大学。
③ 来源:2019年1月10日亲民项目年会的现场观察。
④ 来源:2018年10月10日与B1A5M1老师的面对面访谈。
⑤ 来源:2018年5月26日与C1M2老师的面对面访谈。
⑥ 来源:2018年6月23日与C2M1老师的面对面访谈。
⑦ 来源:2018年10月10日与B1A5M1老师的面对面访谈。
⑧ 来源:2018年5月26日与C1M2老师的面对面访谈。
⑨ 来源:2018年6月23日与C2M1老师的面对面访谈。

果的使用也是重要的影响变量。相比较而言,这三个项目的联盟院校的项目负责人的专业性程度,明德项目(对于省内院校而言)是较差的,亲民项目则取决于负责部门是教务处还是高教所,或者教务处下面是否有专业机构(如高教所或教师发展中心)挂靠。调查发现,亲民项目考虑到教务处是行政部门,数据分析的专业能力不够,依然准备数据统计的专业培训,时间为一个晚上①。明德项目面临的形势更加严峻,往往会安排一天半的时间进行培训②。至善项目在中国的联盟高校内部几乎没有此类专业性问题。应该说,明德项目和亲民项目通过专业性的培训来满足项目负责人或参与者的匮乏性需求,一定程度上提升了院校参与项目的积极性和使用项目结果的可能性。而成长性需求一般是针对原本专业能力就比较强的项目负责人,类似于至善项目的项目负责人,这在明德项目和亲民项目中的比例并不高。

不过,根据受访者的反映,数据统计的培训效果是很难保证的,仅有 A10M1、A10P1 和 A6M1 表示从培训中受益,其他人则对此表示悲观(A8M2),甚至选择自我放弃(A8M1)。因此,个体专业性发展的匮乏性需求比较强烈。这对于亲民项目也是成立的,个体专业性发展需求也可以分为匮乏性需求和成长性需求。在2019年亲民项目年会上,专业性发展的匮乏性需求从项目的数据统计培训现场积极操作和探讨③以及成功经验分享(如申请重大课题④)可以看出来。而成长性需求也是有的,如亲民项目结果在 A1 大学得到较好的运用,B2A1M1 老师在专业的自我实现上不遗余力,她追求的中立,某种程度上就是个体的自由,不受外部利益的牵扯:"如果觉得对学校和学生有利的,即使是这个部门不愿意做的话,我们来做就好了。"⑤从马斯洛的自我实现需求来看,自我实现的本质特征是人的潜力和创造力的发挥⑥。至善项目在满足个体需求方面,项目结果使用不只是提升了学术能力,而且在服务院校的方面效果比较明显,故更倾向于成长性需求。

(3)人际关系。对于明德项目而言,由于新省省内院校有地方教育主

---

① 来源:2019年1月9日亲民项目年会的现场观察。
② 来源:2019年2月21日与项目负责人AH1老师的面对面访谈。
③ 来源:2019年1月9日亲民项目年会的现场观察。
④ 来源:2019年1月10日亲民项目年会的现场观察。
⑤ 来源:2019年1月13日与B2A1M1老师的面对面访谈。
⑥ 详见许金声在马斯洛《动机与人格》(第三版)2007年中文版的前言第2页。

管部门发文,所以在院校是否参与项目的问题上,基本无须依靠亲密的人际关系,除了A8大学出现的意外被动退出事件体现出了人际关系的重要性。但对于省外院校来说,有些院校的参与就需要借助于人际关系的推动。亲密的人际关系来源是多元化的,例如A8M2、A1S1L和A2M1是明德项目初创时期的成员,他们的亲密关系可能来源于某种"创业情结"。在亲民项目上,吸引院校参与也是需要依赖人际关系的。A4大学参与亲民项目是因为该项目负责人的学生在该院校就职①,该毕业生也是亲民项目组的前成员,引起某种"创业情结",这种亲密关系与A8M2、A1S1L和A2M1是相似的。

与此同时,与明德项目类似的笃行项目的起步阶段,关于明德项目所在的大学的数据搜集就是通过人际关系来完成的②。在我的了解中,印第安纳大学NSSE项目③和至善项目④寻找其中国成员院校也是依靠人际关系实现的⑤,均非项目的负责人直接与中国学者对接。当院校发展对项目的需求不是很强烈,对学术权威感知情况不如理想那么好的时候,人际关系可能发挥的作用就很大。

因此,权威—需求—人际的多相复合型动力理论模型依然有一定的张力和解释力,只是在不同的情境下,在各个动力属性维度上要做具体的调整,比如,对于亲民项目和至善项目的中国联盟学校而言,权威的维度是学术权威的强弱之分,而组织和个体的需求分类是相似的,人际关系也有亲密和疏远之分。如果我们进一步将,明德项目与美国、英国、澳大利亚的主流学习评估项目如NSSE、NSS和CEQ等项目影响的动力相比,最大的区别在于,国际评估项目的动力主要集中在组织层面的权威⑥和需求I(比如澳大利亚依据CEQ结果决定拨款,即属于行政权威,需求更多的是集中在组织

---

① 2018年12月30日与A4M1老师的面对面访谈。
② 来源:2017年11月13日与AT2老师的面对面非正式交流。
③ 来源:2018年5月27日与BH1老师的面对面访谈。
④ 来源:2018年6月20日与C1M1老师的面对面非正式交流。
⑤ 即使是明德项目,也有项目所在单位专家在课堂上说,如果教育博士成员多一些的话,每年参与明德项目的院校就有可能增多。此话有一定的道理。因为尽管地方教育主管部门有红头文件,但是依然有少量院校不参加项目测评,或者断断续续地参与。项目档案上的院校参加情况也可以为人际作为动力的属性之一提供证据。
⑥ 美国的院校认证和专业认证是由行业协会组织的,这些认证需要类似NSSE、SERU来作为学习成效的证据,本质来说依然是专业权威(或学术权威)。

层面)①,而个体层面的人际关系和专业性发展需求可能是中国特色(见表6-11)。对照中层理论的界定,基本超越了实质理论而有逐渐走向形式理论的潜力,因为其解释力不只是针对明德项目,也适于亲民项目和至善项目,甚至做一定的调整后依然可以解释国外的类似的成熟项目。至于与现有的动力学理论的互动,限于篇幅,我将在第八章结论与讨论部分详细展开。

表6-11 中国明德项目和国际主流项目的影响院校本科教育质量的动力比较

项目名称	组织层面		个体层面	
	权威	需求Ⅰ	需求Ⅱ	人际关系
中国明德项目	行政权威—双权威(省内院校) 学术权威强—弱(省外院校)	院校发展长期需求—短期需求	专业性发展匮乏性求—成长性需求	亲密关系—疏远关系
美国NSSE	学术权威强—弱	院校发展长期需求—短期需求		
英国NSS	行政权威—双权威	院校发展长期需求—短期需求		
澳大利亚CEQ	行政权威—双权威	院校发展长期需求—短期需求		

注:双权威指"行政权威+学术权威"。

(二)是否存在一个"超立方体"动力模型?

一个类似明德项目的评估项目,要研究其对本科教育质量的影响,动力不能解释所有的影响程度,因为影响因素是很多的,有时会和动力因素相同,有时又不太一样。比如,在访谈中,很多院校项目负责人或参与者坦白或含蓄地指明项目作用发挥不够在于中层领导的不重视②,就是马斯洛所谓的"高级牢骚"(非针对自我实现的超级牢骚)(马斯洛,1987:168-169)。下面的一个小统计发现,在项目产生中度或深度影响的院校中,确实有院校中层领导很重视,但多数院校为一般(见表6-12)。这个该如何解释呢?中观层次的行政权威是必要的吗?

---

① 我并不是说在美国、英国、澳大利亚推行评估项目的时候不需要人际关系,但未见有相关研究表明,在国际主流的评估项目中,人际关系会成为项目影响院校的动力,影响一个院校参与这个项目或者项目结果使用需要人际关系的推动。有关国外如美国是否"搞关系""面子"等,在社会学领域也有讨论,详见翟学伟(2018)《社会学本土化是个伪命题吗?——与谢宇商榷》。

② 如A6M1、A8M2、A10P1、A12M1老师等。

表6-12 院校的中观层次行政权威强度和项目影响程度基本情况列表

序号	院校代码	中观层次行政权威强度	项目影响程度
1	A1	一般	深度
2	A2	强	深度
3	A3	一般或强	中度
4	A13	一般	中度
5	A15	一般	中度

我们可以用连续比较法来完成这个推理。C3大学即将退出至善项目,项目负责人明确表示,尽管他的直接领导重视,但分管校领导不再支持[①]。然而,同在SERU联盟院校的C2大学也暂停了至善项目,负责人告诉我,虽然学校领导支持,经费各方面没有问题,但他打算停下来挖掘数据,做一次系统的反思。其实问题出在至善项目能够提供的服务不再有"溢出效应",不能更好地满足他们的需求[②]。故中观层次的领导不重视项目,原因很可能在于校内项目负责人未能激起部门分管领导的需求,不管是短期需求还是长期需求。我们只做事实判断,不对需求的长期和短期做价值判断。也就是说,中观层面的行政权威很重要,但未必是核心要素,它有时是表象,真正的问题在于,项目不能满足中观层次的行政权威所有者的需求。那该层次的行政权威也很难成为动力,因为这个动力不是由项目带来的。而且从可操性来说,地方教育主管部门的发文对于中观层次的推动力亦是有限度的。

也许影响院校本科教育质量的动力不只是权威—需求—人际,但我们会发现这个多相复合型动力理论在马克斯·韦伯、马斯洛等学者的理论遗产的护佑下有一定的解释力。对于明德项目的省内院校来说,行政权威保证它们参与到评估项目中来(Time 1),而省外高校参与项目并无行政命令约束则说明权威的另一个维度——学术权威的影响存在的合理性。而需求对于院校发展和项目负责人或参与者个体来说会产生一些动力,在Time 1和Time 2两个阶段都有所体现,从而影响组织和个体的各方面提升。而人际关系既可以帮助明德项目或者类似项目吸引更多的院校加盟,也可以在项目结果使用的层面将影响程度从中度提升到深度。图6-1中的三个动力因素在组织和个体层面的组合,是一个平面的展现方式。如果我

---

① 来源:2018年11月16日与C3M1老师的面对面访谈。
② 来源:2018年6月23日与C2M1老师的面对面访谈。

们考虑院校在时间的连续体上的动力组合的变化①,在组织和个体层面都加入一个时间维度,那么平面的方式很难表达更加复杂的动力机制。就是说,组织层面的动力组合是一个三维的立方体,而个体层面的动力组合也是一个三维的立方体,两个立方体进行组合,外面的是组织层面的动力组合,里面的是个体层面的动力组合,就是四维几何界的权威Coxeter介绍的四维模型(周东清 等,1997)(见图6-2),在数学和物理学上有人称为"超立方体"(李科,2014)。这里的维度还可能超越四维。如果发现更多的动力因素,就可能只能放在比超立方体还要复杂多变的模型中了。

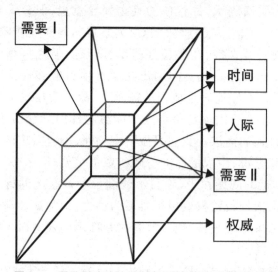

图6-2 项目影响院校的"超立方体"动力模型设想

注:外面的立方体指组织层面的动力组合加时间维度,里面的立方体指个体层面的动力组合加时间维度;需求Ⅰ指组织层面,需求Ⅱ指个体层面。

---

① 如A8大学在A8M1老师负责的2009—2015年动力组合是行政权威—短期需求—匮乏性需求—疏远关系,到了A8M2老师负责的2015—2018年动力组合则是行政权威—短期需求—匮乏性需求—亲密关系。

第七章 中国明德项目影响院校本科教育质量的路径

> 其他的数据,我们是不反馈给学生的,我们觉得这是有问题的。我们一定要告诉学生,学校整体的学生学习情况,他是怎么怎么样的。这样他会有科学的定位,因为就是为了学生的学业发展。
> ——A1大学高教中心副研究员、亲民项目负责人

> 懂的人,是必要条件。有必要条件,未见得有良好调研结果相关角度的效果。一个不懂的人,想要(达成这样的效果)挺难,(存在)技能壁垒。出于各种角度却不会,只能把它当作事务性工作处理。
> ——A10大学学工部原工作人员、明德项目原参与者

前面的章节已经大致得出,明德项目对新省省内院校本科教育质量均有不同程度的影响。人们自然而然地想知道,项目影响院校的机制是怎样的。这种影响机制一般由动力和路径构成。初步研究发现,项目影响院校的动力是由组织层面和个体层面构成的多相复合型的动力模型,分为权威、需求和人际三个属性。那么影响路径又会是怎样的呢?本章将分两部分来回答这个问题。第一部分,从整体上勾勒出项目影响院校的路径图,以项目结果的传播为核心展开;第二部分,从个体层面研究项目负责人作为联络人在项目影响路径中扮演怎样的角色。第一部分将使用分析归纳方法分析访谈资料;第二部分将会再次使用扎根理论来完成研究。在讨论部分,我会将研究结论与亲民项目和至善项目的影响路径及项目负责人角色进行简要比较,必要的时候会对照前文的定量研究结果,以进一步检验和增强结论的解释力。

第一节 项目何以"外合"与"内应"?

从时间的角度考虑明德项目对院校的影响,我们会发现有三个重要阶段:第一阶段(Time 1)是院校参加项目,第二阶段(Time 2)是项目结果的

使用,第三阶段(Time 3)是项目组日常的专业性支持。核心阶段是项目结果的使用阶段,我们关注的重点是项目结果的传播路径。故在行文方面,将 Time 1 和 Time 3 合并对应于"院校外部影响路径",Time 2 对应于"院校内部影响路径"。

一、院校外部影响路径

院校参与明德项目经历了一个制度化和常规化的过程,主要包括两个方面:一是地方教育主管部门的行政要求;二是项目组提供的专业支持。

(1)政府的行政命令。在中国高等教育领域推行一个评估项目或政策,得到政府的支持是很有必要的,至少在项目运行初期,行政命令会保证院校参与的"出勤率",至于项目结果的使用,则受很多复杂因素影响,如评估结果是否与绩效考核挂钩[①],是否与院校排名有关[②],或者是我们理想中认为的与院校的发展需求的内在动力有关。从动力来看,政府支持是发挥行政权威,增加项目运行的合法性,使得院校参与项目评估具有政策依据或者制度保障。从明德项目十余年来的院校参与数据来看,其基础性功能已经得到实现。不过,政府支持明德项目的形式也是有所变化的。早期,教育主管部门领导出席项目推进会,分管副校长或学工处处长参会[③④],将行政权威发挥到较高的水平。与此同时,充裕的经费支持也是项目顺利推行的物质保障。有些国际项目如 NSSE 项目和 SERU 项目,需要缴纳费用且价格不菲,特别是 SERU 项目的费用金额大概为 16 万人民币[⑤],包括后来的中国亲民项目也开始推行成本分担机制[⑥]。是否缴纳费用一定程度上会影响院校的参与积极性,不论是当初北京大学考虑是否加入 SERU 项目[⑦],还是新省省内院校参与中国亲民项目[⑧],抑或新省省外院校参与明德

---

① 来源:2018 年 10 月 25 日与 A10M1 老师的面对面访谈。
② 来源:2018 年 10 月 23 日与 A1M1 老师的面对面访谈。
③ 来源:2018 年 9 月 11 日与 A8M1 老师的面对面访谈。
④ 来源:2018 年 6 月 23 日与 C1M2 老师的面对面访谈。
⑤ 来源:2018 年 5 月 26 日与 C1M2 老师的面对面访谈。
⑥ 来源:2018 年 5 月 27 日与 BH1 老师的面对面访谈。
⑦ 来源:2017 年 11 月 17 日与 A0T2 老师的面对面非正式访谈。
⑧ 来源:2018 年 5 月 27 日与 BH1 老师的面对面访谈。

项目①,这个影响都是成立的。后来,政府的支持逐步转为政策支持即发文,经费日益减少②。有人理解为项目走上正轨后,政府的支持发生变化③,也有人认为是不同的领导对该项目的意义理解不同④。应该说,以发文通知为载体的政府支持稳定地针对新省省内院校起作用。然而,需要指出的是,政府发文的行政权威的作用有其限度,从每年总是有少数院校不参与项目,或者个别院校断断续续地参与项目可以看出来⑤。不可否认的是,政府发文的确在保证参与院校的数量上发挥较为明显的作用,在中国的五大项目中,仅从参与项目的院校数量规模来看,明德项目的确明显处于前列。这对于院校使用项目结果也有一定的促进作用。

(2)项目组的专业支持。主要体现在三个方面:一是技术支持,二是专家咨询,三是经验分享。其中的重点是技术支持。早期地方教育主管部门要求各个院校自己针对原始数据撰写院校报告⑥⑦。由于学工部门的工作人员属于行政工作人员,他们的学科背景多元,但在教育研究、数据统计方面大多数是生手。因此,明德项目组安排一天半的数据统计培训⑧,其效果因人而异。即使项目组后来改变了报告撰写方式,地区性的报告由明德项目组撰写,甚至在近两年也同时撰写所有参与院校的报告,但项目组依然保持这种技术培训,主要是考虑到在项目结果使用阶段,项目负责人或团队可能针对院校的需求或个体的需求(专业上的匮乏性需求)对数据进行深度使用。与此同时,项目组还开创了颇有特色的技术联系人制度,由精通数据分析的博士生负责联络,为不同院校提供技术支持⑨,院校对此评价较高⑩。不过现在可能由于经费的减少,该开创性的制度已经成为项目组的"制度遗产"。二是专家咨询,新近出现的专业支持形式即提供有偿的定制服务。有些院校不满足于项目提供的数据,还希望针对本校的特色或

---

① 第四章的问卷调查结果表明,参加项目免费是部分院校参与项目的主要原因之一,我详细查看发现这些院校主要是省外院校。
② 来源:2018年4月12日明德项目负责人的课堂。
③ 来源:2018年10月23日与A1M1老师的面对面访谈。
④ 来源:2018年10月9日与A8M2老师的面对面访谈。
⑤ 来源:明德项目电子档案。
⑥ 来源:2018年9月11日与A8M1老师的面对面访谈。
⑦ 来源:2018年9月25日与A6M1老师的面对面访谈。
⑧ 来源:2018年10月9日与A8M2老师的面对面访谈。
⑨ 来源:明德项目电子档案。
⑩ 来源:2018年10月25日与A10M1老师的面对面访谈。

个性化需求,在明德项目量表基础上修订问卷,像A4、A14两所院校就属于这类情况。项目负责人还会被一些项目成员院校邀请前去做学工人员培训或教师培训。如A2大学作为全省的辅导员培训基地,每年还会邀请项目组负责人对新省的辅导员进行培训①。另外,项目早期也提供了院校项目结果使用的经验分析、交流的平台②,有较好的示范效应,一来是为院校深度使用数据结果提供样板,二来是吸引新的成员(尤其是省外院校)加入项目,使老成员留在明德项目中。

二、院校内部影响路径

可以说,政府的行政要求和项目组的专业支持主要体现在院校外部,属于比较外显化的,而院校内部的影响路径如果不通过科学的问卷调查或实地调研,将始终是个黑箱。本章重点关注项目结果的传播(路径、范围等),这是项目结果使用的基本前提和保障。这也是像NSSE这样的历史悠久、规模巨大的评估项目会重点关注项目结果传播范围的原因之所在(NSSE,2019)。

笔者依然使用开放性编码(即一级编码)的方法,对14个样本院校③的项目影响路径的贴标签结果进行归纳(见表7-1),具体分析18名受访者的访谈资料④。项目结果传播路径可以分为四种:内部消化、向上攀登、横向蔓延和向下延伸。内部消化指项目结果仅在学工部门或学工系统内部分享,向上攀登即项目结果会向分管校领导或整个校领导决策层报告,横向蔓延即项目结果会与相关部门分享,而向下延伸则是项目结果分享对象包括学院、教师和学生群体,范围不等。结合不同传播路径和影响范围,项目的影响路径大抵可以分为如下六种类型(见表7-2和图7-1)。

表7-1 明德项目影响路径类属的属性分析归纳列表

参与院校	样本编号	影响路径类属的属性
A1	1.A1M1	a.传播范围:主管校领导,学工系统,学院,教务部(即后来的本科生院)(不稳定) b.传播形式:工作例会(学校、二级学院),专门工作会议,专题研讨

① 来源:2018年2月21日与AH1老师的面对面访谈。
② 来源:2018年10月9日与A8M2老师的面对面访谈。
③ 由于A10大学中断了两年未参加明德项目,受访者回答的情况只能反映过去的情况,故在此处的分析,将该样本资料暂时略去。
④ 由于25名受访者中,有少量是项目参与者以及个别分管领导,对于项目结果传播的范围不了解或在访谈中未涉及此问题,故本研究主要针对18名受访者资料进行分析。

续表

参与院校	样本编号	影响路径类属的属性
	3.A1S1L	a.传播范围:学院(领导),任课教师 b.传播形式:党政联席会,全院教师大会
A2	4.A2 M1 5. A2P1	a.传播范围:校领导,兄弟部门,学工领导,学生群体 b.传播形式:在职工作汇报,大学生成长发展报告
A3	6.A3 M1	a.传播范围:学工系统(有限),机关单位(有限) b.传播形式:大学生成长发展会议,校党委常委会,校长办公会
A4	7.A4 M1	传播范围:学工部门
	8.A4P1	a.传播范围:校领导,学工系统,机关单位 b.传播形式:周报
A5	10.A5P1	传播范围:部门内部,相关部处(2013年某姓部长负责时期)
A6	12.A6M1	传播范围:部门领导,学院(可能)
A7	13.A7M1	传播范围:学工部门(主管、分管领导)
A8	14.A8M1	传播范围:分管校领导,学工部门(领导)
	15.A8M2	传播范围:学工部门(领导)
A9	16.A9M1	传播范围:学工部门
A11	20.A11M1	传播范围:学工部门,机关单位(就业、教务部门)
A12	21.A12M1	传播范围:校领导,学工部(领导)
A13	22.A13M1	传播范围:学工部门(领导),机关单位(教务处领导)
A14	23.A14M1	传播范围:分管校领导,机关单位,学院,师生(不确定)
A15	24.A15M1	传播范围:校领导(不连续),学工部门(主管领导),机关单位(安稳处、宣传部、学院、科室等)

表7-2 明德项目影响路径分类列表

影响路径类型	传播路径分类	传播范围	区域	案例院校
1.衣箱型	内部消化	学工部门或学工系统	I区	A5,A7,A8^{M2},A9
2.金字塔型	I型:向上攀登	分管校领导、学工部门	II区	A8^{M1},A12
	II型:向上攀登+横向蔓延	分管校领导、学工部门,同时包括机关单位		A3,A4
3.车厢型	横向蔓延	学工部门、就业部门、教务处	—	A11,A13
4.柱体型	横向蔓延+向下延伸	机关部门、学院	II区、III区	A15
5.火箭型	向上攀登+横向蔓延+向下延伸	分管校领导、机关单位、学院、教师、少量学生	I区、II区、III区	A1,A14
6.青条鱼型	向上攀登+横向蔓延+向下延伸	分管校领导、机关单位、大量学生	I区、II区、III区	A2

注:由于A8大学在两个不同的项目负责人时期,项目影响路径表现出明显的差异,故用A8^{M1}和A8^{M2}分属不同类型。

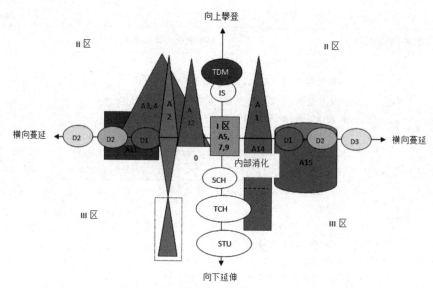

图 7-1　明德项目校内影响路径示意图

注:(1)影响区域:Ⅰ区指学工部门"内部消化";Ⅱ区表示"横向蔓延"和"向上攀登"结合区域,包括学工部门分管领导、校领导最高决策层、机关部处;Ⅲ区表示"向下延伸",包括学院、教师和学生群体。(2)字母简写:"IS"全称"immediate superior",表示分管校领导;"TDM"全称"top decision-making",表示最高决策层;"D"全称"department",表示机关部处;"SCH"全称"school",表示学院;"TCH"全称"teacher",表示教师;"STU"全称"student",表示学生。(3)D1表示和学工部门比较相关的部门,如有的高校中与学工分开的就业指导中心、教务处(或本科生院)、团委等,D2、D3表示与学工部门相关性逐渐降低的部门,如人事处、组织部、宣传部、工会等。(4)各个学校的项目影响路径模式在不同时期可能是不一样的。如A1大学早期可以通过OA系统向下延伸到教师群体,后来只能抵达学院层面;而A14可以确定的是抵达学院,但是否到师生则不确定。

第一,衣箱型(suitcase)。项目结果仅仅放在学工部门内部使用(个别是学工系统内部),好的情况是部门领导能够了解结果,情况稍差的是部门领导一知半解,甚至部门内同事都不了解。这很像中国古代传统的衣箱,把宝贵的东西藏起来,即"自主消化"或"内部消化",构成Ⅰ区,显著特点是封闭性,典型的院校有A5、A7、A9等。

第二,金字塔型(pyramid)。可以分为两种情况:一是金字塔Ⅰ型,项目结果仅限于从学工部门呈送给分管校领导,即"向上攀登",很像瘦小的金字塔型,典型的院校有A12、A13等;二是金字塔Ⅱ型,项目结果除了交给分管校领导,还会与横向的机关单位分享,即横向蔓延,很像肥硕的金字塔型,典型的院校有A3、A4。横向蔓延和向上攀登构成Ⅱ区。

第三,车厢型(train compartment)。即项目结果的传播主要是横向蔓延,典型院校是A11,该学校的项目负责人将项目结果与就业部门、教务处领导进行了非正式的沟通,向上攀登和向下延伸都因不同层级领导工作繁忙未能抵达①。我们可以看出横向蔓延像列车车厢或蚯蚓一样,具有很强的伸缩性,短的像A11大学,做到全面覆盖的像A4大学。

第四,柱体型(cylinder)。这种类型与金字塔型最大的差异是,项目结果未能"向上攀登"让分管校领导或决策层充分地了解。其优势在于,项目结果能够与学院共享,即向下延伸,为图中的Ⅲ区(不止是学院,完整的还包括教师和学生群体)。柱体型与金字塔Ⅱ型、车厢型相似的是会有横向蔓延,与相关的机关单位共享,如A15大学将2016年有关校园安全的报告分享给安稳处,促进具体安全措施的落实②。

第五,火箭型(rocket)。火箭型可以看作金字塔型和柱体型的结合体,项目结果既能向上攀登,抵达分管校领导或整个决策层,又能横向蔓延,与相关的机关单位共享,还能向下延伸,让学院了解调研结果,如A14大学。甚至像A1大学早期通过OA让全校教师看到项目结果,并且使得感兴趣的S1学院的老师进一步深度使用了项目的结果。由于A1大学目前的项目结果反馈已经不能像过去一样抵达教师层面,所以在图示的下方用虚线表示。

第六,青条鱼型(herring)。这种类型以A2大学为典型,项目结果传播路径包含金字塔Ⅱ型的向上攀登和横向蔓延,也向下延伸至学院,并且正在大力推进抵达多数学生群体层面。这是目前的样本院校对教育增值理念的较好的实践诠释。由于绕过了教师群体,所以看起来很像青条鱼。用虚线框表示是因为该校的大学生成长报告计划正在推进中,尚未完成。

可以看出,衣箱型和金字塔型是样本院校表现出的两个主要形态。能够向下延伸到学院、教师的院校越来越少,能够抵达学生群体的更是凤毛麟角。比较理想的影响路径类型是火箭型和青条鱼型,因为它们意味着项目的结果可以向上攀登,抵达分管校领导或整个决策层,可以横向蔓延至相关的机关部门,还可向下延伸抵达学院,少量可以包含教师和学生群体。如果能够将火箭型的尾端继续延伸至师生群体或者青条鱼的尾端上部,涵盖学院和教师群体,那么将是最理想的情况,即一个巨型的火箭,因为有较厚的"群众基础",就像有了足够的燃料,可以探索未知的宇宙——促进本科教育质量的全面发展。A1早期无意间通过OA将项目结果在全校公开,

---

① 来源:2018年11月12日与A11M1老师的面对面沟通。
② 来源:2019年1月9日与A15M1老师的面对面访谈。

"无心插柳柳成荫",在S1学院发生的重大变革意味着在其他学院的一种可能性。

除了项目结果传播的路径和范围之外,结果传播的方式也值得关注。这些传播方式往往也意味着项目结果传播的途径和范围。共有4所大学对此有反馈。A4大学是通过周报的形式(见图7-2的"数据观察"),使得校领导、各部门领导了解,传播范围呈现"金字塔型";A2大学通过在职工作汇报,A3大学通过大学生成长发展会议、校党委常委会和校长办公会传播,也呈现出"金字塔型",但后者级别明显较高,确保了所有校领导了解项目的结果;A1大学项目结果的传播形式是工作例会、专门工作会议、专题研讨会传播,在学院层面是利用党政联席会和全院教师大会,也会传达给少数学生代表,传播范围呈"火箭型"。

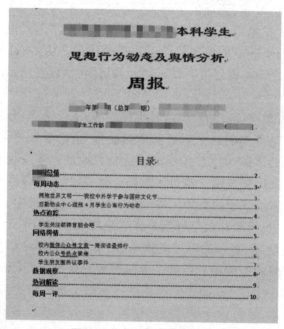

图7-2　A4大学周报缩微图

三、反思:现实和理想的鸿沟背后是什么?

就项目外部的影响路径的本质来说,明德项目对院校通过行政权威和学术权威施加影响的过程,也是对院校和个体需求进行回应。对于所有省内院校而言,外部的影响路径几乎是一致的,比较刚性,而院校内部的影响路径相对更具弹性,呈现多样化的形态。院校内部影响路径是项目结果的传播,其传播范围直接影响到项目结果的使用,以及项目最终发挥的作用。国际上成熟的评估项目结果对不同利益相关方开放,属于项目结果的理想影响路径,但很显然,国内的评估项目仍然处于初步的发展阶段,影响路径多元化,向上攀登、横向蔓延和向下延伸有不同的组合形式,甚至"自主消化"仍然在一些院校存在。就院校内部影响路径而言,为何现实和理想之间存在如此大的鸿沟呢?我在14所样本院校中发现,有5所院校项目负责人明确列出各自遇到的项目结果传播的挑战,并提出了他们的对策建议(见表7-3)。这些院校中,不同层次的院校都有,在不同向度的影响路径上均有各自面临的挑战。

表7-3 样本院校内部影响路径挑战分析列表

样本院校	挑战	原因	项目负责人的对策建议
A9	向上攀登	部门领导的忙碌程度不同	通过教工委直接将结果交给校领导
A11	向上攀登	校领导的忙碌程度不同	—
	横向蔓延	1.涉及多部门,协调工作被动 2.各个职能部门重视程度不同,觉悟有高低	明德项目组发函,请教学部门、就业部门参加座谈
	向下延伸	1.学院自己会宏观把控,每个院系有自己的特点 2.学院领导很忙,开展起来费劲	—
$A8^{M2}$	向上攀登	1.领导是否关心 2.上级是否有考核要求	形成内参,直接发给教工委甚至更上一级主管领导,以及所有校领导
	横向蔓延	教务处和学工部的分工	
A1	横向蔓延	1.教务处有亲民项目且分管校领导更认可 2.项目内容和教务关系更密切	通过制度设计,明确将项目结果交给校领导和相关部门
A12	向下延伸	1.没有权力将结果告诉学院(除非领导要求) 2.不给学院"找事"	明德项目持有"第二道"行政命令

注:其中A11、A9、A1为原"985工程"院校,A8为原"211工程"院校,A12为地方本科院校。以上原因分析、对策建议均来自访谈资料。

项目传播在向上攀登方面遇到的挑战,原因在于校领导(A11)或者部门领导(A9)的忙碌程度不同,也可能是A8M2认为的部门领导是否关心、上级是否有考核要求;在横向蔓延方面的挑战,原因是在不同部门之间协调被动,尤其是教务处和学工部门的关系复杂,在A1大学还有一个原因在于竞争性项目亲民项目的存在并且分管校领导更重视;在向下延伸方面的挑战,原因在A11大学看来,是学院有各自的判断或者学院领导工作繁忙,而在A12大学则是项目负责人的职务权力问题,"领导要求"更关键。有意思的是,这些院校项目负责人提出的对策建议均是"求诸于外"。就像资深中层干部A1M1老师所说的"系统内部,反倒不如外部力量干预"[①]。除了A11大学之外,其他大学的项目负责人基本都指向通过主管部门或明德项目组打破系统内部的权力平衡或不平衡。权力平衡指教务部门和学工部门,而不平衡是指项目负责人的职务与部门领导的权力,如A8M1一直强调,"我只是一个做事情的"[②],这个定位在A13M1老师[③]和A15M1老师[④]那里也被提到。部门的权力平衡问题在好几所院校均被提及[⑤],仅以A8和A1大学为例:

A8M2:学生处(通过该项目),发现第一课堂教学有问题(手指敲桌子)。(如果)我会去推学校改进的话,肯定要找教务处。我为什么要找上它呢……不会去找教务处……要改进教育,绝对不会是学生处拿到数据,去找教务处,(和人家说)"看看你的教务处"。

A1M1:首先报告,教学质量与学生发展,不是全部针对学工部门。有些困惑,后期推广。是有些问题。教学质量,不是做教学,学工部做教学,不一定会承认其权威性。

在个体层面,有时权力的平衡和不平衡是交织在一起的。A12M1的焦虑[⑥]可能具有典型性。

A12M1:我是学院的副书记,没有权力将结果告诉学院,除非领导要求。……

B:对了,刚提到的100或者600多个样本,在一些学校看来是比较少。从今年开始,可以选择全样本或者50%,如果你们是全样本,那么学院可能会比较关注这个数据。

A12M1:这个还需要和领导商量一下。有时,这意味着"找事",这里面很复杂,你愿意干,别人不一定,我有点担心。因为领导未提这件事。我觉得我自己是个爱干活、爱研究的人,但却可能意味着给别人找事。整天事情太多,你当过辅导员,知道的,一件事接着一件事,哪

---

① 来源:2018年10月23日与A1M1老师的面对面访谈。
② 来源:2018年10月9日与A8M2老师的面对面访谈。
③ 来源:2018年12月6日与A13M1老师的面对面访谈。
④ 来源:2019年1月9日与A15 M1老师的面对面访谈。
⑤ 如A1大学、A8大学、A14大学、A15大学等。
⑥ 来源:2018年11月21日与A12M1老师的面对面访谈。

怕是小事，一件、两件、三件、四件、五件……加起来就非常多了。除非领导非常想做，上级主管部门想推，大领导们想做。

在A12大学，项目负责人原来是学工部副部长，将项目结果传播给学院的难度，比其后来转任学院副书记时要小得多，因为在学院任职，意味着她和其他院级副书记是平级。她的职位的变化意味着项目对该校的影响路径发生变化，向下延伸的路径暂时被"截断"。除非学工部领导给她"尚方宝剑"，她才能师出有名。同时，她也指出高校行政场域的常见顾忌——"找事"，这是很有本土化特色的理由。有类似的说法是："领导不重视，不关注，你非要做，那不是找麻烦嘛"①。这都是行政逻辑在推动思考，故他们提出的对策也是在行政的基础上由上级主管部门或代言人明德项目组来打破权力的平衡或失衡。

另外，在向下延伸方面，这里只是提到了学院层面，这在某些学校是可以实现的，但教师和学生群体几乎没有涉及，被问及此问题似乎就是意外的事情。从第四章的问卷调查结果可以看出，仅有一所大学对教师公开了项目的结果，没有一所大学对学生公开项目结果，唯一的可能性在于A2大学正在推进的大学生发展报告计划。这个结果让笔者反思和担忧，可能绝大多数院校暂时还未真正考虑教育增值的内核，所谓的以学生为中心的教育理念离知行合一还有漫长的路要走。

以上这些挑战的确指出了明德项目存在的一个制度性问题，即项目本身包括教师教学和学生发展，在院校内部分工上确实属于教务部门和学工部门，而这两个部门之间的微妙关系被很多院校或明或暗地认可，从权力来说，属于实力均衡的状态，要通过项目结果形成部门间的联动、形成合力解决问题，确实可能形成**制度尴尬**（我暂时用这个不太成熟的概念）。如何解决这个问题，我将在最后一章尝试讨论。然而，我们不禁要问，为何有的院校相对很好地解决了这些问题，或者说问题没有那么明显。这些也是值得研究的。

第二节 项目负责人何以成"关键先生"？

明德项目与参与院校长期互动，逐渐形成一个稳定的群体——项目负责人。他们有的是兼任联络人，有的则是在校内负责组织问卷的发放、回

---

① 来源：2018年10月9日与A8M2老师的面对面访谈。

收,以及项目结果的分享。国外一般将这个群体称为"项目经理"(project managers)或者"项目协调人"(Edwards et al.,2014)。他们在项目产生影响的过程中发挥着重要的作用。他们具体扮演着怎样的角色,这里我将继续依赖扎根理论进行研究。由于第六章已经将扎根理论的相关步骤、分析方法等介绍得很详细,这里不再赘述,直接呈现资料分析过程。

一、过程和结果分析

(一)开放性编码

对每个访谈样本资料进行开放性编码或者一级编码,完成了贴标签和对主要类属的属性和维度的分析。如第五章所述,上述样本资料类属通常可以包括院校制度环境、院校参与项目动力、项目特征、项目影响、项目校内运行、项目影响路径、项目负责人特征和理想方案设计等,属性由各个类属的标签归纳而成。按照开放性编码方式陆续对受访者资料进行编码,专门提炼类属"项目影响路径"的属性。这里,项目影响路径包括传播范围、项目协调人的中介作用、传播路径、传播对象级别和传播机制稳定性等属性。如上文所述,项目结果传播范围是项目发挥影响的核心指标之一,我们将其"属性"地位上升为"类属"地位。在扎根理论编码过程中,概念的类属和属性的地位是相对的,可根据寻找合适概念的需要做灵活的调整。在表7-1对影响路径的提取归纳基础上,进一步聚焦类属——项目结果的传播范围(见表7-4),这是项目负责人的行为结果。

表7-4 样本院校项目结果传播范围属性分析列表

序号	样本编号	项目结果传播范围的属性
1	A1M1	向上攀登:主管校领导
		横向蔓延:学工系统(学工部、就业和团委),教务处分享不稳定
		向下延伸:学院(问题通报,但不全了解)
2	A2 M1	向上攀登:校领导
		横向蔓延:兄弟部门
		向下延伸:学院(学工副书记)、学生(计划推进中)
3	A3 M1	向上攀登:校领导
		横向蔓延:学工系统(未大面积公布)
4	A4 M1	向上攀登:校领导(周报形式)
		横向蔓延:学工系统(周报形式)
5	A6M1	向上攀登:未知
		横向蔓延:不含相关单位(有敏感数据)
		向下延伸:可能是学院(问题通报学工例会)

续表

序号	样本编号	项目结果传播范围的属性
6	A7M1	内部消化
7	A8M1	向上攀登:校领导
8	A8M2	内部消化
9	A9M1	内部消化
10	A11M1	横向蔓延:就业、教务部门
11	A12M1	向上攀登:学校领导
12	A13M1	横向蔓延:教务处
13	A14M1	向上攀登:分管校领导 横向蔓延:机关单位 向下延伸:学院(但师生不确定)
14	A15M1	横向蔓延:机关单位(安稳处、宣传部、学院、科室等) 向下延伸:学院

注:当项目结果传播路径是"向上攀登"的时候,前提是在部门内部一定范围内共享,至少部门领导是了解的。

项目负责人在项目结果传播阶段有可能更直接地发挥作用。结果的使用则是混合了部门领导的决策和项目负责人个体职责范围内的弹性空间,超出部门的范围,需要得到部门领导的允诺才行。我们可以直接使用上文分析出来的向上攀登、横向蔓延和向下延伸作为传播范围的属性,维度则可以选择"宽—窄""有—无"。正如上文所分析的结果那样,各个院校呈现出不同的影响路径,也并没有发现在院校层次上有何集中的趋势。表7-4可以很好地帮助我们在样本库中进行理论性抽样,为二级编码阶段奠定基础。

(二)主轴编码

在访谈 A8M2 老师的时候,笔者强烈地感觉到他和前任 A8M1 老师在项目结果传播行为上的明显差异,在同一所院校,A8M1 老师会将项目结果交给部门领导、校领导,还会主动地划重点[1],A8M2 老师却只是将项目结果用于平时的部门总结中,而不会向自身部门以外的单位分享结果。尽管 A8M2 老师很含蓄地提到"领导有的重视,有的不重视,有的懂,有的不懂"[2],我隐隐约约觉得,可能还有一个原因是对于行政职场规则遵守程度

---

[1] 来源:2018年9月11日与A8M1老师的面对面访谈。
[2] 来源:2018年10月9日与A8M2老师的面对面访谈。

的差异，A8M2老师明显比较倾向于"规训"的一端。我在访谈地方本科院校 A12M1 老师的时候，得知她有心理学、统计学的专业背景，是心理学博士、传播学博士后，但项目结果仅仅是交给部门领导和学校领导，其他范围的相关部门和单位均未涉及，她强调这些工作都需要领导批准，学校没有研究的传统[①]。她很高兴地告诉我，多年来的调研报告已收好，就等领导哪天"一声令下"把它们用起来。对此我感到更为惊讶，一位专家式的人物除了早年写过文章之外，让人感受到的完全是她的行政逻辑。如果不介绍其学科背景，她会被认为是纯粹的行政领导干部，其行政逻辑几乎击败了学术逻辑。如果说 A12M1 老师是专家型的项目负责人，那么 A8M2 老师则属于专业性相对偏弱的人[②]，然而他们均处于规则遵守程度的"规训"一端，或者称为"呆板"。"规则遵守"则成为理论性抽样的概念标准。当选择 A8M2 的时候，可能就要考虑，对于规则遵守同样属于呆板的项目负责人，项目结果的传播范围有何异同呢？以及规则遵守属于灵活一端的项目负责人，项目结果的传播范围又如何？很显然，项目负责人的专业性差异也很大，除 A12M1 外，A15M1、A2M1、A6M1 均可以列入专业性较强的行列。在选择样本的时候，还要考虑专业性的分类和院校的层次类型。最终选择了 A8M1、A8M2、A12M1、A2M1、A6M1、A14M1、A15M1 等七个样本资料，并对他们进行 A-F 的分析，限于篇幅，在此呈现其中四个样本资料的分析结果（见表7-5）。

表7-5 项目负责人样本访谈资料A-F分析列表

A-F	A8M2	A12M1	A14M1	A2M1
A.因果条件	参与明德项目	参与明德项目	参与明德项目	参与明德项目
B.现象	明德项目结果	明德项目结果	明德项目结果	明德项目结果
C.脉络	评估学生发展效果；匹配度尚可	匹配度高；年年有主题(创新力、网购、学术道德等)；主题内容有意义、价值数据库规模日益增大；项目结果潜力无限；项目评价：变化、创新等	匹配度高；项目监测面广；项目与本土需要符合程度不高；结论针对性不够；专家对实操不了解等	可进行院校比较(对标其他学校)；有代表性；扩充数据的来源；增加校本研究的丰富度；样本小

[①] 来源：2018年11月21日与 A12M1 老师的面对面访谈。

[②] 这里的专业性是指数据统计的能力，我和 A8M2 老师核实过，他的研究路径不在定量研究。

续表

A-F	A8M2	A12M1	A14M1	A2M1
D.中介条件	(1)制度环境:部门相互扯皮;校领导机制分工不同;处领导变化快 (2)部门领导态度、认知:领导重视程度;领导对项目"懂"的程度 (3)个体特征:行政管理本科;顶级大学硕士研究生,学校教育管理方向;求学期间为明德项目组成员;负责项目3年 (4)专业能力(数据分析)偏弱	(1)制度环境:教育部审核评估制度 (2)外部环境:麦可思提供本土调研 (3)院校特征:市属院校;研究偏弱 (4)个体特征:心理学、统计学的专业背景;心理学博士、传播学博士后;学工部原副部长、学院副书记,负责项目9年	(1)制度环境:审核评估部门分工不同,增加协调成本 (2)个体特征:部门处长,负责项目7—8年 (3)个体认知:关注点在学生发展、价值观、需求、未来发展;邀请明德项目组定制服务	(1)制度环境:部门职能调整;校本调查有问题(如不够丰富、视角单一等) (2)部门氛围:部门认可研究氛围,有研究的传统;自建大数据;负责项目2年 (3)个体特征:明德项目组的前成员、负责人的学生 (4)研究素养:专业性强
E.行动/互动	分享项目结果	分享项目结果	分享项目结果	分享项目结果
F.结果	部门"内部消化"	突破部门领导"内部消化" "向上攀登":校领导	"向上攀登":分管校领导 "横向蔓延":机关单位 "向下延伸":学院(但师生不确定)	"向上攀登":校领导 "横向蔓延":兄弟部门 "向下延伸":学院(学工副书记),学生(计划推进中)

四个样本资料的现象和因果条件都一样,分别为明德项目结果,参与明德项目。凡是参与明德项目,项目组半年后会给原始数据,一年后会给系统的研究报告即项目结果。后续分析以A14M1和A2M1为例。在对A14M1进行电话访谈的时候,我能感受到她作为部门一把手的果断和直截了当,思考问题也使用常见的辩证法。她对于项目结果评价很高,也毫不隐讳地提出其结果针对性不强、专家对实操不了解等问题。在中介条件层面上,我们关注的是当行动者采取行动时,促进或阻碍行动的系列条件。这些条件中,教育部的审核评估和部门的需求是积极的条件,学校内部部门分工不同(特指教务处和学工部的差异)是消极的条件,但对于项目结果的传播不是大的挑战,毕竟她是部门一把手,也不会像A8M2一样被动等待部门领导的行政命令。所以在A14M1这里,项目结果的传播范围比较广。

A2M1除了觉得本校样本较小可能会影响学院关注度之外,对项目结果评价非常高,将项目的优势描述得相当精准,并认为可以弥补其本土调查的不足,很容易判断出她的专业性相当高。如果关注中介条件,就会发现她的专业性程度高有多重原因。因为她毕业于A大学这所国内顶尖大学,专业是教育经济学,她是项目组的前成员,更重要的是她是明德项目组负责人的学生,经核实,其数据分析能力确实比较强。同时,对于她行动比较有利的条件在于,部门职能调整使得她这个"学术人"可以直接负责这个项目(并且负责部门所有与调研、科研项目有关的事宜),部门有重视研究的传统,也正在自建大数据,可谓"天时地利人和"。她采取行动分享项目数据的结果可以与A14大学比肩,她甚至自主地思考项目结果如何更广泛地传播,尤其是前文我反复提到的,其正在大力推进大学生成长发展报告计划,帮助学生进行个人在全国、全省、全校、全院乃至于系等范围内的定位,加强自我认知。这完全符合Astin(1985)提出的教育增值的理念。

(三)选择性编码

如上文所述,选择性编码即三级编码的任务就是寻找核心类属,形成型态和理论。我可以借助故事线将上述的每个样本资料形成各自的核心类属,像A6M1、A8M2、A8M1、A12M1四位老师是"防守型"的传播行为模式,A14M1是"进攻型"的传播行为模式,A15M1是"温和派"(或称"婉约派")的传播行为模式。最终选择"自我博弈"的行为模式作为所有访谈资料的核心类属,其他A-F的类属作为支援类属。核心类属是"自我博弈"的行为模式,属性包括规则遵守和专业性(数据统计分析能力)(见表7-6和图7-3),规则遵守的维度分为"呆板—灵活",专业性分为"弱—强"。将项目负责人样本分类放在矩阵中加强理解,先来逐步分析这四种类型的项目负责人,最后来分析每种类型的人在哪些地方"自我博弈"。

表7-6 项目负责人"自我博弈"行为模式矩阵表

规则遵守	专业性	
	弱	强
呆板	规则遵守呆板—专业性弱 (应声虫)	规则遵守呆板—专业性强 (约拿)
灵活	规则遵守灵活—专业性弱 (识时务者)	规则遵守灵活—专业性强 (通机变者)

第七章　中国明德项目影响院校本科教育质量的路径　173

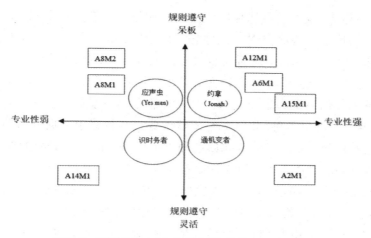

图 7-3　项目负责人"自我博弈"行为模式矩阵示意图

（1）应声虫（Yes man）或套中人。我借用普伦德加斯特（Prendergast）（1993）的"应声虫理论"（theory of Yes man）的应声虫来形容规则遵守呆板—专业性弱的项目负责人，或者用契科夫笔下的别里科夫的"套中人"形象，也颇能表达在行政场域的职场人的小心翼翼的形态。对于 A8M2 来说，领导不重视或不懂，是他将项目结果放在他的"衣箱"的原因，部门领导看了研究结果没有进一步的指示，在他这边也就不会有进一步的分享。从分享范围来说，与其前任相比，他失去了让项目结果被分管校领导了解的可能性。学工部和教务处微妙的关系也是很好的理由。在他看来，如果违背领导的意志，等于是"自找麻烦"。领导有些被过于抽象化的嫌疑，其实决策者的意志也是可以发生变化的，沟通就是很好的路径①。相比较而言，前任项目负责人 A8M1 老师也许运气更好。在她负责期间，项目结果能够抵达学校决策层。她也在访谈中提到领导的重视问题，如果领导重视这个项目，她就会铆足劲儿干，她觉得自己已经是凭良心在完成这个任务了②。将其专业能力放在弱的一端，是因为她虽然经过明德项目组的数据分析方法培训但未学会，转向依赖问卷星。即使在提交教育部审核评估自评报告

---

① 我在亲民项目年会上听到一个经典案例。一个地方院校教务处的老师非常认可亲民项目的价值，但部门领导觉得要花几万块参与，不划算。这位老师就天天去领导那边沟通（或者用他的话说是"磨"）。后来他"曲线"了一下，先和副部长沟通，然后是两个人一起去找一把手领导沟通，最后把经费问题落实了。等到数据结果派上用场，部门领导就开始支持学校继续参与亲民项目了。来源：2019 年 1 月 10 日亲民项目年会现场观察。
② 来源：2018 年 9 月 11 日与 A8M1 老师的面对面访谈。

支撑资料环节,她也宁愿选择问卷星而非明德项目数据,原因在于问卷星好用,可以比较年级的数据。但她忘记两个关键的问题:一是自主设计问卷对信效度要求很高,像她说每个月一次问卷调查,让学生填一些问题,其结果本身有严重的缺陷;二是她没有认识到明德项目结果是全国性和地区性,拿本校的情况和常模比较是核心价值所在。就这一点而言,心理学专业出身的A3M1老师[①]和教育经济学专业出身且善于数据分析的A2M1老师[②]比她认识更加到位。A8M2老师也承认自己的数据分析的专业能力很一般。因此,A8M1老师和A8M2老师属于同一种类型。

(2) 约拿(Jonah)。对于专业性很强的项目负责人来说,如A12M1,有过硬的学科背景和典型的高学历,对于行政的规则遵守依然是相对呆板,将领导的许可当作很清晰的边界。A15M1是教授,在规则遵守方面相对温和,但依然强调自己是执行者,被动地为领导提供数据决策,在项目结果分享的范围方面与专业性弱的人相比并未有明显突破。同样,A6M1是副研究员,除了将项目结果呈送部门领导、在学工例会分享外,对于项目结果的其他去向几乎不得而知,并以一些数据敏感为由,声称不会与其他机关单位分享,除非领导自己决定。虽然从形式上看,他们已经具备学术人的身份,但其行为仍然倾向于行政管理者的表现。他们很像马斯洛从宗教经典中概括的具有"约拿情结"(Jonah Complex)的人,这个术语用来形容逃避成长的人,他把这种抵制称为"惧怕自身的伟大之处""回避自己的命运""躲开自己最好的天赋"(马斯洛,1987:142)。以A6M1为例,他在访谈中两次重申其观点,认为明德项目的问卷是主观数据,而大数据是客观数据[③],以至于他会怀疑项目结果的可靠性;另外,他纠结于项目调查是否是全样本。实际上,他对于抽样并没有正确理解,问卷如能做到随机抽样,结果的可靠程度是没有问题的。他对于主观数据和客观数据的区分也过于经验化。问卷是由人填写的,带有主观性是难免的,但目前问卷依然是非常有效的搜集数据的途径。问卷如果有很严密的设计,就可以建模探讨因

---

① 来源:2018年6月14日与A3M1老师的面对面访谈。
② 来源:2018年7月5日与A2M1老师的面对面访谈。
③ 我曾和一位清华的学友讨论过大数据的问题,他也觉得现在确实存在对于大数据过于迷恋的现象,容易夸大它的作用,比如有研究得出,成绩好的人打开水的次数更多。他开玩笑地说,是不是呼吁大家去多打开水呢?我们觉得,大数据很多时候呈现的分析结果不能解释因果机制,而良好的问卷设计是可以做到的。来源:2019年1月10日与清华学友的非正式学术交流。

果关系,而大数据很多时候不能包含研究者需要的变量,即使建模,也常常可能丢失关键的变量。大数据最重要的贡献并不是它量大,而是能通过大数据获得社会现象和行为方面过去没有的数据。很多人不知道大数据存在四个缺陷:"它虽然量大,但你仍然需要怀疑它的代表性;大数据的变量可靠性和数据质量也是不确定的;它的测量问题;第四个缺陷可能是更致命的,就是数据整合和数据厚度问题。"(严肃的人口学八卦,2018[谢宇,2018])而且A6M1的逻辑存在一定的漏洞:他既然不是太认可明德项目,但又会挑出其中好的结果用于院校交流;对问卷数据抱有怀疑态度,但本校又在使用这样的工具。我觉得,他对于定量研究有一定的了解,但存在关键性的误区,如果能纠正过来,可以改变他对明德项目的认知,在他的岗位上也可以发挥意想不到的作用。

(3)识时务者。第三种类型是遵守规则灵活—专业性弱的人,以A14M1为例。她对于行政场域规则的遵守自由度比较大,或者说灵活。这和她作为部门一把手有很大关联,所以就像上文提到的那样,她"战斧"式的行动可以使得项目结果在三个向度(向上攀登、横向蔓延和向下延伸)上传播得很好。即便自己的专业能力并非很强,但依然提供专项经费请明德项目负责人提供定制服务。她的目标很明确:关心新生的适应,对于新生的高中背景不感兴趣,去掉有关教师教学的部分,原因是不属于职责范围,增加自己关注的问题如学生经历[①]。其实量表的主体部分和明德项目量表相似度相当高。项目结果也作为支撑材料提交给审核评估自评报告。我们会发现,她始终是围绕"有用"来对待明德项目,可以说,做了一个部门领导该做的,但出于非学术人的身份,对于更复杂的数据分析不感兴趣。"有用"指的是既"有助于生存",也"有助于自我实现发展,摆脱基本的匮乏性需要的支配"(马斯洛,1987:57),这是"非高峰者"(nonpeakers)的典型特征。回到中国本土的概念,她的这种行为模式很符合《晏子春秋·霸业因时而生》中提到的"识时务者为俊杰",她就是识时务的俊杰。

(4)通机变者。其实,"识时务者为俊杰"的下一句是"通机变者为英豪"[②]。我们即将分析的类型就是通机变者,他们的特征是"规则遵守灵活—专业性强",这类人群一般是"稀有物种"。通机变者与识时务者相比,两者共同点是针对规则遵守能采取灵活的方式对待;差异主要是通机变者

---

① 来源:2019年1月3日与A14M1老师的电话访谈。
② 西方也有类似的观点,"时势造英雄,英雄亦造时势"。详见梁启超(2008)《李鸿章传》第5页。

不仅能认清外部的时势,而且能够扭转"逆境"达到"造时势"的效果,而他们更胜一筹的关键之处就在于有着更强的专业性。成为一位专业性强的人本身不易,还要能够在规则面前"通机变",难度更大。对于这类人而言,行政场域和学术场域的边界往往是模糊的,可以相对自由地切换。如A2M1老师作为科级干部,从客观来说,其在规则面前的自由度肯定不如A14M1老师,按理来说,和同样行政级别的A8M1和A8M2老师差不多,但在她的大学,明德项目结果的传播范围却更广泛。如果传播范围和A14M1一样"面面俱到",向下延伸到学院层面就已经值得称道了,但她正在推动将项目结果反馈到广大学生群体中,我认为是其较强的专业性触发她的朴素的教育情结或情怀所致。她即便不这样做,也并不会违背部门领导的意志和所谓的政绩,因为三个年级的涉及面是75%—100%,即使仅仅考虑到政绩,范围完全可以小很多。如果说她曾经对于这个计划犹豫过,那也是成长性需求给了她动力。她将大学生成长发展报告的计划作为使命去完成,冲破了行政场域严苛的边界规则。这类人群往往有可能打破天花板效应。

在这四种类型的项目负责人分析基础上,再来看"自我博弈"的行动模式,相对更好理解。不同类型的项目负责人博弈之处可能有所不同。对于应声虫或套中人来说,周雪光(2003:53)对普伦德加斯特用委托—代理的角度解释一个雇员如何在他的经理领导下确定一个最佳的设计方案的介绍,给我们一定的启示。

在选择方案的过程中,雇员知道的要多于经理,因为他是专门在这个领域中做研究工作的。但是这个雇员既知道哪个方案最好,同时也知道经理的偏好。如果雇员认为最佳的方案与经理偏爱的方案不同,会出现什么样的情形呢?如果信息对称,雇员可以说服经理采取最佳方案。但是在信息不对称的情况下,他通常没有办法在较短的时间内向经理证明自己提出的方案是最好的,这是因为一个方案的实施需要一段时间(例如超过一年),而经理对雇员的评估却是短期内就付诸实施的(例如每年一次)。如果雇员选择的方案与经理偏爱的方案不一致,雇员坚持自己所认定的最佳方案,又不能证明这个方案更好,就面临着被经理误认为没有能力或动机不良的风险。在这个时候,雇员们考虑到个人利益,就会按照经理的意图和偏好来提出选择。这就会产生雇员的隐蔽行为,"应声虫"现象由此而生,即揣摩上司的意图行事。经理怎么说,他就怎么做。

我们可以从其中看到雇员的自我博弈的过程。一般而言,博弈可以分为完全信息的静态博弈、完全信息的动态博弈、不完全信息的静态博弈和不完全信息的动态博弈四种形式,这里的静态博弈和动态博弈的区别在于同时博弈和重复博弈(吉本斯,1999;王家辉,2005)。如果按照是否形成有约束力协议分类,也可以分为合作博弈和非合作博弈①。上述的分析就是模拟的不完全信息的动态博弈和非合作博弈。博弈论无疑更多是在数学学科和经济学科讨论的理论(谢识予,2001;周雪光,2003:54),解释和预测双方或多方博弈行为,而在本研究中,我觉得项目负责人的自我博弈可以仅仅限定在采取行动前的心理假设的"自我对局"。

对于A8M2老师来说,也有着和上述雇员类似的自我博弈。他对项目结果的评价很高,并且很清楚在他的工作领域中缺乏如此正规的评估,他个人认可项目结果的价值。这也是他每次写总结会从项目结果中寻找好的结果作为支撑材料的原因。不过出于和上文雇员同样的顾虑,他选择应声虫的行为模式,"不敢越雷池一步"。对于约拿型的A12M1老师来说,其自我博弈在于,她对于项目的价值也是心知肚明,但项目的结果只是呈递给校领导,对于更大的传播范围(以及深度使用)仍然需要等待部门一把手的行政命令,显然她的第一个顾虑和A8M2是一样的。似乎她能做的就是收藏好十几年的数据②,"万事俱备,只欠东风"。尤其是她示意我停掉录音,告知我现在作为学院副书记和其他学院的同僚是平级,如果没有领导的允许,她是不可以分享的,也不愿给同僚们"找事"。她的自我博弈不只是顾忌与上级领导的等级关系,还顾忌与平级同僚的人际关系,此为她的第二个顾虑。我觉得专家身份的行政人员对于个人同时具有学术人的身份是有内在冲突的,这一点我将在本章的讨论部分详说。简单地说,这种冲突在A12M1身上也有所体现,如她收好数据、建议项目组建立学术共同体。识时务者的自我博弈首先不在于行政等级关系,而在于学工部门和教务部门之间的微妙关系。尽管A14M1老师将明德项目结果分享给包括教务处之内的兄弟部门,但仍然在访谈中抱怨,两个部门的边界是明确的,但是在项目结果的结论部分却没有分割得很清楚,容易出现部门之间的"纠纷"③,这也可以理解她在推动本土调研中干脆将有关教学部分的问题去

---

① 详见约翰·纳什(2015)《纳什博弈论论文集》中文版由肯·宾默尔写的序言,第2-8页。
② 即便是这样,比有些院校已经做得好了。像A5大学由于部门内部人员流动,明德项目结果几乎没有留存,我特地向课题组申请,将过去大多数年份的报告发给他们。
③ 来源:2019年1月3日与A14M1老师的电话访谈。

掉,这样就避免了此类麻烦,即便是后来的调研结果也是在全校范围内分享,但过去是有些问责的味道,而这次却是工作展示。那么通机变者的自我博弈是什么呢?要说A2M1老师在行政层面没有任何压力是不可能的,但其优势在于部门的研究传统给她与部门领导之间的沟通提供了良好的氛围,因此这个层面的博弈压力是较小的。她的自我博弈可能更多的在于闲暇时间的使用,因为根据她目前的计划,其涉及面非常广。她在我追踪其进度的时候告知我,由于平时行政事务特别忙,还需要占用寒假的闲暇时间继续推进[①]。

在高校组织情境之下,自我博弈不总是以追求个人利益最大化为目标,从某种程度上来讲,这是个体利益内在取舍的过程,是一个内在能量不断消耗的过程。

第三节 结论与讨论

一、研究结论

上文通过分析归纳方法对明德项目的影响路径进行分析,将其分为外部影响路径和内部影响路径,前者是指政府(教育主管部门)的行政支持和明德项目组的专业支持,后者则更为复杂。院校内部影响路径呈现多样化,项目结果传播路径分为内部消化、向上攀登、横向蔓延和向下延伸四种,在不同院校出现不同组合,可概括为六种影响路径类型:衣箱型、金字塔型、车厢型、柱体型、火箭型和青条鱼型。按照顺序,项目结果传播的范围越来越广泛。较为理想的影响路径是火箭型和青条鱼型,项目结果不只是在部门内部使用,而且向上反馈到分管校领导或整个决策层,横向与教务部门在内的机关单位共享结果,向下延伸到学院、教师乃至于学生群体。

在明德项目发挥影响的过程中,项目负责人扮演着"关键先生",是项目影响路径中的重要环节。借助于扎根理论,我将项目负责人的行为模式提炼为"自我博弈"型,选择对行政场域规则的遵守程度(呆板—灵活)和专业性程度(弱—强)为属性,形成矩阵,具体分为四种类型:规则遵守呆板—专业性弱、规则遵守呆板—专业性强、规则遵守灵活—专业性弱和规则遵守灵活—专业性强,分别用应声虫、约拿、识时务者和通机变者来表示。

---

① 来源:2018年12月24日与A2M1老师的网络非正式交流。

二、讨论

（一）定量和质性研究结果比较

第四章定量研究结果表明，对于省内院校而言，项目结果的传播情况是八成院校会在本部门内学习，近八成院校提交给分管校领导，六成院校会发给各学院学习，仅有两成院校的项目负责部门与相关机关部门分享报告，仅有个别院校能对全校教师开放，没有一所本科院校做到让全校师生学习和校内外人士可网上查阅调研结果。这与质性研究结果基本相似，但本章的贡献在于将院校影响路径呈现得更加立体化和具体化。概括地说，衣箱型、金字塔型是目前的主体，而较为理想的火箭型和青条鱼型的情况相对要少很多。这也预示了项目结果的使用在很多院校可能处于不充分的状态。

经过分析，我们发现项目结果在向下延伸的维度传播非常有限。特别是在教师群体和学生群体，可以用凤毛麟角来形容，容易让人想到"边缘化"[①]（marginalisation）。师生共同体（尤其是学生）原本是明德项目关注的主体，我们不能忘记初心——"激励那些能够提升学生才能发展的过程的行为"（Astin et al.，2012：139）。为何在"以学生为中心"的呼声日益高涨的情况下，高校实际行动却仍然不如人意呢？我们在此暂时无法进一步追究背后的原因，但这种现象依然值得深思。项目结果的传播是项目发挥作用的第一步。正如奥斯汀和安托尼欧（Antonio）打了个比方，乐器演奏者或歌手通过听到他们的演奏和演唱来进行合适的调整，故反馈是任何艺术行为中发展技能过程的核心（Astin et al.，2012：139）。利益相关者都应该得到一定程度的反馈，并且用这种反馈为各自的成长和发展服务，在使用的过程中也能促进测评活动的反省和改进。所幸像A2大学的项目负责人正在做伟大的尝试，A4大学也正跃跃欲试。

（二）国内同类评估项目比较

在影响路径方面，至善项目仅有如明德项目的内部影响路径，而亲民项目在此基础上还有外部的技能支持。由于至善项目中国成员C1大学是

[①] 我2018年年底参加一个重点项目的答辩会，某顶尖大学核心部门双肩挑的领导说，大学本科教育改革的效果，老师们很多时候是不知道的。我听后异常惊讶，老师们都不知道，难道效果就由行政部门说了算？

将结果交给分管教学的副校长,横向部门有所涉及①,学院分管副院长人手一份调查报告(王小青 等,2018),基本上贯穿了向上攀登、横向蔓延和向下延伸的范围,构成了现实版的火箭型影响路径,但教师和学生群体的涉及没有实现。C1大学原本有希望实现项目结果传播至师生群体,由于考虑到报告中虽有激动人心的成绩,但也有不好的结果,项目结果在更大范围内传播的计划便中止了②。C2大学和C1大学的情况类似③,但横向蔓延部分不如后者充分。在亲民项目中,如A5大学(同时参加明德项目和亲民项目),项目结果会交给分管副校长和教务处,在教育教学大讨论期间会发给各职能部门和学院(火箭型),但平时是金字塔型,同样没有涉及师生群体④。A1大学则从2014年以来都是一个完整的火箭型影响路径,师生群体同样未被覆盖。不过他们已经关注到这个问题,因为老师有关于学生方面的疑问。项目负责人认为应该做,只是其权限在教务处。不过,该校的本土调查项目新生适应调查则做到让每个学生有雷达图的反馈,能够了解个人在学习、生活、社交等方面的适应情况、在全校的位置,这项调查在学生中也很受欢迎⑤。故至善项目的影响路径偏向理想型,而调研的亲民项目的两所参与院校也能够找到相对应的匹配类型。

在项目负责人方面,很显然,本研究通过扎根理论生成的"自我博弈"的行为模式属于针对某一种特殊情境的实质理论。至善项目负责人对接的部门是高教所或学院,项目负责人是专家,由于他们的运行模式是与教务处合作,经费由后者提供,所以报告第一时间交给教务处,项目结果传播范围由教务处决定。自我博弈的行为模式不太好解释至善项目的情境。对于亲民项目而言(相当于分析省外院校合作情境下的明德项目),要分情况来看:如果对接部门是教务处,且项目负责人属于非挂靠教务处的专业机构人士,那么就可尝试放到自我博弈的行为模式的理论框架来解释;如果对接部门是高教所(如A5大学),则可能不太适合,因为其与至善项目的性质一样,项目负责人所在部门与教务处是平行关系,和项目负责人隶属于学工部门(明德项目)或教务部门(亲民项目、明德项目的省外院校)不同。由于笔者目前接触的两个亲民项目案例均是高教所或高教中心专业

---

① 来源:2018年5月26日与C1M2老师的面对面访谈。
② 来源:2018年5月26日与C1M2老师的面对面访谈。
③ 来源:2018年6月23日与C2M1老师的面对面访谈。
④ 来源:2018年10月10日与B1A5M1老师的面对面访谈。
⑤ 来源:2019年1月13日与B2A1M1老师的面对面访谈。

人士对接项目①,所以无法进一步展开讨论。未来如果有机会,笔者将单独就亲民项目对院校本科教育质量的影响进行专题研究。

(三) 学术人和行政人角色内在比较

有学者将教学、科研人员称为学术人,把行政管理人员称为行政人(刘小强 等,2013)。已有文献从概括学术人作为高教管理者的人性假设的特点(董立平 等,2011),到其角色异化(张炎,2012),再到关注学术人和行政人的之间的区别(刘小强 等,2013)和利益冲突(赵俊芳,2012;向东春 等,2012)做了探讨。其中,有几项研究将有助于我们后续的讨论。学术人具备一些理想的本质特征:真理性、公共性、超功利性、自律性、创新性、自由性和学团性(董立平 等,2011)。有研究通过问卷调查提炼出学术人和行政人之间不同的现实特征:"自大傲慢"与"不卑不亢"、"学究"与"世俗"、"个人本位"与"组织本位"(刘小强 等,2013)。这个结果很有意思,但进一步关注两个群体的行动法则更有助于笔者后续的讨论。

周作宇(2011)认为,"用身体思考"是大学成员的行动法则,他充分比较了学术人和行政人的异同(见表7-7)。其中,对于学术人的目标,他并未明确提及,但我并不太同意上文提及的"个人本位",就像许美德观察到中国学者的显著特征是倾向于在一所高校奉献终身(特别是母校)(许美德,2000),学术人肯定也是关心组织的利益,只是更关注个人的学术发展,因为这是他们的立身之本。这从学术人和行政人关注焦点的差异即可见一斑。

表7-7 高校学术人和行政人行动法则比较

类型	组织角色	关联方式	目标	对大学的依赖性	社会影响	对大学目的和技术的感知图式
学术人	"自由人","游牧部落"	高度关联+影响力互相借力	—	一般	大学影响力;学术影响	聚焦学术事务
行政人	"公务员","组织人"	高度关联(与组织利益紧紧捆绑)	组织利益最大化	较强	大学影响力;正式职位;大学理念的公共表达	聚焦公共事务

来源:周作宇(2011)《现代大学的实践逻辑》第12-13页。

---

① 在A1大学,尽管高教中心挂靠在教务处下面,但要说高教中心的老师属于教务处,则是不合适的。如果说这些老师对于教务处没有任何的依附心理,那亦是不合适的。就像B2A1M1老师在访谈中多次强调其中立的角色,但在我看来,这种中立也夹杂着对教务处有心理偏向的味道。所以这种关系更为复杂。故在本书,我就不讨论这种情况下项目负责人和由明德项目生成的行为模式类型的匹配问题。

以上这些研究为处理大学学术人和行政人的关系奠定了较好的基础。不过,可能对于一个特殊群体即同时有着两种身份的高校人群,尚未有系统关注和研究。由于目前很多院校①学工系统有两套职业发展路径:一种是行政晋升,一种是学术晋升,尤其为了激励学工队伍和行政人员的积极性,采取"双路径晋升制度"(陈向明 等,2021)。这种激励制度也覆盖了省内的多数院校,导致了一些行政人员具有双重身份,一些项目负责人即属于该群体,如A2M1、A6M1、A12M1、A15M1等老师。因此,一个问题摆在眼前:这些项目负责人集行政人和学术人这两种角色于一身,他们的行为又会如何呢?

学术制度是指在学术活动体制化过程中,所形成的一系列对学术人活动构成激励或约束的成文或不成文的规则(阎光才,2011)。这些项目负责人有学术人的身份,也要遵守这些规则,尤其是学术发表直接决定他们能否在学术晋升路径上获得成就。个人的学术发展不能置之不理,对真理的追寻也不能不闻不问,需要聚焦学术事务。但是他们的行政人身份又将组织利益放在更重要的位置,聚焦公共事务。更大的问题在于,他们身上同时具有行政逻辑和学术逻辑,必然会产生角色的内部冲突,也就是形成更加剧烈的"自我博弈"。就像本研究中,一些项目负责人是作为行政人,被动地等待领导的"发号施令",才能推动项目结果的传播(以及使用)呢?还是作为学术人,一旦意识到项目结果的价值,即使领导不主动,也认为是自己的使命和责任主动去解读项目结果,引起决策者的关注和重视呢?如果内在的博弈天平转向行政人,则很可能成为约拿,如果转向学术人,则有机会成为通机变者。

项目负责人的关键性作用毋庸置疑,那么,通机变者行为模式的人似乎就是要培养的对象,但我们要充分认识到学校体制的顽固性和惰性之强。尽管通机变者是理想型的项目负责人,但实际情况下有一些可遇而不可求。打破行政场域和学术场域的边界是很难的,其经验在于:一是在处

---

① 如A2大学、A4大学、A5大学、A6大学、A7大学和A10大学。同时,A1大学的老师明确告知我他们是职员制,走行政线的老师没有同时走学术路径的机会。

理个人利益和集体利益的时候始终将集体利益放在首位①,二是对于当事人来说要么是高度权威的专家,要么是一定级别的管理干部兼有一定的学术人气质。然而,要满足这些条件是比较难的。当前比较具有可操作性的做法是,进一步完善明德项目组的技能培训,提升项目负责人的数据分析能力和研究素养,使其对于项目的意义认知能够从外部的权威转变为内心认同。或者,院校在招聘相关部门的行政人员时能够考虑具有数据统计方面基本素养的人才。即使专业性的人员规模逐步扩大,要使他们从约拿转型为通机变者,仍然有很长的路要走(我们不能小觑行政人和学术人集于一身的内在冲突),这和不同院校的整体文化氛围也有关,文化不是一朝一夕可以形成的。行政场域和学术场域的边界,尽管可以通过强化项目负责人的学术人身份而变得模糊,但过于主动去触碰边界,会让院校中一部分单一行政人身份的人员产生误解,进而存在一定的职业发展风险,甚至可能危及"项目在院校的生存问题"②。退一步讲,如果院校的项目负责人少一些应声虫,多一些识时务者,我们应该也感到万幸,毕竟这也是一种进步。

---

① 这个观点看似简单,但做起来是非常艰难的。我调研的院校中,有一个案例可以支撑这个观点。SERU项目第二代负责人C1M2老师在回顾参与项目早期"创业史"的时候,多次强调,如果第一代负责人C1M1老师(中国高教界著名的学者)是为了个人利益,这个项目根本不可能在C1大学做起来。都是为了C1大学能在国际上找到坐标,C1M1老师多次主动找到校领导、游说、解释参与项目的必要性。

② 来源:2019年1月13日与B2A1M1老师的面对面访谈。

第八章 总结与讨论

你始终都要把人看成目的,而不要把他作为一种工具或手段①。

——康德(Kant),1872

第一节 研究结论

本研究以中国大学生学习评估项目明德项目为案例,通过混合研究方法(质的研究方法为主,以扎根理论为核心)研究该项目对新省的院校本科教育质量的影响以及如何发挥影响,具体分为两个子问题:一是明德项目对院校组织层面和个体层面产生何种影响;二是项目影响的动力和路径是怎样的。

第一,明德项目对院校本科教育质量的影响,分为内部影响和外部应用,涉及组织层面和个体层面。内部影响在组织层面包括科学掌握学情,服务院校决策(按照决策重要程度分为Ⅰ型和Ⅱ型)和营造证据文化;在个体层面包括促进教师教育反思、学生自我定位和项目管理者(负责人为主)自我提升,这里管理者自我提升包括改变教育管理理念、提升工作水平和提高科研能力。外部应用体现在组织层面,即项目结果用于教育部审核评估和院校绩效依据。

与美国的NSSE项目和CSEQ项目、英国NSS项目和澳大利亚CEQ项目等国际四大评估项目相比,明德项目对院校本科教育质量的内部影响和外部应用在内容类型方面多数有所涉及,不足之处在于对教师的教学反思和学生教育增值影响比较小,特色在于促进项目管理者的能力提升(如

---

① 转引自张华夏(2007)《两种系统思想,两种管理理念——兼评斯达西的复杂应答过程理论》,原文见Kant(1785) "Fundamental Principle of the Metaphysics of Morals",收录在 *The Great Books of the Western World*(volume 42)第272页。

科研能力)。基于上述研究结果,本文尝试构建评估项目影响程度分类指标框架,根据内容维度、利益相关者维度、中外比较维度、时间维度和当事人维度,将明德项目对院校本科教育质量的影响程度分为浅度、中度和深度。样本院校多数分布在浅度和中度,仅有两所院校是深度①。

第二,明德项目对院校的影响机制表现在多相复合型动力理论模型和多元影响路径。前者包括权威、需求和人际三个动力因素。后者包括衣箱型、金字塔型、车厢型、柱体型、青条鱼型和火箭型等六种项目校内影响路径,以及院校项目负责人的"自我博弈型"行为模式,分为四种类型:应声虫、约拿、识时务者和通机变者。

(1)在动力方面,明德项目影响院校的动力可以用多相复合型动力理论模型来解释。该动力理论由权威—需求—人际三大动力构成,针对院校组织层面和个体层面。在组织层面有权威—需求Ⅰ两大动力组合。权威分为行政权威和学术权威,对应于马克斯·韦伯有关统治类型的两个概念——理性型统治和卡里斯马型统治(或魅力型统治)。行政权威即地方教育主管部门要求省内院校参与项目,学术权威指项目组的专业程度获得院校信任。由于省内院校均面临行政权威,有的院校除此之外,参与项目也考虑到学术权威,故权威的具体维度分为行政权威—双权威(行政权威＋学术权威)。需求Ⅰ分为院校发展长期需求和短期需求。长期需求指院校通过参与项目可以获得区域性和全国性数据常模,和同类院校进行横向比较,为院校发展进行自我定位,或针对本校多年数据进行纵向比较,以此监测项目关键性指标变化。短期需求包括科学掌握学情、解决眼前问题、用于部门总结、参与审核评估等。院校组织层面的动力组合具体形成"行政权威—长期需求"、"行政权威—短期需求"、"双权威—短期需求"和"双权威—长期需求"四种类型。在个体层面有需求Ⅱ—人际关系两大动力组合。需求Ⅱ为个体专业性发展需求,按照马斯洛的需求层次理论分为

---

① 目前中外文献中关于项目的影响更多的是在影响内容的层面上阐述,鲜有项目对院校的影响程度的评估。像NSSE项目官方网站仅仅统计项目结果在院校的传播率和使用率,以及征集院校使用项目结果案例放在官方网站上共享,起着一定的示范作用。本研究这里的程度评定并未指向排名,而是帮助院校对照评价指标框架进行自我定位,更重要的在于为后面讨论何种动力组合更有利于项目发挥作用奠定基础。详见第五章"中国明德项目对院校本科教育质量的影响"。

匮乏性需求和成长性需求，人际关系偏向于中国情境，分为亲密关系和疏远关系，两者组合也可以形成四种类型："匮乏性需求—亲密关系"、"匮乏性需求—疏远关系"、"成长性需求—亲密关系"和"成长性需求—疏远关系"。组织层面和个体层面的动力共形成16种组合，这些组合是动态的，相互之间可能发生转换。针对国内同类评估项目亲民项目和至善项目的案例院校分析资料，多相复合型动力理论仍然有较好的解释力。

结合项目对院校的影响程度分类，院校组织层面和个体层面的动力组合可以初步形成如下六个命题：

a.当院校组织层面动力组合是"行政权威—短期/长期需求"的时候，个体（即项目负责人）专业性发展处于匮乏性需求状态，无论人际关系亲疏，项目影响很可能是浅度。

b.当院校组织层面动力组合是"行政权威—短期/长期需求"的时候，个体专业性发展处于成长性需求状态，无论人际关系亲疏，项目影响可能处于中度。

c.当院校组织层面动力组合是"双权威—短期需求"的时候，个体专业性发展处于匮乏性需求状态，无论人际关系亲疏，项目产生的影响很可能倾向于浅度。

d.当院校组织层面动力组合是"双权威—短期需求"的时候，个体专业性发展处于成长性需求，无论人际关系亲疏，项目产生的影响很可能倾向于中度。

e.当院校组织层面动力组合是"双权威—长期需求"的时候，个体专业性发展处于成长性需求，无论人际关系亲疏，项目产生的影响往往可能是深度。

f.当院校组织层面动力组合是"双权威—长期需求"的时候，个体专业性发展处于匮乏性需求，无论人际关系亲疏，项目产生的影响至少是中度。

简言之，多相复合型动力理论可以尝试解释教育评估项目影响参与组织的动力机制，从组织层面、个体层面分别展开分析权威—需求I，需求II—人际[①]。

[①] 本研究并未涉及群体（group）层面，原因在于院校负责项目的团队或项目组被期待的学术共同体均未能很好地建立起来，未来可以进一步讨论该理论对于群体层面的适用性。

(2)在影响路径方面,可以分为外部影响路径和内部影响路径,前者是指政府(地方教育主管部门)的行政支持和明德项目组的专业支持,后者则更为复杂。院校内部影响路径呈现多样化,项目结果传播路径按照向度分为内部消化、向上攀登、横向蔓延和向下延伸四种,内部消化指项目结果仅在项目负责部门内部不同程度地共享,向上攀登指项目结果向分管校领导或整个校领导决策层报告,横向蔓延指项目结果与包括教务部门在内的机关单位共享,向下延伸指项目结果能够传播到学院层面,以及教师和学生群体。不同院校的项目结果传播在不同向度组合后出现多种传播路径组合,可概括为六种影响路径类型:衣箱型、金字塔型、车厢型、柱体型、火箭型和青条鱼型。按照顺序,项目结果传播范围越来越广泛。较为理想的路径类型是火箭型和青条鱼型,其项目结果不只是在部门内部使用,而且向上反馈到分管校领导或整个决策层,横向与教务部门在内的机关单位共享结果,向下能延伸到学院、教师乃至于学生群体。结合定量研究结果,可以发现实际上院校内部影响路径类型主要是衣箱型、金字塔型和柱体型,而火箭型和青条鱼型较少,关键的问题在于项目结果传播对师生涉及较少。亲民项目和至善项目涉及的案例院校均能找到相匹配的类型。

在明德项目发挥影响的过程中,项目负责人扮演着"关键先生",是影响路径中的重要环节。本研究借助于扎根理论,将项目负责人的行为模式归纳为"自我博弈"型,选择负责人对行政场域规则的遵守程度(呆板—灵活)和专业性程度(弱—强)为属性,形成矩阵,具体分为四种类型:规则遵守呆板—专业性弱、规则遵守呆板—专业性强、规则遵守灵活—专业性弱、规则遵守灵活—专业性强,分别对应于应声虫、约拿、识时务者和通机变者。

上述所有研究结果可以融会贯通在一个评估项目对院校本科教育质量的影响的生态系统中(见图8-1),分为影响框、动力框和路径框。其中,影响框对应第一个子问题,即项目对院校的影响是什么;动力框和路径框对应于第二个子问题,即项目影响院校的机制是怎样的。

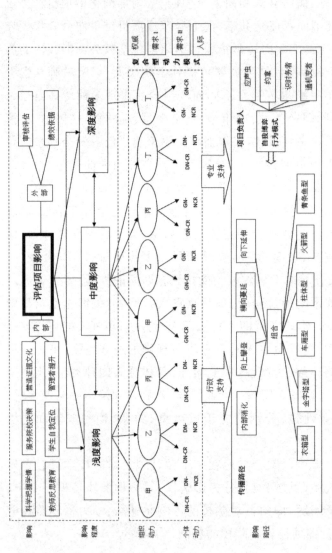

图 8-1 明德项目对院校本科教育质量的影响的生态系统图

注:(1)示意图包括影响框、动力框和路径框。影响框呈现的是内外部影响程度和影响路径;影响路径呈现的是项目结果的传播路径和结果;动力框呈现的是项目负责人的行为模式。(2)多相复合型动力模式:组织层面的动力组合为权威—需求 I,行政权威和双权威(行政权威—学术权威),需求分为院校发展和院校发展长期需求短期需求。甲、乙、丙、丁分别为行政权威—长期需求、行政权威—短期需求、双权威—长期需求、双权威—短期需求。需求 II 分为匮乏性需求(DN)和成长性需求(GN)。人际关系分为亲密关系(close relationship,CR)和疏远关系(none close relationship,NCR)。为画图方便,将需求 II 和人际关系的组合用英语缩写表示,中文版参见图 6-1。(3)影响框的双向箭头关系表示,影响程度随着动力组合发生变化而发生变化,如同时可能会对其产生影响。细单向前头关系表示连接或对应于动力的意思,并非直接因果关系。

第二节 理论互动

使用扎根理论的范式开展研究,因为其以生成理论为目标,理论对话往往是不能回避的步骤。所谓理论对话,是指与前人的理论对比,发现自己有哪些不足,哪些有所补充,哪些有所超越。本章节的理论互动主要是本研究生成的多相复合型动力理论和现有的动力理论之间的互动,以及项目负责人的"自我博弈"行为模式和路径实践方面的理论之间的互动。

一、动力理论

很显然,与前文提及的群体动力学理论、动机理论和组织动力学理论相比,要说本研究生成的多相复合型动力理论有所超越是很难的。笔者在本研究的努力在于,借用了前人的一些概念,重点综合了组织层面和个体层面的动力,研究大学生学习评估项目——明德项目对院校本科教育质量的影响,形成多相复合型动力理论,同时兼顾组织层面和个体层面,用来解释项目产生影响的动力机制。单纯从组织层面或个体层面分析项目影响院校的动力都是不全面的。

（1）组织层面,将马克斯·韦伯的统治类型中理性型统治和卡里斯马型统治（或魅力型统治）这两个概念拿来运用,基于访谈资料,形成了行政权威—学术权威的动力维度。这是扎根理论常用的方法。实际上,就是在明德项目的情境中找到了中观层次的具体表现形式。韦伯的理论遗产就可以说明明德项目为何会对院校产生动力。如前文所述,统治本质上涉及的是信任问题（陈洪捷,2002:104）,而信任常常会被一些学者拿来和动力紧密联系起来（王莹 等,2015;高勇,2014）。行政权威是保证自身合法性的问题,学术权威是项目的信效度的问题。而对于组织的需求,短期需求如掌握学情、参与教育部审核评估、解决明显存在的问题等,长期需求如根据区域性或全国性的常模对自我进行定位,都是基于组织生存和发展理性思考的假设。这些需求因为基于组织的生存和发展,都可以概括为一些研究所谓的组织内在动力（刘国瑞,2018）。这些方面的讨论一定程度上可以用资源依赖理论（resource dependence theory,RDT）（Pfeffer et al.,1978）来解释。用复杂响应过程理论的术语来讲,不管是权威还是需求,都会转化为管理者的姿态,这种姿态的表达,会引发组织成员的回应,这些回应又会引发新的姿态和回应,形成迭代循环。而主体间关系,或者说相互依赖、相互作用,加上他们基于自身对身份的认同感(高校对于行政人和学术人都会有各自的身份认同机制),会促进组织发展。比较深度影响案例的院校和浅度案例的院校,本质区别之一在于项目负责人的经历差异,而这差异本质就是身份的认同感。项目组与院校一级项目负责人之间的关系,形成跨组织的非正式群体(组织),其延伸成功与否,以记忆或情感为载体。而浅度影响案例院校项目负责人与深度影响案例院校的同类群体相比,在记忆或情感方面是缺乏的。

(2)个体层面,笔者充分运用了马斯洛的一对概念,形成需求Ⅱ属性的维度:匮乏性需求—成长性需求,主要针对专业性发展层面。本研究并未单纯从不同需求分类出发进行分析,因为需要层次理论具有较强的普适性,在不同情境中的人均有从低层次的本能需求到高层次的自我实现的需求,但我们要注意到项目负责人中绝大多数人的行政人身份的背后隐藏着学术人的身份,其中至少有一份专业性发展的渴求。对于这些人,专业上的发展需求可能首先关系到自身的基本生存问题。现在大数据的浪潮和理念几乎完全征服了高校管理者,与数据分析或挖掘的相关机构也纷纷在院校建立,作为职能部门偏向于执行层面的工作人员,不得不面对提升数据分析能力的压力。与此同时,一位行政人如果专业性足够强,在行政路径和学术路径都可能出现新的生长点,带来的既可能是外部的名利,也可能是内在的价值实现,这对于在中国儒家文化底蕴熏陶下成长起来的知识分子而言都是重要的需求。这种需求可以分别对应于匮乏性需求和成长性需求。前者可能成为约拿型的负责人,后者则可能成长为通机变者。如果按照勒温动力学的理论,则可以用他的紧张系统和生活空间来尝试解释。项目负责人都有行政路径和学术路径的晋升目标或专业实现,作为一种心理需求,实际上都有一定的难度,这些目标的存在会启动其紧张系统,体现的是他们和制度环境的关系,目标会产生吸引力或排拒力,形成需求、紧张和目标(以及力)之间的相互作用。生活空间(或场)是项目负责人作为主体和环境作为客体的整体性建构。他们的需求或目标一旦形成,就会打破心理平衡形成紧张,激发行为继续追求新的平衡。任何变化都会引起整体的变化。就像有院校的项目负责人将项目结果的分享作为自己的使命,力求涵盖教师群体和学生群体,这种变化会带来整体的变化。或者如A1大学S1学院的师生关系制度层面的变革,使得教师对学生的关注程度提高,学院更重视学工工作(学工专题过去不会列入党政联席会)。

人际关系作为动力的要素之一,在已有的研究中并不多见。这可能会带来一些争议,因为"关系"在中国人的语境里往往偏向于贬义。然而,我们回想到,在案例院校中,A8M2老师因为人际关系把原本可能退出明德项目的不利局面挽回,转变为"重新回归";A2M1老师愿意牺牲闲暇时间将项目结果反馈给更大范围的学生群体,帮助他们自我定位、自我反思和自我调整,无限逼近教育增值的内核理念;A4P1老师为A4大学本土化项目过程提供"机缘巧合"。他们发挥的角色,或是托底的作用,或是锦上添花的作用,其共同点是他们作为明德项目前成员的身份或校友的学缘关系,这可以统一概括为人际关系。这种人际关系和偏贬义的"关系"很显然不是同一个层次的。在中国文化情境下,以上项目负责人的人际关系背后的行为也可以尝试用翟学伟《报的运作方位》中针对中国人行为的观点来解释。中国人行为上的报可分为三个层次:(1)送礼与还礼;(2)行为或事件上的互惠或互助;(3)信仰上的祈求与保佑。其中,第二个层次是中国人思想和行为之关键(翟学伟,2007)。这里的"报"包括恩与仇,上述项目负责人肯定是对应于报恩的,对于曾经在明德项目组或母校的受益表示感激之情,由此形成的动力并不是基于理性的对等的好处的计算。"报未必意味着受益,它更加具有亲和、稳定关系或被牢固牵引住的倾向。相对而言,非物质性的报偿往往更容易实现这一点,因为作为行动或事件所带来的收益是说不清楚其自身的价值的,这就造成了双方之间会对以往事件及其结果做反复地评估或道德上的归因。"(翟学伟,2007)概言之,翟学伟用本土的概念揭示了中国人交换系统中的"封闭性和稳定性"(翟学伟,2007)。这里社会学意义上的感激、感恩在心理学上也有一定的依据,马斯洛在临终前一年一篇未发表的文章《恢复我们的感激意识》中写道:"感激意识对于情感健康十分重要。"(马斯洛,1999)他在晚年对医院的护士进行实验性研究的时候,发现感激是人类关系中必不可少的,甚至是一种心理的基本动力(霍夫曼,2013:245)。我们不得不说,第三个动力因素更多带有中国文化特色,也是明德项目作为评估项目发展过程中无法逾越的阶段,这进一步说明,这种弱行政色彩的评估项目并非都是源于院校需求而导致的理性行为,而是综合多方的力量促成的。

与此同时,可以发现,在本研究中,动力并未涉及对群体层面的讨论,而现有动力理论在组织、群体和个体层面都有涉及。原因可能在于,并非所有院校内部都有一个团队负责项目,有一些院校是团队建制,更多的是"单打独斗",并且项目负责人和参与者变动频率大。在明德项目组织层面,尽管院校项目负责人的专业发展需求是普遍存在的,但是暂时也未形成一个稳定的学术共同体,也就无法将这些项目负责人和参与者有机连接一起。如果院校内部或者跨校的学术共同体能够成立,勒温的群体动力学理论则可以很好地用来研究如何推进这些群体的发展,充分调动他们的积极性,这对于项目发挥更加实质性的影响无疑会有帮助。也就是说,目前的项目整体运行缺乏群体层面的建设,这个层面的动力也就无法发挥影响项目负责人的作用。

综上所述,现有的动力理论可以局部性地解释教育评估项目影响院校的动力机制,但无法同时解释组织层面和个体层面的动力,本研究的多相复合型动力理论的优点在于综合了组织、个体层面的动力解释。

二、路径实践

本研究的路径研究包括影响路径分类,也包括项目负责人的行为模式。这里侧重于讨论后者,分析项目负责人的角色或行为模式。这可以用罗杰斯(Rogers)的创新扩散理论(diffusion of innovations theory,DIT)解释。扩散理论主要内容包括:①扩散定义成一个过程,而这个过程必须满足某创新在某时间段内特定的沟通渠道在某社会体系成员里传播;②创新扩散的四大要素分别是创新、沟通渠道、时间和社会体系;③扩散过程呈S曲线[①];④创新—决策过程包括认知、说服、决策、执行和确认;⑤根据创新精神,把受众分为五大类,即创新先驱者、早期采用者、早期大众、后期大众和落后者等(罗杰斯,2016:24)。

明德项目的本质是测评工具,它和罗杰斯所谓的"技术创新"的技术是一回事。技术包括:硬件,实现此项技术的物理工具或材料;软件,提供给工具的信息(罗杰斯,2016:15)。明德项目的创新之处在于它的服务,在于它有一般院校本土评估项目难以具备的优势:一是有较高的信效度的测评工具,经过十余年的运行日臻成熟;二是具有区域以至于全国的数据库,可以给参与的院校提供一个常模进行横向比较,同时也可以给每个院校积累历史的数据进行纵向比较;三是可以免费参加;四是可以选择跟踪调研,形成面板数据,结合全国的数据库进行更加复杂的因果机制分析。罗杰斯的创新之处在于,对于创新的界定从客观转向主观,"创新和它是否为客观上

---

① 从创新扩大的结果来看,可以从第一章图1-2检验是否符合罗杰斯的所说的S曲线,北大项目的曲线倾向于S曲线,清华项目由于2012年采用成本分担模式,导致数据有所下滑,但随后教育部开始推动审核评估,数据有所反弹,如果看两者之和的曲线,将更符合S曲线。

的新,是否为第一次使用关系不大;个体对它的反应决定它是否属于创新,如果人们认为是新颖的,它就是创新"(罗杰斯,2016:14)。不过,笔者认为,在院校体系这样的情境之下,罗杰斯关于创新的定义需要略作调整。本身技术创新是前提,能够让受众认知到的创新方为正宗的创新。院校作为社会体系有着规则性和稳定性,其结构促进或阻碍创新的扩散,其影响超过体系中成员的影响参数(罗杰斯,2016:27)。就像A1大学早期通过OA分享项目结果,除学生和校外人士,其他人只要愿意都可以看到项目结果。然而,在院校内部,项目负责人对于创新扩散有着较大的潜力,他们很可能会成为或者已经成为意见领袖。

与普通成员相比,意见领袖具备三个主要特征:一是与外界接触较多,具备世界公民特征;二是具备较高的社会、经济地位;三是更具创新精神,虽然他们的创新性局限于所在体系的规则;并且他们都属于体系内部发挥影响力的人(罗杰斯,2016:29),像识时务者和通机变者类型的项目负责人都是意见领袖,应声虫(或套中人)显然不是,而约拿型的人是准意见领袖,因为他们具备罗杰斯担心的类型的显著特点——"说服他人采用创新的作用有限"(罗杰斯,2016:28)。而意见领袖最显著的特征是他们处于人际关系网的中心点(罗杰斯,2016:29)。像A2M1老师是团队负责人,与团队共同负责各种科研项目的数据处理,她还单独负责向部门领导解读数据,同时,她负责和教务处对接联络大学生学业相关工作,所以在他们学校学工部门和教务部门之间的对立紧张程度要小得多。A14M1老师是部门一把手,认可项目的创新和长处,对内和学工线可以通过行政权威推动创新扩散,对于教务处也好,学院也好,与各个单位的负责人有着正式的同僚之间的权力平行关系和非正式的私人关系,于她而言,项目结果的传播难度显然要比类似的A8M1、A6M1、A12M1三位项目负责人小很多。这些意见领袖,从受众来说,往往是创新先驱者、早期采用者和早期大众。创新的扩散本质上就是人们对新事物主观评价的交互的社会历程(罗杰斯,2016:IX)。本研究的问卷调查和访谈发现,绝大多数人表示愿意推广项目,这些人都是潜在的意见领袖。然而,意见领袖这个角色在解释项目协调人的作用的不足之处在于:一是不能把项目协调人面临的困境和挑战充分地考虑在内,无法解释其自我博弈的内在冲突;二是意见领袖的影响力可以与识时务者和通机变者一致,但无法较好地凸显通机变者身上较强的专业能力,也就无法较好地"链接"到这类群体由实现个人价值所生发的内在动力。

因此,综合看来,在类似明德项目的大学生学习评估项目对院校本科教育质量发挥影响的这一特殊情境中,作为实质理论的项目协调人"自我博弈"的行为模式相比较已有的理论,在解释力方面有着其独特优势。基于识时务者和通机变者在项目发挥影响的关键性作用,这类项目负责人的持续成长和培养对于项目发挥影响至关重要。

第三节 实践启示

由项目组设计和推进评估项目,地方教育主管部门、项目组和院校肯定都有各自的利益考量,但均有一个共同的朴素的愿望,就是该项目能够真正影响到院校的本科教育质量,能够切实地促进学生在不同素质指标方面获得进步,即项目发挥深度影响。未来如何实现这个目标是本研究比较关注的问题,笔者将紧扣本研究的主题即从影响机制的动力和路径两大维度提出四项建议促进项目结果的传播和使用,从而进一步发挥项目的影响。该部分所谓的项目,不单纯针对明德项目,而是包括中国当前主流的五大项目(北大项目、清华项目、厦大项目、SERU项目和华科项目),以及院校自主设计的大学生学习评估项目(如中大项目),甚至一般性的教育评估项目也可以作为参考。

一、调适引入行政权威的干预程度

正如上文所述,行政权威和学术权威均是影响院校组织层面的重要的动力因素。行政权威的存在意味着强制性,在保证院校参与项目方面,确实有立竿见影的效果,这从明德项目的参与院校规模远远超过国内同类项目可见一斑。有一类院校项目负责人主张加强行政权威的存在,不只是在参与项目环节加强地方教育主管部门的干预,还应将项目结果应用于地方绩效考核[①],或在项目使用的环节再次进行行政干预[②③],抑或通过项目结果促进教育主管部门推动本科教育改革[④]。

这三种建议有可能导致行政权威的过度干预,会带来新的问题。首先是教育主管部门和项目组的关系处理问题。两者之间是"委托—代理"的关系,但随着地方教育主管部门负责人的更换以及其他可能的原因,这种

---

① 来源:2018年10月25日与A10M1老师的面对面访谈。
② 来源:2018年10月23日与A1M1老师的面对面访谈。
③ 来源:2018年9月11日与A8M1老师的面对面访谈。
④ 来源:2019年1月13日与A15M1老师的面对面访谈。

关系逐步由强关系转化为弱关系。从历史资料可以看出,早期地方教育主管部门深度介入表现为出台官方文件、充足经费支持和上级领导出席项目启动会,院校的会议参与者是学工部一把手(甚至分管校领导),是强关系的表现,但是在这种情境下,项目组作为一种专业性的群体,其自由度受到一定程度的约束。而目前的行政权威已经演变成官方文件的象征性支持,经费逐步减少,固然会产生消极的影响,但项目组的自由度有所扩展,正如项目组负责人感慨的"买了个自由身"[1]。而且,一些项目负责人也忽略了一个问题,即使是早期行政权威的强介入,仍然会出现一些问题,项目调研结果有些时候在一些院校"不知去向"[2][3]。是否意识到院校需求(哪怕是短期需求)是关键之一,就像A12大学,当他们发现,项目结果在审核评估时起了至关重要的作用之后,部门领导开始强调保存好历年的数据[4]。

其次,从可操作性来看,建议一主张将项目结果纳入地方绩效考核,笔者对此持保留态度。不应忘记,在教育部早期本科教学评估中存在形式主义、造假和欺骗(蒋凯,2010),原因在于评估结果与院校命运息息相关[5]。案例A1大学曾依据亲民项目结果对学院赋分排序,后来却取消了这一措施,项目负责人的解释是这样就意味着每次分数的提升是在行政干预下出现的[6][7],而非是针对问题采取得力措施引起的。建议二主张由教育主管部门发文要求院校对项目结果的传播和使用更加具体化,会使院校真正操作层面的部门"师出有名",会对项目的影响有所促进。况且,对于A1这样的大学来说,通过主管部门发文意味着项目结果可以通过OA对全校教职员工公布[8],项目结果传播的问题就解决一大半。主管部门要求学工部门来负责项目在学校的运行,确实忽略了项目本身不只是涉及第二课堂,同时涉及第一课堂(由教务部门主管),故如果在项目结果出来之后没有明确的

---

[1] 来源:2018年4月12日AH1老师的课堂。
[2] 来源:2018年9月12日与A7M1老师的面对面访谈。
[3] 来源:2018年12月10日与A5M1老师的面对面访谈。
[4] 来源:2018年11月21日与A12M1老师的面对面访谈。
[5] 来源:2017年12月26日与AOP1老师的面对面访谈。
[6] 来源:2019年1月13日与B2A1M1老师的面对面访谈。
[7] 如果是在法治比较成熟的时候,这种方式未尝不可以使用,就像澳大利亚根据项目结果拨款经费。因为在法治日渐完善之时,组织或个人违法的成本远远高于其数据造假带来的收益。
[8] 来源:2018年10月23日与A1M1老师的面对面访谈。

文件作为依据,项目结果在不同部门的分享和使用确实对于很多院校来说会有一定的"名不正言不顺"的问题,笔者暂时把这种现象称为"制度尴尬"。这个尴尬如何化解稍后再谈。然而,如果教育主管部门再次发挥其行政权威,项目组与教育主管部门之间的又一次妥协程度是否能够被接受,则是另一个有待商榷的问题。尽管儒家文化提倡知识分子与政府保持联系,通过奉献国家来实现自我价值,但一些中国人怕与政府打交道的文化属性(许烺光,2017:171-178)也不应忽略。第三种建议的思路在于,如果项目组能够想办法让教育主管部门更加重视项目结果,促进本科教育改革,自上而下地影响参与的院校,那么明德项目的影响效果会更好。从理论上看,这种思路是很有见地的。然而,也需要认识到项目组作为政府智囊的角色,很多时候是被动的,将项目结果提交给地方教育主管部门,后者是否用其来促进本科教育改革则是未知和不可控的。故这个方向是项目组可以努力的,但不是操作层面的问题。也就说,笔者所说的适度引入行政权威,指在原有政府发文的基础上,考虑增加第二、三个建议。特别是第二个建议,至少可以保证研究结果传播渠道的有效性,才可能促进利益相关者改革(Coates,2018),毕竟如果由项目反映的学生学业成就的信息不能适用于院校的计划和决策,那这些研究结果将会变得几乎没有价值(Kinnick,1985:93)。

最后,需要提醒的是,明德项目在省内院校和省外院校的运行模式不同这一事实,就可以看出行政权威是否介入不是必然的因素。像亲民项目[①]和至善项目也都没有行政权威的介入,从运行的历史来看,它们各自形成了独特的影响机制。尽管目前有专家正在推进这类评估项目制度化,但笔者认为,不能过度扩大行政权威的作用,在看到积极作用的同时,也需要看到行政权威过度介入带来的消极作用。我们需要反思,为何在没有行政权威的介入,NSSE项目能够吸引超过500所本科院校参与[②],而且这些院校还包括加拿大等境外的大学(NSSE,2019)。

二、促进院校"教""学"部门职能深度整合

院校部门职能深度整合特别是负责教学的教务部门和负责学生管理

[①] 亲民项目组负责人在项目十周年纪念会开场白上自豪地宣布,在没有行政干预的情况下,项目正常运转10年,是了不起的成就。

[②] 如2019年有531所院校参与NSSE项目,详见NSSE官网 http://nsse.indiana.edu/html/about.cfm.

的学工部门的整合,直接关系到项目结果的传播和使用。两个部门的微妙关系是由来已久的制度性矛盾。为何这是矛盾？人才培养原本是整体,不管是第一课堂还是第二课堂,都是为了促进本科生的发展,只是为了管理的效能而人为地划分,这种划分一直延伸到上级主管部门到教育厅、教育部①②。然而,实际发展过程中,目的变成了手段。"冰冻三尺非一日之寒",行政管理的效率至上取向的代价是人本主义的妥协。由于部门之间在权力结构上是平级关系,而项目本身涉及两个部门,理论上来说,应该首先促进项目结果的传播,进而共同促进解决存在的难题。然而,权力的平衡现状导致任何一方都不愿轻易打破,"谁都不能指挥谁"③,除非是对方主动表示感兴趣④⑤,这种平衡才会暂时打破,此时权力平衡不是问题,而是人际关系的问题。然而,兴趣往往是个体化的,进而也表现为一定的偶然性和不确定性。或者需由上一级出面协调,学校领导工作小组被认为是较为有效的协调工作方式⑥。

院校部门的职能深度整合是大势所趋,但道路漫长,有一些案例院校的制度设计可以作为参考。第一,大部制改革。在A7大学和A8大学,学生工作和教学管理合并到一个大的部门,A8M2老师就对此充满信心⑦,因为在他看来,两个部门的利益问题涉及学校领导分工不同,合并之后就会是同一个校领导。即便如此,大部制改革依然可能是不彻底的,在A1大学就是如此,他们的大部制改革未能成功将学工部纳入。而在B2A1M1老师看来,A7大学的大部制改革就是一个"笑话",在调研的时候表现出来的是,两个分管领导就扯不清楚的问题继续扯皮⑧。然而,如果大部制改革能够将两个部门整合到一个部门,意味着拥有同一个分管校领导,的确在一定程度上解决了由于分属不同校领导的"分而治之"的局面。第二,学工教

---

① 来源:2019年1月9日与A15L老师的面对面访谈。
② 也可解读为党委路径和行政路径的分权管理,但本研究不选择这个角度继续讨论。
③ 来源:2019年1月9日与A15L1老师的面对面访谈。
④ 来源:2018年10月23日与A1M1老师的面对面访谈。
⑤ 对项目的兴趣对于项目的传播至关重要,还可以用一个案例来证明。我问A1P1老师教务部门会不会将亲民项目结果与他们分享的时候,她回复说:不会,即使和我们分享,还要看我们要不要呢。
⑥ 来源:2019年1月9日与A15L1老师的面对面访谈。
⑦ 来源:2018年10月9日与A8M2老师的面对面访谈。
⑧ 来源:2019年1月13日与BA1M1老师的面对面访谈。

务联合例会。在A1大学,尽管由于两个部门之间的权力平衡和利益分割导致项目传播受阻,但是可以在联合例会上把问题提出来,商讨问题的解决。[1]类似的形式在A15大学也存在,但略有不同,A15大学加上了宣传部门,并且频率上仅仅是一学期的首末两次。第三,分管校领导二合一。如果说学工教务联合例会的存在仍然无法很好地解决两个部门之间的微妙关系,那么加上大部制的改革的"神似",效果可能会更加显著。分管校领导二合一对于C2大学来说,是一个制度设计上的偶然现象。由于分管学工的校领导被调任地方,该大学的学工和教务由一位校领导负责,每隔两周有一次联合例会,积极效果很明显[2]。根据笔者对其官网的跟踪观察,该制度设计保持了一年多,暂时没有变化。对于A15大学而言,分管校领导二合一则是历史性的存在,其在二十世纪九十年代初期,也是由同一位校领导管理两块业务,运转得很好,后来由于某种原因改为两个校领导分管,导致了一段时间的混乱[3]。两个案例表明,这种制度设计至少有成功的可能性。据笔者观察,这种二合一的趋势在有些地方也是有现例可循的[4]。外部环境中,除了大部制改革,现在国家提倡的"三全育人",都是促进部门之间协同合作的契机[5]。

三、提高院校一级项目管理者的专业化

这里的院校一级项目管理者以项目负责人为主体,参与者是其次。不管是从个体的需求还是项目负责人的关键角色,实际上本研究都是围绕项目负责人的专业性能力也就是研究素养在讨论。如何从匮乏性需求转向成长性需求,专业能力的提升是关键。再次申明,这里的专业能力指针对项目数据的统计与分析能力。要从应声虫、约拿转化为识时务者和通机变

---

[1] 来源:2018年10月23日与A1M1老师的面对面访谈。
[2] 来源:2018年6月23日与C2M1老师的面对面访谈。
[3] 来源:2019年1月9日与A15L老师的面对面访谈。
[4] 如江苏教育厅厅长和党组书记是一个人,但在有的省份两者是分开的,而到了教育部,部长和党组书记为同一个人,也是给学工和教务分割提供了一个上限。同时,党委领导下的校长负责制,意味着党委路径和行政路径的一定程度的分立,但是这两年在二级单位似乎有合一的趋势,如在A1大学S1学院,由于编制的问题,S1老师担任分管学工的副书记,同时兼任副院长。在明德项目所在单位,院长一职由党委书记兼任。这些都是制度性的尝试,到底未来发展如何,可以继续观察。
[5] 来源:2018年10月9日与A8M2老师的面对面访谈。

者,专业能力的提升都可以作为润滑剂。项目负责人的专业程度参差不齐,项目的影响可能在有些院校会因此而大打折扣。至善项目的优点在于,项目负责人是教育研究院或者高教所资深学者领衔的学术团队,他们借助于教务处的经费和力量完成调研,并且在结果使用方面和教务处保持密切沟通,能够使得项目的影响在每一个参与院校"开出美好的花"。解决项目负责人的专业化的问题,明德项目组可以有所为——过去的专业培训需要强化。专业培训是明德项目和亲民项目采取的相同措施,都是旨在提升项目负责人对于数据的处理能力。不过,培训多长时间比较合适是操作性的问题。在访谈中,有人反馈已有培训时间不够。项目组应根据自身经费情况和项目负责人意愿,在培训时间的长度上进行调整。

然而,专业培训仍然是不够的。根据明德项目组多年的经验,参加培训的队伍人员流动性很大,这是行政场域的普遍现象,几乎每位受访者都提到这个问题(他们认为人员的流动导致项目发挥作用的连续性受损)。故学术共同体[①]可以在一定程度上加强项目负责人和明德项目组的专业交流[②]。不管是在亲民项目年会,还是在明德项目调研中,都有院校项目负责人提到构建学术共同体的期望。实际上,像中国高等教育学会院校研究分会就是这类的学术共同体,只是参与者大多都是以学术研究为职业的群体即学术人,而明德项目组被期待的学术共同体是针对集学术人和行政人身份于一身的特殊群体,他们行政事务繁重,闲暇时间有限,又希望在学术上有所建树。他们的困境在于,行政事务常常会阻碍其学术进步愿望的实现,但其中是有弹性空间的,他们往往可以依靠学术共同体帮助他们在专业上纵深发展。可以说,专业培训是解决专业上的基础性问题,而学术共同体则是助其突破专业瓶颈的问题。在访谈中,有一个现象不得不引起注意:尽管现在"拿数据说话"已作为一种共识进而成为证据文化逐渐在院校落地生根,但仍存在普遍性的对数据分析的误解,即前文提到的,包括项目负责人中有着高级职称的人,将大数据和问卷调查当作对立关系,他们更加认同大数据的作用。因此,数据分析上的"深度扫盲"已是当务之急。专业上的培训和学术共同体的构建可以扮演积极的角色。同时,无论从勒温

[①] 本研究中,深度影响的两个案例院校的项目负责人或相关管理者某种程度上就是因为学缘关系、参与课题的共同经历,让他们以人际关系为载体仍然将自己看作是曾经的学术共同体的一分子。

[②] 即便是该项目负责人换了岗位,因为共同体的存在,在项目结果传播和使用方面,他们在自己学校内部依然可以发挥积极的作用。

的动力学理论还是从马斯洛的需求层次理论来看,这些专业化的措施无疑有助于提升项目负责人的积极性,帮助他们实现更高层次的需求,对于促进其自身发展和项目结果的传播、使用都会有双赢的作用。另外,明德项目和亲民项目的专业联络人制度是值得借鉴的,可作为专业培训和学术共同体的辅助性"补丁"工具存在。与此同时,提升项目负责人和参与者的专业化,责任不仅仅在于项目组,院校自身和其他利益相关者都有"投资"的责任和义务,这些人员都将成为院校研究的主力成员(Coates,2016),都会成为项目发挥影响的潜在"守门人"(梅松纳夫,1997:43)和意见领袖。项目负责人专业化不只是关注其专业性能力的提升,还能促进其避免成为约拿而向通机变者发展。他们能够科学地解读最终的结果,并能够深入浅出,说服相关高校决策层重视大学生学习评估项目的作用,为本科教育质量保障提供坚实的基础(王小青 等,2018)。

四、加强对学生个性化的项目结果反馈

不管是有关明德项目的问卷调查结果,还是中国五大主流大学生学习评估项目的质性访谈,研究均发现,项目在将项目结果反馈给学生本人这一点上,做得仍然不够,学生既看不到群体的项目结果,更看不到个性化的结果反馈。这些是普遍性的问题。即便是国际上的评估项目,能够像澳大利亚AMAC项目给参与的澳大利亚和新西兰医学生反馈各自的医学素养,或者澳大利亚GSA项目反馈增值得分的,也只是少数。中国的大学生学习评估项目中,明德项目和亲民项目从调动学生参与调研积极性的角度,在技术层面努力增加对问卷结果的反馈,但这存在一个技术缺陷,即只能看到自己在已经参与的同学群体中的结果,仍然无法实现参与学生了解自己在全国或省内常模中的位置。从有关群像的反馈技术上虽然可以局部实现,但似乎目前明德项目和亲民项目仅有极少数院校实现被动的"可查看"功能,而非主动的"推广性"反馈;有关学生个体的自画像的反馈,在理念和做法上更是凤毛麟角。真正意义上的反馈是A2大学的项目负责人正在推进的大学生成长发展报告计划,它能够让学生看到自己的一些能力指标在全国、全省、全校、全院、全系的长处和短板,形成了解自我的坐标。而A1大学的亲民项目则已经实现在本土的新生适应测评项目中人手一份的结果反馈。上述提及的AMAC项目和这里的新生适应测评项目已经证明个性化的结果反馈能够大大提高学生参与项目的积极性,在这种情境

下,测评的题项长度并未带来学生的抱怨①。然而,提倡结果反馈不仅仅是吸引更多的学生主动参与到这类评估中,更重要的是诠释学习评估项目背后的教育增值理念。学生不应该只是填写问卷的工具,而应该是这类项目关注的核心和参与的主体。如果项目结果无法实现个性化的反馈,不仅仅是资源的浪费,而且学生也失去反思个人成长的难得的机会。退一步讲,学校决策层或者项目管理者对群像结果反馈指标的不理想会有所顾忌,但关于自画像的结果反馈则无后顾之忧,因为一对一反馈是隐私化的处理。关键还在于项目的专家组、项目管理者和高校决策者多大程度上认可结果反馈的价值。

  在实操层面,如何实现将项目结果个性化地反馈给学生的理想目标呢?首先,大力推广奥斯汀的教育增值理念。在调研中,笔者发现,仅有极少数项目负责人或管理者提及大学生学习评估项目背后的教育增值理念,更多的是就项目本身的功能与运行进行讨论。所谓项目的影响更多体现在组织和项目负责人为主的管理者的受益,"学生是否直接受益"在话语中是严重缺失的。换言之,对项目的工具性价值的关注远甚于目的性价值。其次,定期分享个性化项目结果反馈的成功案例。像 A1 大学和 A2 大学给学生反馈项目结果的案例应该在更大的联盟院校范围内推广,使得院校项目管理者了解这种操作的必要性和可能性。如 A4 大学项目管理者表现出对这种做法的浓厚兴趣,但不确定是否能实现,如果他们看到有成功案例存在,就很容易成为坚定的追随者。成功案例的示范效果可以引起更多的项目负责人考虑自身的行政人和学术人的角色博弈,冲破行政规则的边界,考虑创造条件实现项目结果的反馈。再次,项目专家组充分使用已有样本选择的技术条件。从项目专家组的角度而言,技术上已经具备实现个性化的项目结果反馈的条件,近几年项目已经在越来越多的样本院校中实现全样本的跟踪调查,"万事俱备,只欠东风",这里的"东风"是意识到结果反馈给学生的价值。即使一时无法实现全样本或大样本,但从技术上实现个性化结果反馈也不会影响本身作为项目数据用于科研的目的之一的价

---

① 在笔者调研的很多项目负责人或分管领导都提及学生抱怨问卷题项过多的问题,通过这里的讨论就可以看出其本质问题在于项目结果不能给学生反馈,学生看不到参与这类项目的意义之所在,所以抱怨的本质并非真正是对问卷本身的抱怨,而是对"无意义"的抱怨。

值发挥,反而会增加参与的院校组织和学生个体的稳定性①。

当然,促进院校信息公开制度的完善、不断提升项目组的服务②、鼓励院校考虑"多元化结合使用"学业成就数据③(程星,2011:88;朱红,2010)等都可以进一步提升项目的影响程度,因为这些对策可以扩大项目结果的传播范围和增加项目结果的使用程度。总之,在促进大学生学习评估项目深度影响的过程中(可能对于任何一个教育项目而言都是如此),项目组和院校(组织层面和个体层面)都应各司其职,前者关注院校和项目负责人的需求,提供自身服务的能力,后者真正将师生放置于本科教育的核心并围绕之扫除障碍,两者协同构建一个良好循环的生态系统,真正借助于项目结果促进大学生在大学生涯乃至于毕业后的生涯中受益,也就是奥斯汀毕生提倡的"教育增值",这也是我们教育者毕生的宏愿。

第四节 贡献与局限

本研究的贡献在于,笔者做了三个方面的努力。

一是针对国内具有典型性意义的大学生学习评估项目对院校本科教育质量的影响进行系统性研究,较好地处理了两个研究难点。第一个难点在于项目的时间长度的问题,没有五年以上,可能难以衡量其影响④,有人将这类项目比喻为"需要呵护的小花朵"⑤。选择的样本项目运行超过十年。第二个难点在于,有些中国主流的大学生学习评估项目组负责人,对于本研究的结果可能有所顾忌(可以理解),但幸好明德项目组负责人抱着开放的心态,乐于借助笔者这项中立性的研究来帮助他们进行自我反思,以更好地改进项目组的服务。

二是在沿袭研究项目影响的传统范式即分类、组合之外,笔者还尝试

---

① SERU项目的中方负责人反馈,中国一所研究型大学考虑退出项目的重要原因之一在于,每次搜集的样本数量太有限,达不到其他院校20%—30%的回收率。如果他们考虑到给学生个性化的结果反馈,该学校就不会因为这个原因退出联盟。来源:2019年4月16日与CP1老师的面对面访谈。
② 比如,A1M1老师和A8M2老师均建议将项目结果以内参的方式发放给学校的决策层。
③ 在A5大学,明德项目、亲民项目的两个项目负责人之间没有交流和合作,而在A1大学,两个项目的负责人能感受到或能同时印证一个问题或现象。
④ 故五年也是本研究遴选明德项目案例院校的标准之一。
⑤ 来源:2017年11月2日与C1M2老师的非正式电话交流。

就项目对院校本科教育质量的影响程度进行分类。尽管这可能是粗糙的，不过从元评估的角度来说，是被允许的(桑德斯，2012:202-203)，这些程度的分类可以帮助院校衡量自己的大体位置。开发学习评估项目的影响评估的技术也是高教研究者的义务(Coates et al.，2018)。已有学习评估项目不会轻易对参与院校个体进行影响程度的分析，像NSSE项目也只是在其官网上公布项目结果的传播率和使用率，同时征集案例，通过这种方式含蓄地促进院校进行自我反思。而本研究进行了大胆的尝试，即对明德项目对参与院校的影响程度进行了衡量，目的并非分出胜负和排名，而是帮助样本院校进行自我定位，更重要的是进一步分析不同影响程度背后的动力组合的规律所在。当然，虽然笔者用意良善，但对项目影响院校本科教育质量的评估方式仍可以进一步完善。

三是在项目的影响机制上做了深入的理论层面的探讨，特别是在动力和路径方面，借助于扎根理论，生成可以解释一定情境的中层理论。在动力方面，形成了多相复合型动力理论，从组织层面和个体层面分析项目影响的动力组合，并结合影响程度，生成若干命题。相对于已有的动力理论而言，本研究生成的动力理论优势在于，对于项目影响院校本科教育质量的情境而言，能够同时兼顾组织层面和个体层面的动力要素。在影响路径方面，形成了六种类型解释项目的校内影响路径，以及四种项目负责人的"自我博弈"的行为模式类型，都能有对应的案例学校匹配。分析发现，这些适合一定情境下的理论也能解释类似的亲民项目和至善项目，并且和已有理论进行一定程度的互动对话。本研究的创意之一在于，考虑到增强理论的解释力，笔者专门进行额外的调研，即搜集了明德项目、亲民项目、至善项目和笃行项目相关的9所院校17位项目负责人或相关人的访谈资料。一般而言，扎根理论允许这项工作在另一项研究中开展，但由于笔者本研究准备的时间较为充裕，从而得以在同一项研究中展示检验结果，力求达到扎根理论应用的理想状态。

本研究的确也存在一些遗憾：①一些院校的项目管理者(以项目负责人为主)流动性比较强，难以联系早期的项目管理者并进行访谈资料的搜集，项目对这些院校的早期影响难以从历史的角度完整地复原。②参与项目时间未超过五年的案例院校排除在考察之外，但它们为何在地方教育主管部门行政命令下依然选择断断续续地参加，或者悄悄退出呢？尽管这些院校数量上仅占较小的比例，但从案例研究的角度上依然有典型的研究意义。③限于时间和精力，一些希望研究的问题暂时未能涉及，像院校信息公开制度的问题,地方教育主管部门和明德项目之间的关系处理对项目功能发挥的影响,选择几个案例院校设置实验组和对照组用理想的定量研究设计来研究项目的影响(The Evaluation Gap Working Group,2006),等等,这些均可纳入后续的研究议程。

第五节 结语

一、一点担忧

笔者比较担心的一点在于,一些院校对大学生学习评估项目结果使用不充分(报喜不报忧)。对于项目结果的运用,结果自然会分为好的表现和差的表现。就明德项目的参与院校而言,重在使用好的结果,而应该将差的结果作为契机促进院校发展这一点可能为一些院校所忽略。尽管这类问题并非中国独有,更不是明德项目独有的问题,国外成熟的项目NSSE在结果使用上也是有很大的问题,库也承认这一点[①],但这个问题可能在中国更为严重。A8M2老师对结果的使用就是典型案例,即仅仅是挑好的数据来写工作总结。A6M1老师尽管不认同问卷数据的主观性,但仍然将好数据拿出来与兄弟院校做经验交流。在C1大学,校领导看到本校的一些至善项目数据和全球院校相比有优势很兴奋,但考虑到一些结果又不如别人,所以放弃在全校分享的初衷。A12M1老师在访谈中提到:未结合使用,是考虑到学校的声誉[②]。这充分反映了"家丑不可外扬"的文化对于一些高校的影响至深。笔者并非说不该使用正向的结果,不管是美国的院校认证制度还是中国的教育部审核评估,肯定都会拿出项目的好的数据来证明人才培养的成果,以及一些国外评估项目将好的结果用于吸引生源,都是学校发展情理之中的做法。不过,在政府认证要求和院校的自我完善之间应当保持张力(Douglass et al.,2012:317)。对于通过评估项目发现的问

[①] 来源:2019年1月10日与清华大学全球学校与学生发展评价研究中心副主任Hamish Coates教授的非正式交流。

[②] 来源:2018年11月21日与A12M1老师的面对面访谈。

题,上策是至少应该让本校教师①和学生了解,围绕这些问题来研讨解决,而非是回避。笔者在访谈一些院校的时候,一些项目负责人坦然地提到如何针对问题采取哪些措施来解决,而在另外一些院校项目负责人那里则是刻意回避,或者笼统地说采取了措施,但无法进一步举例说明。尤厄尔在《在项目规划和决策中使用学生成果信息》中,列出了5项经验(博格 等,2008:144):

  经验一:如果你想要,一般可以在学院中获得学生成果的信息,但是很少是你想要的形式。

  经验二:把数据应用于某一特定的一般认可的事项或问题。

  经验三:尽可能包含学校各组成部分中的各种各样的人。

  经验四:对成果信息的应用常受外界力量和个人的影响。

  经验五:对学生成果进行提问时,就准备对学校使命和效能进行更广泛的问题讨论。

这五条经验告诉我们,作为项目规划和决策的依据之一,项目结果不宜承受过高期待,但项目结果无论好坏,其使用会受到哪些利益相关者重视,以及项目结果使用需要与学校使命和效能联系起来才有意义。

二、一点辩护

评估项目对参与院校本科教育质量产生影响,核心在于对项目结果的使用,而这一块在全球尚属"young field",而中国是"younger field"②。言外之意是,中国大学的问题可能更严重。大学生学习评估研究的全球权威之

---

① 理论上,评价结果对于教师来说,能促进他们的教学,但实践上未必那么顺利。Astin 和 Antonilo(2012)认为,对于学生的学习结果,老师可能会出现如下几种"反应":第一,教职工对评价的目的有敌意;第二,呈现的评价结果对于政策或实践没有明显的意义或重要性;第三,有时,没有回应或者纯粹的沉默;第四,其他时候,被认为是"有趣",没有进一步的解释和建议类型的"有趣"是看不见的死亡之吻(kiss of death)。这里的原因比较复杂。Astin 和 Antonilo(2012)进一步分析道,比如,教师对于某个测评工具的整个评价概念都不认同;教职工勉强地参与了必要的评价活动,因为评价数据的使用,与组织的核心使命的关系是不清晰的。详见 Astin and Antonilo(2012), *Assessment for Excellence: The Philosophy and Practice of Assessment and Evaluation in Higher Education*(Second Edition)第 142 页。不过,对照已有的案例院校,凡是将结果反馈给教师的院校,教师们的反应还是以积极为主。

② 来源:2019年1月10日与清华大学全球学校与学生发展评价研究中心副主任 Hamish Coates教授的非正式交流。

一、澳大利亚 AUSSE 负责人 Coates 教授认为,原因是国外院校参与大学生学习评估是基于市场的行为,而中国不是[①]。对于这一点,笔者不完全赞同。首先,国外院校参与项目评估,应该说既有市场行为也有政府行为,在美国,院校认证制度也是悬在院校头顶的"达摩斯克里斯之剑"(The Sword of Damocles),不能说认证制度是一种政府行为,但笔者觉得所谓的市场行为在于,院校对于是参与 NSSE 还是 SERU,又或者是过去的 CSEQ[②],或者选择认证机构方面有选择权。地区认证制度存在着两个双重强调即改进和问责,这已经成为很难调和的张力,认证机构要对联邦政府负责,院校要对认证机构、公众和政府负责(Provezis,2010),从这些方面看,以学生学业成就为核心的评估项目结果的使用并无纯粹的市场行为,政府的监管是镶嵌在认证制度中的,只是程度上的不同,而不是有无的不同。如前文所述,像美国 VSA 系统对于大学生增值评估结果究竟如何使用也是取决于州政府的。如果将考察的视野转向澳大利亚和英国,从文献综述可以看出,政府行为就比较明显了,英国政府是明确要求各个院校参与 NSS 项目,而澳大利亚政府是将评估结果与排名和拨款相结合。在中国,目前约 200 所院校在北大项目、清华项目、厦大项目、华科项目和 SERU 项目等中选择其一甚至其二,院校的选择中夹杂着市场行为和政府行为,有的是地方教育主管部门要求院校参与其中一种,而大多数大学则可以在上述项目中选择,也就是说,市场行为也是重要的一点。当然,将项目纳入制度性要求,中国正在和美国趋同。美国的院校参加院校认证,选择参加不同的大学生学习评估项目,是有制度的强制力的约束,其自由的地方在于选择哪一个。中国的教育部审核评估,在自评报告环节也要求院校提供学业成效的依据,而越来越多的院校意识到必须用信效度比较高的评估项目数据来作为支撑,而且教育部要求,每一个数据必须有来源,这就是所谓的证据文化已经深入人心。院校可以选择目前的五大主流项目数据,也可以请麦可思这样的私营第三方来提供评估数据,或者有强大科研实力的院校可以设计本土测评工具,但在未来,这种选择性有进一步紧缩的趋势。因为像 SERU 项目在中国联盟院校的一位负责人已经建议将学习评估项目的选择清单纳入新一轮的审核评估方案修订中(在 C2 大学所在省份已

[①] 来源:2019 年 1 月 10 日与清华大学全球学校与学生发展评价研究中心副主任 Hamish Coates 教授的非正式交流。

[②] 如前所述,该项目运行 35 年后,于 2014 年正式停止。

经实现),以及亲民项目负责人也进入"双一流"大学建设的评估组中,那么大学生学习评估项目将有更进一步制度化的可能。如果在全国层面实现,这一点与美国是相同的,不同的是,中国是政府行为,而美国是民间行为。关于项目结果的使用背后的问题值得深入研究,不过,其中有一个问题需要正视,即项目的定位问题。在一些项目负责人或项目分管领导看来,院校不可能因为一个项目而进行整体的制度变革[①②③],这个观点是可以接受的。毕竟教育教学改革因其系统性和复杂性而比较艰难[④],能做到局部的修正就已经是很大的进步。新制度经济学可以给予一定程度的深层次解释:有影响的支持者常常不愿意对既有制度进行根本性的修正——即使发现这些制度进行边缘性的调整,从而导致制度的路径依赖式变迁(坎贝尔,2010:11)。因而,中国院校对于项目结果的使用处于"younger field"并非因为其参与项目的选择属于市场行为和政府行为的二分法的差异,实际上中美两国的情况在逐步趋同,即院校的选择均兼具市场行为和政府行为,只是程度有所差异,而国外权威的学者可能尚未意识到,中美两国的趋同还包括当前项目结果使用存在的关键性问题——项目结果对于学生群体的反馈问题(NSSE,2019)仍然是全球性问题。

---

① 来源:2019年1月9日与A15L1老师的面对面访谈。
② 来源:2019年1月13日与B2A1M1老师的面对面访谈。
③ 来源:2017年12月26日与AOP1老师的面对面访谈。
④ 来源:2017年12月26日与AOP1老师的面对面访谈。

参考文献

(一)中文文献

鲍威,2010. 未完成的转型——普及化阶段首都高等教育的人才培养与学生发展[J]. 北京大学教育评论(1):27-44+189.

鲍威,2014. 未完成的转型:高等教育影响力与学生发展[M]. 北京:教育科学出版社.

鲍威,2015. 大学生学业成就增值效应研究[J]. 江苏高教(1):65-69.

鲍威,杨钋,朱红,等,2016. 首都高校教学质量与学生发展监测研究[M]. 北京:人民日报出版社.

北京大学教育学院项目组,2018. 全国高校教学质量与学生发展监测——基于2017年全国本科院校学生调查[R]. 北京:8.

北京外国语大学英语系《汉英词典》组,1997. 汉英词典(修订版缩印本)[M]. 北京:外语教学与研究出版社:930-931.

博格,霍尔,2008. 高等教育中的质量与问责[M]. 毛亚庆,刘冷馨,译. 北京:北京师范大学出版社.

常桐善,2008. 建构主义教学与学习评估方法的探讨[J]. 高教发展与评估(3):47-55+76.

常桐善,2019. 中美本科课程学习期望与学生学习投入度比较研究[J]. 中国高教研究(4):10-19.

陈洪捷,2002. 德国古典大学观及其对中国的影响[M]. 北京:北京大学出版社.

陈骏,2010. 推行"三三制"创新本科教学模式[J]. 中国高等教育(11):12-14.

陈敏,张俊超,魏署光,等,2015."本科生学习与发展调查"的系统开发及其组织实施——基于华中科技大学的实践[J]. 高等工程教育研究(2):

105-109.

陈向明,2000. 质的研究方法与社会科学研究[M]. 北京:教育科学出版社.

陈向明,王富伟,2021.高等学校辅导员双线晋升悖论——一项基于扎根理论的研究[J]. 教育研究(2):80-96.

陈玉琨,欣文,2000. 教育评价理论的突破与创新——陈玉琨教授访谈[J]. 学术月刊(5):108-113+63.

陈玉琨,1999. 教育评价学[M]. 北京:人民教育出版社.

陈玉琨,代蕊华,杨晓江,等,2004. 高等教育质量保障体系概论[M]. 北京:北京师范大学出版社:59.

程星,2011. 世界一流大学的管理之道——大学管理决策与高等教育研究[M]. 北京:北京大学出版社.

董立平,周水庭,2011. 学术人:高等教育管理的人性基础[J]. 江苏高教(2):15-18.

窦心浩,金子元久,林未央,2011. 解读当代日本大学生的学习行为与意识——简析2007年度日本全国大学生调查[J]. 复旦教育论坛,9(5):79-85.

费孝通,2011. 乡土中国 生育制度 乡土重建[M]. 北京:商务印书馆:27.

付强,2016. 从控制系统观到应答过程观——评拉尔夫·斯泰西组织动力学[J]. 自然辩证法研究(3):79-82.

高勇,2014. 参与行为与政府信任的关系模式研究[J]. 社会学研究,29(5):98-119.

龚放,吕林海,2012. 中美研究型大学本科生学习参与差异的研究——基于南京大学和加州大学伯克利分校的问卷调查[J]. 高等教育研究(9):90-100.

郭丽君,等[①],2016. 大学生就读经验——基于湖南省的实证研究[M]. 北京:经济管理出版社:48-55.

国家中长期教育改革和发展规划纲要工作小组办公室. 国家中长期教育改革和发展规划纲要(2010-2020年)[EB/OL].(2010-07-29)[2019-01-14]. http://www.moe.gov.cn/srcsite/A01/s7048/201007/t20100729_171904.html.

---

① 该书的作者只标注了郭丽君等,笔者注.

国务院. 国务院关于印发统筹推进世界一流大学和一流学科建设总体方案的通知(国发〔2015〕64号)[EB/OL].(2015-10-24)[2018-12-06]. http://www.moe.gov.cn/jyb_xxgk/moe_1777/moe_1778/201511/t20151105_217823.html.

韩菊花,2012. 美国"全国大学生学习性投入调查(NSSE)"评价项目研究[D]. 北京:首都师范大学:51-56.

侯怀银,闫震普,2007. 高等教育质量概念探究[J]. 江苏高教(5):9-12.

黄福涛,2008. 外国高等教育史[M]. 上海:上海教育出版社:49.

黄海涛,2013. 美国高校"学生学习成果评估"的特点与启示[J]. 教育研究(4):138-146.

黄海涛,2014. 学生学习成果评估:美国高等教育质量保障研究[M]. 北京:教育科学出版社.

黄雨恒,郭菲,史静寰,2016. 大学生满意度调查能告诉我们什么[J]. 北京大学教育评论,14(4):139-154.

霍恩比著,Sally Wehmeier主编,2004. 牛津高阶英汉双解词典(第六版)[M]. 石孝殊,王玉章,赵翠莲,等译. 6版. 北京:商务印书馆:337.

霍夫曼,2013. 马斯洛传:人的权利的沉思[M]. 许金声,译. 北京:中国人民大学出版社.

吉本斯,1999. 博弈论基础[M]. 高峰译,魏玉根,校. 北京:中国社会科学出版社:前言1.

贾莉莉,2015. "学生学习结果评价":美国高校教学质量评估的有效范式[J]. 高教探索(10):63-67+97.

景安磊,2011. 美国研究型大学学生就读经验探析[J]. 高教发展与评估(5):65-69.

坎贝尔,2010. 制度变迁与全球化[M]. 姚伟译. 上海:上海人民出版社:63.

克拉克,2013. 象牙塔的变迁——学术卡里斯玛与研究性大学的起源[M]. 徐震宇译. 北京:商务印书馆.

克劳士比,2005. 质量无泪——消除困扰的管理艺术[M]. 修订版. 零缺陷管理中国研究院·克劳士比管理顾问中心译. 北京:中国财政经济出版社:84.

克雷斯维尔,查克,2017. 混合方法研究:设计与实施[M]. 游宇,陈福平,译. 重庆:重庆大学出版社:4.

朗特里,1988. 西方教育词典[M]. 陈建平,等译. 上海:上海译文出版社.

李景鹏,2010. 论制度与机制[J]. 天津社会科学(3):49-53.

李科,2014. 让四维空间不再神秘——四维坐标及其超体几何的绘制[J]. 时代教育(13):160+171.

李奇,2008. 试析美国本科教育质量评估中的问卷调查[J]. 比较教育研究(3):70-75.

李绍芬,2000. 反应工程[M]. 北京:化学工业出版社.

李昕,田张霞,2009. 国外"学生评教"的成功经验——以澳大利亚的CEQ和日本KUSFC的SFC-SFS为例[J]. 外国教育研究(8):56-59.

李湘萍,马娜,梁显平,2012. 美国大学生学习评估工具分析和比较[J]. 现代大学教育(1):30-35.

李湘萍,周作宇,梁显平,2013. 增值评价与高等教育质量保障研究:理论与方法述评[J]. 清华大学教育研究(4):40-45.

李延保,李小梅,屈琼斐,2006. 普通高校本科教学工作水平评估调查综述[J]. 中国大学教学(6):46-47.

梁丹,戚宝萍,2015. "东南亚六国"对可迁移能力整合的实践研究[J]. 现代教育科学·高教研究(6):171-175.

梁启超,2008. 李鸿章传[M]. 天津:百花文艺出版社:5.

梁实秋,1977. 远东英汉大辞典[M]. 台北:远东图书公司.

林小英,2015. 分析归纳法和连续比较法:质性研究的路径探析[J]. 北京大学教育评论(1):16-39.

刘国瑞,2018. 我国高等教育发展动力系统的演进与优化[J]. 高等教育研究(12):1-8.

刘海燕,2012. 美国高等教育增值评价模式的兴起与应用[J]. 高等教育研究(5):96-101.

刘宏宇,1998. 勒温的社会心理学理论评述[J]. 社会心理科学(1):57-61.

刘小强,沈文明,2013. 两种人:大学群体文化的分裂与跨越——大学行政人和学术人文化差异的实证研究[J]. 中国高教研究(11):31-35.

路庆,张天成,唐艳明,等,2017. Excel和SPSS软件对多选题资料的录入及统计分析中的应用[J]. 现代预防医学,44(1):185-188.

陆根书,刘秀英,2017. 大学生能力发展及其影响因素分析——基于西安交通大学大学生就读经历的调查[J]. 高等教育研究(8):60-68.

吕林海,Shen Chen,2010. 大学教学的内部支持性机构及其经验借鉴研究——澳大利亚纽卡斯尔大学"学习与教学中心"的个案调研报告[J]. 比较教育研究(8):45-50.

吕林海,2012. 国际视野下的本科生学习结果评估——对"评估什么"和"如何评估"的分析与思考[J]. 比较教育研究(1):39-44.

吕林海,张红霞,2015. 中国研究型大学本科生学习参与的特征分析——基于12所中外研究型大学调查资料的比较[J]. 教育研究(9):51-63.

罗杰斯,2016. 创新的扩散[M]. 唐兴通,郑常青,张延臣,译. 5版. 北京:电子工业出版社.

马斯洛,1987. 自我实现的人[M]. 许金声,刘锋,等译. 上海:生活·读书·新知三联书店.

马斯洛著,霍夫曼编,1999. 恢复我们的感激意识[R]. 许金声,译.//马斯洛. 洞察未来:A.H.马斯洛未发表过的文章. 北京:改革出版社:148.

马斯洛,2007. 动机与人格[M]. 许金声,等译. 3版. 北京:中国人民大学出版社:16-34.

梅松纳夫,1996. 群体动力学[M]. 殷世才,孙兆通,译. 北京:商务印书馆.

美国中部州高等教育委员会,2013. 美国高等教育质量认证与评估[M]. 谢笑珍,译. 北京:北京大学出版社:译者序.

孟昭兰,1994. 普通心理学[M]. 北京:北京大学出版社.

默顿,1990. 论理论社会学[M]. 何凡兴,李卫红,王丽娟,译. 北京:华夏出版社:54-55.

纳什,2015. 纳什博弈论论文集[M]. 张良桥,王晓刚译. 北京:首都经济贸易大学出版社:序言2-8.

潘慧玲,2005. 教育研究的取径:概念与应用[M]. 上海:华东师范大学出版社:191.

彭瑾,2017. 基于国际视野的我国大学生学业成就增值评估研究[J]. 中国成人教育(7):91-93.

平塚益德,1989. 世界教育辞典[M]. 黄德诚等译. 长沙:湖南教育出版社:227.

屈廖健,2012. 研究型大学本科生就读经验的中美比较研究[D]. 南京:

南京师范大学.

屈琼斐,傅承哲,高赛,2013. 学生学习调查结果的专业和课程情况分析——以中山大学为例[J]. 中国大学教学(8):84-86.

仁,李康,2008. 学生发展理论在学生事务管理中的应用——美国学生发展理论简介[J]. 高等教育研究(3):19-27.

人民网. 教育部部长陈宝生:本科教育是大学的根和本[EB/OL]. (2018-06-22)[2019-01-14]. http://edu.people.com.cn/n1/2018/0622/c367001-30075279.html.

SPSSAU数据分析帮助手册. 信度分析[EB/OL].[2020-06-01]. http://spssau.com/front/spssau/helps/questionnaire/reliability.html.

Strauss A,Corbin J[①],1997. 质性研究概论[M]. 徐宗国,译. 台湾:巨流图书有限公司.

桑德斯,2012. 教育项目评估标准——如何评价对教育项目的评估[M]. 刘玲,主译,汪琼,校. 2版. 北京:北京大学出版社.

申荷永,1991. 论勒温心理学中的动力[J]. 心理学报(3):307-308.

申荷永,1999. 充满张力的生活空间:勒温的动力心理学[M]. 武汉:湖北教育出版社.

沈苏彦,聂磊,鲍笛,2013. 德国大学生学习经验调查项目述评[J]. 高教发展与评估,29(3):52-56.

施佳欢,2012. 研究型大学本科生学习成效评估研究[D]. 南京:南京大学:62.

施佳欢,2012. 我国台湾地区高校学习成效评估的新动向[J]. 高校教育管理(6):65-68.

施晓光,2002. 西方高等教育全面质量管理体系及对我国的启示[J]. 比较教育研究,23(2):32-37.

史静寰,涂冬波,王纾,等,2011. 基于学习过程的本科教育学情调查报告2009[J]. 清华大学教育研究,32(4):9-23.

史静寰,赵琳,王鹏,等,2012. 本科教育怎么样[N]. 光明日报调查版.

史静寰,罗燕,赵琳,等,2014. 本科教育:质量与评价(2009-2011)[M]. 北京:教育科学出版社.

史静寰,王文,2018. 以学为本,提高质量,内涵发展:中国大学生学情研究

---

① 本书的译者并未给出原作者的中文译名.

的学术涵义与政策价值[J]. 华东师范大学学报(教育科学版)(4):18-27+162.

史秋衡,郭建鹏,2012. 我国大学生学情状态与影响机制的实证分析[J]. 教育研究(2):109-121.

史秋衡,2015. 大学生学习情况究竟怎样[J]. 中国高等教育研究(Z1):68-70.

史秋衡,汪雅霜,2015. 大学生学习情况调查研究[M]. 北京:教育科学出版社.

斯科特,2010. 制度与组织——思想观念与物质利益[M]. 姚伟,王黎芳译. 3版. 北京:中国人民大学出版社:56-59.

斯塔塞,2009. 战略管理与组织动力学[M]. 宋光兴,付宏财译. 北京:中国市场出版社.

孙超,2009. 对美国大学生学习产出研究的反思[J]. 高教发展与评估(6):81-112.

孙睿君,沈若萌,管浏斯,2012. 大学生学习成效的影响因素研究[J]. 国家教育行政学院学报(9):65-71.

孙世刚,2008. 物理化学[M]. 厦门:厦门大学出版社.

唐国军,2011. 案例研究方法及其在国内教育研究中的应用述评[J]. 教育学术月刊(12):14-17.

陶西平,1998. 教育评价辞典[M]. 北京:北京师范大学出版社:55.

涂冬波,史静寰,郭芳芳,2012. 中国大学生学习性投入调查问卷的测量学研究[J]. 复旦教育论坛,11(1):55-62.

王家辉,2005. 博弈论中的"囚徒困境"模型[J]. 统计与决策(8):19-20.

王明顺,2014. 大学生就读期望的调查研究[D]. 上海:上海师范大学.

王宁,2002. 代表性还是典型性?——个案的属性与个案研究方法的逻辑基础[J]. 社会学研究(5):123-125.

王萍,高凌飚,2009."教育评价"概念变化溯源[J]. 华南师范大学学报(社会科学版)(4):39-43.

王小青,2010a. 从关注质量主体的角度看高等教育质量评估[J]. 现代教育管理(2):49-51.

王小青,2010b. 关于研究型大学师生课外沟通现状的调查分析——以N大学为例[D]. 南京:南京大学.

王小青,2016. 研究型大学本科师生课外沟通的实证研究——以某C9大学调查为例[J]．教育学术月刊(8):81-92．

王小青,2018．高等教育增值评价方法的比较与应用[J]．高教发展与评估,34(5):60-71．

王小青,王九民,2018．中国大学生学业成就评估研究:二十年的回顾(1998—2017年)[J]．苏州大学学报(教育科学版)(3):63-73．

王英杰,2008．大学排行——问题与对策[J]．比较教育研究(10):1-5．

王莹,王义保,2015．公众参与:政府信任提升的动力机制[J]．学术论坛,(6):47-50．

韦伯,1997．经济与社会(上卷)[M]．林荣远,译．北京:商务印书馆．

韦伯,2008．世界宗教的经济伦理:儒教与道教[M]．王容芬,译．北京:中央编译出版社:108-109．

魏署光,陈敏,张俊超,等,2015．"本科生学习与发展调查"的理论基础、问卷框架及信效度——基于华中科技大学的实践[J]．高等工程教育研究(3):119-125．

吴凡,2016．我国研究型大学本科教学质量评估——基于学生视角的第三方评估[J]．高教探索(4):73-77．

吴洪富,韩红敏,2016．国际视野下大学生学习结果评估工具的分析与比较[J]．大学(研究版)(10):72-79．

向东春,陈春萍,2012．大学学术人与行政人信任培植的阻力与化解路径——基于工作文化冲突的视角[J]．教育发展研究(1):56-60．

新华网．习近平:坚持中国特色社会主义教育发展道路,培养德智体美劳全面发展的社会主义建设者和接班人[EB/OL]．(2018-09-10)[2018-12-06]．http://www.xinhuanet.com/politics/leaders/2018-09/10/c_1123408400.htm．

新牛津英汉双解大词典编译出版委员会,2007．新牛津英汉双解大词典[M]．上海:上海外语教育出版社:1318．

辛涛,张文静,李雪燕,2009．增值性评价的回顾与前瞻[J]．中国教育学刊(4):40-43．

谢识予,2001．有限理性条件下的进化博弈理论[J]．上海财经大学学报(5):3-9．

谢晓宇,饶从满,2019．美国高校关于学生学习结果评估的论争[J]．高等教育研究(7):104-109．

许烺光,2017．美国人与中国人[M]．沈彩艺,译．杭州:浙江人民出版社:171-178.

许美德,1999. 中国大学1895-1995:一个文化冲突的世纪[M]. 许洁英主译. 北京:教育科学出版社:导言9.

严芳,2010. 教育元评估的理论与实践研究[D]. 上海:华东师范大学:111-114.

严肃的人口学八卦. 专访谢宇教授(上):大数据的重要价值不是"大"[EB/OL].(2018-09-09)[2019-02-03]. http://www.zhishifenzi.com/depth/column/3871.html.

阎光才,2011. 精神的牧放与规训:学术活动的制度化与学术人的生态[M]. 北京:教育科学出版社:214.

杨立军,韩晓玲,2013. 中美大学生学习成效评估工具研究[J]. 高教发展与评估(2):8-16.

杨宜音,1995. 试析人际关系及其分类——兼与黄光国先生商榷[J]. 社会学研究(5):18-19.

殷,2004. 案例研究方法的应用[M]. 2版. 重庆:重庆大学出版社:11.

殷,2017. 案例研究:设计与方法[M]. 周海涛,史少杰,译. 5版. 重庆:重庆大学出版社.

尹弘飚,2016. 大学生学习投入的研究路径及其转型[J]. 高等教育研究(11):70-76.

英国培生教育出版有限公司,2004. 朗文当代高级英语辞典(英英·英汉双解)[M]. 北京:外语教学与研究出版社.

岳小力,2009. 基于学生参与经验问卷调查的高等教育评价新途径——美国NSSE的理论与实践[D]. 上海:复旦大学:46-47.

曾文婕,黄甫全,余璐,2015. 评估促进学习何以可能——论新兴学本评估的价值论原理[J]. 教育研究(12):79-88.

查强,史静寰,王晓阳,等,2017. 是否存在另一个大学模式?——关于中国大学模式的讨论[J]. 复旦教育论坛,15(2):5-11.

翟学伟,1993. 中国人际关系的特质——本土的概念及其模式[J]. 社会学研究(3):74-83.

翟学伟,2007. 报的运作方位[J]. 社会学研究(1):83-98.

翟学伟,2009. 再论"差序格局"的贡献、局限与理论遗产[J]. 中国社会科学(3):152-157.

翟学伟,2018. 社会学本土化是个伪命题吗?[J]. 探索与争鸣(9):49-57.

詹姆士,2004. 澳大利亚本科教育评估与改进的经验[J]. 陈运超,译. 复旦教育论坛(1):79-84.

章建石,2007. 增值评价法-关注学生的实际进步[J]. 评价双月刊(8):51-54.

章建石,2014. 基于学生增值发展的教学质量评价与保障研究[M]. 北京:北京师范大学出版社.

张春兴,2009. 现代心理学——现代人研究自身问题的科学[M]. 3版. 上海:上海人民出版社.

张德江,2011. 注重学习产出 重视学生发展[J]. 教育发展研究(8):76-79.

张华夏,2007. 两种系统思想,两种管理理念——兼评斯达西的复杂应答过程理论[J]. 哲学研究(11):90-93.

张华峰,郭菲,史静寰,2017. 促进家庭第一代大学生参与高影响力教育活动的研究[J]. 教育研究(6):32-43.

张焱,2012. 现代大学教师学术人角色的异化与重构[J]. 江苏高教(3):88-90.

赵俊芳,2012. 高校教学评价——"学术人"与"行政人"的博弈[J]. 复旦教育论坛,10(5):28-32.

赵婷婷,杨翱,刘欧,等,2015. 大学生学习成果评价的新途径——EPP(中国)批判性思维能力试测报告[J]. 教育研究(9):64-71.

赵晓阳,刘金兰,2012. 学生参与度评价:一种学生主体的教育质量评价方法[J]. 高教探索(6):21-26.

郑丽娜,张丽珍,2007. 大学变革中的组织惯性分析[J]. 浙江师范大学学报(社会科学版),32(6):101-103.

中国社会科学院语言研究所词典编辑室,2017. 现代汉语词典[M]. 7版. 北京:商务印书馆:313.

中国网. 中共十九大开幕,习近平代表十八届中央委员会作报告[EB/OL]. [2017-11-12]. http://www.china.com.cn/cppcc/2017-10/18/content_41752399.htm.

中华人民共和国教育部. 教育部关于开展普通高等学校本科教学工作审核评估的通知[EB/OL]. (2013-12-05)[2019-02-09]. http://www.moe.gov.cn/srcsite/A08/s7056/201312/t20131212_160919.html.

中华人民共和国教育部. 全国高等学校名单[EB/OL]. [2017-11-12].

http://www.moe.gov.cn/srcsite/A03/moe_634/201706/t20170614_306900.html.

中华人民共和国教育部. 一流本科教育宣言[EB/OL].(2018-06-22)[2019-01-14]. http://www.moe.gov.cn/jyb_xwfb/xw_fbh/moe_2069/xwfbh_2018n/xwfb_20180622/sfcl/201806/t20180622_340649.html.

中华人民共和国教育部. 教育部关于加快建设高水平本科教育全面提高人才培养能力的意见(教高[2018]2号)[EB/OL].(2018-09-17)[2018-11-29]. http://www.moe.gov.cn/srcsite/A08/s7056/201810/t20181017_351887.html.

中华人民共和国教育部. 教育部关于印发《高等学校辅导员职业能力标准(暂行)》的通知(教思政[2014]2号)[EB/OL].(2014-03-27)[2019-03-09]. http://www.moe.gov.cn/srcsite/A12/s7060/201403/t20140327_167113.html.

中华人民共和国教育部.《教育部关于普通高等学校本科教学评估工作的意见》(教高[2011]9号)[EB/OL].(2011-10-13)[2019-01-15]. http://www.moe.gov.cn/s78/A08/s8341/s7168/201403/t20140313_165450.html.

周东清,徐品,万祖基,1997. 四维空间可视化综述[J]. 大连理工大学学报,37(6):710-713.

周海涛,景安磊,2014. "高等教育学习结果评价"概述[J]. 高教发展与评估(1):67-71+78.

周廷勇,周作宇,2012. 高校学生发展影响因素的探索性研究[J]. 复旦教育论坛,10(3):48-55+86.

周雪光,2003. 组织社会学十讲[M]. 北京:社会科学文献出版社:53.

周作宇,周廷勇,2007. 大学生就读经验:评价高等教育质量的一个新视角[J]. 大学(研究与评价)(1):29-33.

周作宇,2011. 现代大学制度的实践逻辑[J]. 国家教育行政学院学报(12):7-15.

朱红,2010. 高校人才培养质量评估新范式——学生发展理论的视角[J]. 国家教育行政学院学报(9):50-54.

(二)英文文献

ACER. Survey Instruments: Areas Measured by the AUSSE [EB/OL]. [2019-01-17]. https://www.acer.org/au/ausse/survey-instruments.

Advance Higher Education. UK Engagement Survey [EB/OL]. [2019-03-04]. https://www.heacademy.ac.uk/institutions/surveys/uk-engagement-survey.

ALLEN J, 2004. The Impact of Student Learning Outcomes Assessment on Technical and Professional Communication Programs [J]. Technical Communication Quarterly, 13(1): 93-108.

ALEXANDER F K, 2000. The Changing Face of Accountability: Monitoring and Assessing Institutional Performance in Higher Education [J]. The Journal of Higher Education, 71(4): 411-431.

AN B P, 2015. The Role of Academic Motivation and Engagement on the Relationship between Dual Enrollment and Academic Performance [J]. The Journal of Higher Education, 86(1): 98-126.

ASTIN A W, 1984. Student Involvement: A Developmental Theory for Higher Education [J]. Journal of College Student Development, 40(4): 297-308.

ASTIN A W, 1965. Effect of Different College Environments on the Vocational Choices of High Aptitude Students [J]. Journal of Counseling Psychology, 12(1): 28-34.

ASTIN A W, 1970. The Methodology of Research on College Impact, Part One [J]. Sociology of Education, 43(3): 223-254.

ASTIN A W, 1993. What Matter in College? Four Critical Years Revisited [M]. San Francisco: Jossey-Bass publishers.

ASTIN A W, ANTONILO A L, 2012. Assessment for Excellence: The Philosophy and Practice of Assessment and Evaluation in Higher Education [M]. 2nd ed. Lanham: Rowman & Littlefield Publishers.

ASTIN A W, 1985. Achieving Educational Excellence [M]. San Francisco: Jossey-Bass publishers.

BIGGS J B, 1989. Approaches to the Enhancement of Tertiary Teaching

[J]. Higher Education Research and Development, 8(1): 7-25.

BIGGS J B, 1993. From Theory to Practice: A Cognitive Systems Approach [J]. Higher Education Research and Development, 12(1): 73-85.

BIGGS J, KEMBER D, LEUNG D Y, 2001. The Revised Two-Factor Study Process Questionnaire: R-SPQ-2F [J]. British Journal of Educational Psychology (71): 133 – 149.

BLAICH C, WISE K, 2011. From gathering to using assessment results: Lessons from the Wabash national study.[2020-05-28] Retrieved from http://www.learningoutcomeassessment.org/documents/Wabash_001.pdf

BOYER E L, 1987. College: The Undergraduate Experience in America [M]. New York: Harper & Row, Forward.

BORDEN V M H, OWENS J L Z. 2001. Measuring Quality: Choosing among Surveys and Other Assessments of College Quality [EB/OL]. Washington, D.C.: American Council on Education. https://files.eric.ed.gov/fulltext/ED457767.pdf.

BOWLBY J B, MCMULLEN K, 2002. At a Crossroads: First Results for the 18 to 20-Year-old Cohort of the Youth in Transition Survey [R]. Hull: Human Resources Development Canada.

BRESCIANI M J, 2011. Assessment and Evaluation[M] // SCHUH J H, JONES S R, et al. , Student Service: A Handbook for the Profession. 5thed.San Francisco: Jossey-Bass: 345.

BUTLER A, HAMBUR S, 2002. Graduate Skills Assessment: What are the Results Indicating? [R]. Melbourne: Australian Council for Educational Research.

CASPERSEN J, SMEBY J, 2018. The Relationship among Learning Outcome Measures used in Higher Education [J]. Quality in Higher Education,24(2): 117-135.

COATES H, 2005. The Value of Student Engagement for Higher Education Quality Assurance [J]. Quality in Higher Education, 11(1): 25-36.

COATES H, MCCORMICK A C, 2014. Introduction: Student

Engagement—A Window into Undergraduate Education [R]. // COATES H, MCCORMICK A C. (Eds). Engaging University Students: International Insights from System- Wide Studies. Singapore Heidelberg: Springer: 5.

COATES H, 2016. Assessing Student Learning Outcomes Internationally: Insights and Frontiers [J]. Assessment & Evaluation in Higher Education, 41(5): 662-676.

COATES H, MATTEWS K E, 2018. Frontier Perspectives and Insights into Higher Education Student Success [J]. Higher Education Research & Development, 37(5): 903-907.

CSEQ. CSEQ and CSXQ Survey Operations Closed in 2014; Consider NSSE and BCSSE [EB/OL]. [2019-02-28]. http://cseq. indiana. edu/.

DOUGLASS J A, THOMSON G, ZHAO C M, 2012. The Learning Outcomes Race: The Value of Self-reported Gains in Large Research Universities [J]. Higher education (64): 317-335.

EDWARDS D, PEARCE J, 2014. Outcomes Assessment in Practice: Reflections on two Australian Implementations. Frankfurt: Higher Education Learning Outcomes Assessment: International Perspectives (6):69-88.

ESTER J, 1989. Nuts and Bolts for the Social Sciences [M]. Cambridge: Cambridge University Press: 3.

ETS. About the ETS® Major Field Tests [EB/OL]. [2018-09-10]. http://www.ets.org/mft/about.

EWELL P T, 1983. Information on Student Outcomes: How to Get it and How to Use it [R]. Boulder, Colo: National Center for Higher Education Management Systems.

EWELL P T, CHAFFEE E E, 1984. Promoting the Effective Use of Information in Decision Making [C]. Paper presented at the 24th annual forum of the Association for Institutional Research, Fort Worth, Texas.

GREEN D, 1994. What is Quality in Higher Education [M]. Buckingham: SRHE and Open University Press:78.

GLASER B, STRAUSS A, 1967. The Discovery of Grounded Theory:

Strategies for Qualitative Research [M]. Chicago: Aldine Publishing Company. Newbury Park: Sage: 2-6.

GRIFFIN P, COATES H, MCINNIS C, et al., 2003. The Development of an Extended Course Experience Questionnaire [J]. Quality in Higher Education, 9(3): 259-266.

HARTLE T W, 1985. The Growing Interest in Measuring the Educational Achievement of College Students [R]. National Inst. of Education (ED), Washington, DC.

HUANG C R. Qualitative Case Meta-evaluation on the Evaluation of University Students' Learning Experiences in Three European Regions and Its Implications for Taiwan [R]. ECER 2008, From Teaching to Learning? Network: 22, Research in Higher Education.

Joint Committee on Standards for Educational Evaluation. Program Evaluation Standards Statements [EB/OL]. [2018-08-05]. http://www.jcsee.org/program-evaluation-standards-statements.

KINNICK M K, 1985. Increasing the Use of Student Outcomes Information [R]. // Ewell, P. T. Assessing Educational Outcomes. New Directions for Institutional Research. San Francisco: Jossey-Bass: 93-94.

KLEIN S P, KUH G D, CHUN M, et al., 2005. An Approach to Measuring Cognitive Outcomes Across Higher Education Institutions [J]. Research in Higher Education, 46(3): 251-276.

KUH G D, 2001. Assessing What Really Matters to Student Learning: Inside the National Survey of Student Engagement [J]. Change: the Magazine of Higher Learning, 33(3): 10-17.

KUH G D, PACE C R, VESPER N, 1997. The Development of Process Indicators to Estimate Student Gains Associated with Good Practices in Undergraduate Education [J]. Research in Higher Education, 38(4): 435-454.

LENNING O T, LEE Y S, MICEK S S, et al., 1977. A Structure for the Outcomes of Postsecondary Education [R]. Bouler Colo: National Center for Higher Education Management Systems.

LEWIN K, 2016. Field Theory in Social Science [M]. Beijing: Communication University of China press: 239-241.

LEWY A, 1996. Postmodernism in the Field of Achievement Testing [J]. Studies in Educational Evaluation, 22(3): 223-244.

LIU O L, 2011. Value-added Assessment in Higher Education: A Comparison of Two Methods [J]. Higher Education, 61(4):445-461.

MASLOW A H, 1970. Motivation and Personality [M]. 2nd Ed. New York: Harpper & Row, Publishers, 35-51.

MUIJS D, 2004. Doing Quantitative Research in Education [M]. London: Sage Publications, 194-195.

NSS. Q & As for Students [EB/OL]. [2020-05-13]. https://www.thestudentsurvey.com/students.php.

NSSE. Examples of NSSE Data Use by Topic [EB/OL].[2019-01-17]. http://nsse.indiana.edu/html/ex_by_topics.cfm.

NSSE. Quick facts [EB/OL].[2019-09-27]. http://nsse.indiana.edu/html/Nsse_overview_2019.cfmfrom.

NSSE. NSSE 2019 Overview [EB/OL]. [2019-09-27]. http://nsse.indiana.edu/html/about.cfm.

NSSE. Survey Instrument [EB/OL]. [2019-02-26]. http://nsse.indiana.edu/html/survey_instruments.cfm? siFlag=yes&sy=2018.

NSSE. How Institutions Use NSSE [EB/OL]. [2019-01-17]. http://nsse.indiana.edu/html/howInstitutionsUseNSSE.cfm.

OBIEKWE J C, 2000. Identifying the Latent Structures of the Noel-Levitz Student Satisfaction Inventory (SSI): The Community, Junior, and Technical College Version [R]. The 25th Annual Conference of the Association for the Study of Higher Education. CA: Sacramento: 2-3.

ODOM L R, 2008. Investigating the hypothesized factor structure of the Noel-Levitz Student Satisfaction Inventory: A study of the student satisfaction construct [D]. University of North Texas.

Office for Students. National Students Survey-NSS [EB/OL]. [2018-08-06]. https://www.officeforstudents.org.uk/advice-and-guidance/student-information-and-data/national-student-survey-nss/.

ONWUEGBUZIE A J, HITCHCOCK J H, 2017. A meta-framework for Conducting Mixed Methods Impact Evaluations: Implications for Altering Practice and the Teaching of Evaluation [J]. Studies in

Educational Evaluation (53): 55-68.

PASCARELLA E T, BLAICH C, 2013. Lessons from the Wabash National Study of Liberal Arts Education[J]. Change: The Magazine of Higher Learning ,45(2): 6-15,

PASCARELLA E T, TERENZINI P T, 1991. How College Affects Students: Findings and Insights from Twenty Years of Research [M]. CA: Jossey-Bass Publishers.

PASCARELLA E T, TERENZINI P T, 2005. How College Affects Students (Volume 2): A Third Decade of Research [M]. CA: Jossey-Bass.

PFEFFER J, SALANCIK G R, 1978. The External Control of Organizations: A resource Dependence Perceptive [M]. New York: Harper & Row Publishers: 46.

PRENDERGAST C, 1993. A Theory of "Yes Men" [J]. American Economic Association, 83(4): 757-770.

PROVEZIS S J, 2010. Regional Accreditation and Learning Outcomes Assessment: Mapping the Territory[D]. IL: University of Illinois at Urbana-Champaign: 218-219.

QILT. About the SES[EB/OL]. [2019-01-17]. https://www.qilt.edu.au/about-this-site/student-experience.

QILT. Graduate Employment [2017-05-30]. https://www.qilt.edu.au/about-this-site/graduate-employment.

ROBERTS D, 1999. Book Review: Student Services: A Handbook for the Profession, Third Edition[J]. NASPA Journal, 36(2): 161-164.

SERU. SERU Consortium Members [EB/OL]. [2019-03-22] https://cshe.berkeley.edu/seru/seru-consortium-members.

The Evaluation Gap Working Group, 2006. When will We Ever Learn? Improving Lives through Impact Evaluation [R]. Washington, D.C.: Center for Global Development: 58.

WILKINSON D, EDWARDS D, COATES H, et al., 2012, The Australian Medical Assessment Collaboration: Developing the Foundations for a National Assessment of Medical Student Learning Outcomes [R]. Sydney NSW: Office of Learning and Teaching.

https://research.acer.edu.au/higher_education/55.

WOLMAN B B, 1981. Contemporary Theories and System in Psychology [M]. 2nd ed. New York: Springer: 477.

YIN R K, 2009. Case Study Research: Design and Methods (Fourth Edition) [M]. 4th ed.Thousand Oaks: Sage Publications: 6.

YIN H B, 2018. What Motivates Chinese Undergraduates to Engage in Learning? Insights from a Psychological Approach to Student Engagement Research [J]. Higher Education, 76(5): 827-847.

YIN H B, ZHENG K, 2015. Students' Course Experience and Engagement: An Attempt to Bridge Two Lines of Research on the Quality of Undergraduate Education [J]. Assessment & Evaluation in Higher Education, 42(7): 1145–1158.

附　　录

附录1:关于参与明德项目的调查问卷(新省版)

亲爱的老师:

　　您好!

　　首先感谢您从百忙中抽出宝贵时间参与本次调查。为更好地服务已参加或即将参加明德项目的广大兄弟高校,我们进行此次调查。问卷采取匿名方式,所有数据均只用于统计研究。此问卷约需您9分钟时间完成。为了使数据真实、有效,请您第一时间独立填写完成。衷心感谢您对本次调查的大力支持!

×××
2018年5月6日

请您在相应选项打"√"或标记,必要时填写答案,如未做具体说明,均为单选。

1.您对明德项目(简称"该项目")的了解程度( )
　　(1)非常了解　　　　(2)很了解　　　　　　(3)一般
　　(4)不太了解　　　　(5)非常不了解
2.贵校已参与该项目约＿＿＿＿年
3.a.贵校自首次参加后参与连续性( )
　　(1)连续参加　　　　(2)有过中断【选择(2)则继续回答3b题】
　b.如果中断过,原因可能是( )(可多选)
　　(1)没有必要每年都参加　　　(2)分管部门领导更换
　　(3)分管校领导更换　　　　　(4)项目没有起到预期的效果
　　(5)其他＿＿＿＿【请填写】　(6)不太了解
4.据您所知,贵校对于参加该项目的重视程度( )

(1)非常重视　　　　　(2)很重视　　　　　　(3)一般

　　(4)不太重视　　　　　(5)非常不重视

5.贵校选择参加该项目的原因是(　)【可多选】

　　(1)该项目可帮助我校反馈教学质量和学生发展方面问题

　　(2)该项目免费

　　(3)该项目团队邀请参加,不好意思拒绝

　　(4)其他院校已参加并且反馈很好

　　(5)相信该项目团队科研实力

　　(6)上级部门要求参加

　　(7)其他____【请填写】

　　(8)不太了解

6.贵校有监测教学质量与学生发展的校本研究项目(以问卷测量为载体)吗?(　)

　　(1)有　　　　　　　　(2)没有

7.在学生的课业学习方面,基于明德项目反馈,贵校发现的主要问题(　)【不超过三项】

　　(1)学生的学习动机　　(2)专业认同感　　(3)专业转换

　　(4)课内外时间配置时间　(5)课程的出勤率　(6)学困生的转化

　　(7)其他__【请填写】　(8)不太了解

8.在学生的课余生活方面,基于明德项目反馈,贵校发现的主要问题(　)【不超过三项】

　　(1)学生干部的培养　　(2)课外活动的参与度

　　(3)学生的大学适应　　(4)其他_____【请填写】

　　(5)不太了解

9.在课程教学评价方面,基于明德项目反馈,贵校发现的主要问题(　)【不超过三项】

　　(1)教师的教学行为

　　(2)学生对教学方式的偏好

　　(3)学生对院系教学质量的满意度

　　(4)教师与学生课外的沟通交流

　　(5)其他_____【请填写】

　　(6)不太了解

10.在学生工作方面,基于明德项目反馈,贵校发现的主要问题(　)【不超过

三项】
 (1)学生与辅导员的互动交流
 (2)学生资助
 (3)学生的安全
 (4)学生对辅导员的满意度
 (5)院校学生支持(如新生适应指导等)
 (6)其他_____【请填写】
 (7)不太了解

11. 在学业成就方面,基于明德项目反馈,贵校发现的主要问题( )【不超过三项】
 (1)学生的学习成绩　　　　(2)学生的专业素养
 (3)学生的通用能力　　　　(4)学生的道德价值观
 (5)学生的心理健康　　　　(6)其他_____【请填写】
 (7)不太了解

12. 在职业生涯发展与规划方面,基于明德项目反馈,贵校发现的主要问题( )【不超过三项】
 (1)个体发展规划　　　　　(2)毕业计划及去向
 (3)学生就业技能辅导　　　(4)学生就业率
 (5)学生就业层次
 (6)开展大学生职业生涯发展与规划课程
 (7)其他___【请填写】　　(8)不太了解

13. a.总体而言,基于明德项目反馈,贵校发现的主要问题( )【可多选】
 (1)学生的课业学习问题　　(2)课程教学评价
 (3)学生工作评价　　　　　(4)学业成就
 (5)职业生涯规划　　　　　(6)其他_____【请填写】
 b.针对以上问题,贵校采取的主要措施是_____【请填写】
 c.采取措施后,下一年同一指标得分如何?( )【如未采取措施或仅参加过一次调研,跳过c题】
 (1)有所提升　　(2)依然严峻　　(3)不太了解

14. 您认为项目反馈的信息与贵校实际情况的匹配程度如何?( )
 (1)非常匹配　　(2)很匹配　　　(3)一般
 (4)不太匹配　　(5)非常不匹配　(6)不太了解

15. 贵校如何传播项目组提供的反馈报告?( )

(1)纸质文档　　　　　　　　(2)线上共享

16.项目组给贵校的反馈报告在何种范围内传播?( )【可多选】

　　　(1)提交给分管校领导　　　(2)在本部门内学习

　　　(3)发送给各学院学习　　　(4)与相关机关部门分享

　　　(5)通过学校OA等途径供全校教师参考

　　　(6)发送全校师生学习

　　　(7)感兴趣的校内外人士均可在网上查阅

17.通常情况下,贵校拿到项目组的反馈报告后,如何加以利用?( )【可多选】

　　　(1)在相关部门内部研究使用

　　　(2)针对突出问题专门召开会议研讨

　　　(3)将突出问题解决列入部门年度计划

　　　(4)将突出问题解决列入学校年度计划

　　　(5)没有加以利用

　　　(6)其他_____【请填写】

　　　(7)不太了解

18.a.该项目是否已成为贵校教育教学改革的工具之一( )【选择(2)需完成b题】

　　　(1)是的　　　　(2)没有　　　　(3)不太了解

　　b.如果没有成为教育教学改革的工具之一,原因可能是( )【可多选】

　　　(1)反馈报告不能体现我校的实际问题

　　　(2)部门领导不重视　　　(3)学校领导不重视

　　　(4)二级学院不配合　　　(5)其他原因___【请填写】

19.自从贵校拿到项目组的反馈报告后,您所在部门与项目组专家的互动频率( )

　　　(1)非常多　　　(2)很多　　　(3)一般

　　　(4)较少　　　　(5)从不交流　　(6)不太了解

20.该项目对于贵校的教育教学改革的影响效果如何?( )

　　　(1)非常有效　　(2)很有效　　　(3)一般

　　　(4)不太有效　　(5)没有效果　　(6)不太了解

21.a.您所在的部门领导对参与该项目的效果满意度如何?( )

　　　(1)非常满意　　(2)很满意　　　(3)一般

　　　(4)不太满意　　(5)非常不满意　(6)不太了解

b.分管校领导对参与该项目的效果满意度如何?( )
  (1)非常满意   (2)很满意   (3)一般
  (4)不太满意   (5)非常不满意 (6)不太了解

22.贵校将持续参与该项目吗?( )
  (1)会 (2)不会 (3)不确定 (4)不太了解

23.您愿意将该项目推荐给其他兄弟院校吗?( )
  (1)非常愿意   (2)很愿意   (3)一般
  (4)不太愿意   (5)非常不愿意

24.除了提供专业的反馈报告外,您希望明德项目组还可以在哪些方面为贵校服务?( )【可多选】
  (1)提供当年全国高校教学质量与学生发展调查报告
  (2)整合多年的数据进行深度分析
  (3)开展田野调查,增加对我校教学和学生发展的实际了解
  (4)问卷部分额外增加关于我校特色办学的调查
  (5)对每年数据按照院校分类分析,方便学校比较常模数据
  (6)反馈报告可以另附一些学院得分指标高的教育实践经验分享
  (7)每年能来校提供专业的讲座、研究咨询等服务
  (8)委托项目组完成有关我校教学和学生发展相关的课题
  (9)与项目进行深度合作,指导我校重大教育教学改革
  (10)其他_____【请填写】

25.您觉得该项目的测评问卷是否关注了当前的教育热点?( )
  (1)是   (2)否   (3)不太了解

26.a.贵校觉得该项目的测评问卷关注的内容是否充足?( )
  (1)充足   (2)不充足

b.如果觉得不充足,贵校认为可以增加哪些观测指标?【请填写】

| |
| |

27.您所在学校名称   【自愿填写】(此处填写是为了更有针对性地服务贵校)

28.贵校类型( )
  (1)原"985工程"院校 (2)原"211工程"院校
  (3)地方本科院校   (4)高职大专院校

(5)独立学院　　　　　　　(6)其他
29.您所在的部门( )
　　(1)学工部门　　　　　　　(2)教务管理部门(如教务处/部)
　　(3)高教所　　　　　　　　(4)教学质量评估部门
　　(5)教师发展中心　　　　　(6)其他_____【请填写】
30.**您的基本信息**:性别( )(1)男 (2)女;职务_____;职称_____;
　　您负责对接该项目____年;Email_____;手机号码(选填)_____

附录2：大学生学习评估项目的影响研究
访谈提纲（项目负责人）

1. 请简单介绍您负责该项目期间，该项目个人或者团队的基本情况（如规模、学科背景、学历水平、研究经历等，以及项目负责人何时负责该项目等）。

2. 贵校参加该评估项目大概在什么时候？贵校基于什么原因参与该评估项目？

3. 您认为该项目的数据反馈与贵校实际情况匹配度如何？让您印象比较深刻的结果是什么？

4. 贵校参加该项目的时候是否提到如何使用评估结果？实际情况如何？

5. 您认为该项目对贵校的本科教育质量有影响吗？如果有，请举例说明；如果没有，您觉得原因可能是什么？

6. 贵校有类似于该项目的本土测评项目吗？它的结果使用情况如何？

如果是前任项目负责人，则可跳过第7、8题，直接提问第9题。

7. 贵校还会继续参加该评估项目吗？为什么？

8. 贵校会主动推广该评估项目吗？为什么？

9. 请您对该评估项目如何发挥更好的作用提些建议。

×××编制

附录3：大学生学习评估项目的影响研究访谈提纲（项目/学院分管领导[①]）

1. 贵校参加该评估项目大概在什么时候？贵校基于什么原因参与该评估项目？
2. 您大概何时开始接触这个项目，初步印象是怎样的？
3. 贵处安排对接这个项目的个人或团队的基本情况是怎样的？为何是这样安排的？
4. 您认为该项目的数据反馈与贵校实际情况匹配度如何？让您印象比较深刻的结果是什么？
5. 贵校参加该项目的时候是否提到如何使用评估结果？实际情况如何？
6. 您认为该项目对贵校的本科教育质量有影响吗？如果有，请举例说明；如果没有，您觉得原因可能是什么？
7. 贵校还会继续参加该评估项目吗？为什么？
8. 贵校会主动推广该评估项目吗？为什么？
9. 请您对该评估项目如何发挥更好的作用提些建议。

×××编制

[①] 学院领导版主要问2、3、4、7以及访谈过程中感兴趣的问题。

附录4:大学生学习评估项目基本情况访谈提纲（史学角度）

1. 当初为何要引进该测评工具？
2. 国内的大学反映如何？简单介绍一下这些年该工具的推广情况。
3. 得到的支持主要有哪些？受到的阻力有哪些？
4. 这些年参与的高校数量上的分布大概是怎样的？有没有主动要求加入或者退出的？原因是什么？
5. 您的团队是如何吸引更多的院校参与你们的评估项目？
6. 我一直对该测评工具的本土化举措感兴趣，请简单介绍。
7. 目前存在的困惑或障碍还有哪些？
8. 请对中国学业成就评价工具的未来进行预测。

×××编制

附录5:研究简介(邀请受访者的说明)

该研究为北京大学教育学院的一篇博士论文。题目是《大学生学习评估项目的影响研究——以中国明德项目为例》,研究问题是"大学生学习评估项目如何发挥保障院校本科教育教学质量的作用",可以分为两个子问题①:

(1)大学生学业成就评估的历史发展过程是怎样的?

(2)大学生学业成就评估项目如何保障院校本科教育教学质量?

目前,子问题一的素材已经基本搜集完毕,研究者访谈了北大项目②、清华项目③、厦大项目④和加州伯克利SERU项目⑤(中国站)的相关负责人或成员,访谈人数已经超过10人,可以从史学的角度将大学生学业成就评估的二十年历史说清楚。子问题二是正在进行中的研究,初步确定以中国主流的其中四大项目之一明德项目为例,选取4-5所有典型意义的院校⑥作为研究案例,匿名进行访谈、文档资料搜集等数据搜集工作,旨在搞清楚一个运行超过十年的项目对参加的院校发挥了怎样的作用,不同的院校的运行方式是否存在差异,如何解释这些差异,从而提炼可能的理论。

本研究的现实意义在于:一是对于我国主流的评估项目方而言,可以清楚地了解项目在院校内部运行的情况,从而提供更加精准的服务;二是对于参与院校而言,可以清楚地了解项目在本校和其他院校运行的情况,进行比较,扬长补短。希望从学生发展的角度促进我国本科教育教学质量

---

① 这个子问题后来有所调整,实际上第二个问题就是针对本研究的两个子问题。

② 全国高校教学质量与学生发展监测研究项目,原名"首都高校教学质量与学生发展监测研究项目"。

③ 中国大学生学习与发展追踪调查(CCSS)。

④ 中国大学生学习情况调查研究项目(NCSS)。

⑤ 加州伯克利的研究型大学本科生就读经验调查(Student Engagement in Research University, SERU)。

⑥ 目前有两所原"211工程"大学已经同意研究者进入现场进行访谈、资料搜集等。

的稳步提升。

需要指出的是,**研究者将严格遵守学术规范和伦理**,匿名为基本前提,所有资料仅用于学术研究,在博士论文成文之前会将相关文字发给匿名受访者查阅,确定是否有作者的误解之处,必要时,可以签订保密协议。

附录6:2018年8月22日备忘录3

在我完成三个样本的资料初步分析之后,我将项目影响院校的动力机制按照需求、权威和人际形成了8种组合。我就在考虑样本饱和的问题,以及这个初步的中层理论是否可以解释从至善项目调研的结果。比如说,C2大学属于"学术权威-发展需求(长)-人际疏",实际上在现有的组合中没有,或者需要对第8种组合进行修订,更改为"行政权威or学术权威+发展需求(长)+人际(亲/疏)"。因为对于参与至善项目的院校来说不存在行政权威,而是学术权威在影响,项目负责人和道格拉斯[①]也非亲非故。在我看来,尽管至善项目在C2大学的影响并未能完成抵达学生的层面,但其项目负责人运用原有的大学生学习研究的经验和参与至善项目的经验,能够去牵头负责省一级的本科教育质量评估,并且被纳入国家层面审核评估的两个顾问团之一,也可以认为至善项目对于他们的影响达到深度(高级阶段)。然而同样的动力组合,他们这种对当地政府甚至国家的影响却未能发生在C1大学,是不是说动力组合还存在第四个?是项目经理(即项目负责人)的研究资历在起作用吗?如果是研究资历的话,能是动力吗?C1大学的前任项目负责人的研究资历已经在国内、省内非常有名气了,为何没有得到类似C2大学项目负责人的礼遇呢?准确点来说,应该是影响因素吧。要说动力,应该是研究者的学术增长的驱动属于动力,但很显然不能解释发生在C1大学和C2大学的影响差异。也就是说,这个动力机制理论很难解释至善项目对"中国队"成员的影响差异,至少需要做某种程度的调整。

[①] 道格拉斯是至善项目的总负责人。

附录7：访谈资料一级编码示例①

一、A1大学：A1M1

1. 一级编码：贴标签

1.背景一：法学硕士，副部长，研究思政	2.背景二：职责分管思政管理	3.学校职员制	4.教育部滚动性调查：师生返校思想状态、学生价值观、意识形态	5.明德项目内容：学生学业基础，大学拓展，结合学生学业发展需求
6.明德项目评价：问卷设计更系统、更科学、更聚焦（内容）	7.参与项目原因：教工委与A大学合作；教工委通知；学校认为有意义	8.相关度更高部门：教务部下属部门	9.明德项目非唯一性	10.明德项目未发挥期待的大作用
11.结果通报各学院	12.明德项目对工作指导作用	13.传播形式：工作例会（学校、二级学院）	14.使用方式：专题研讨	15.早期有学院感兴趣：均值比较
16.设计本土测评：(1)请A大学专家指导；(2)样本更大；(3)汇报分管校领导	17.主管校领导看明德项目报告（2010—2014）	18.高教中心调研成分管校领导"新宠"（亲民项目）	19.亲民项目知情度、认可度更高	20.明德项目报告"失宠"

---

① 本研究在附录中呈现开放性编码即一级编码的完整结果有几重用意：一来是因为一级编码的结果篇幅比较冗长，不适合在正文中体现，放在附录更合适，而主轴编码即二级编码和选择性编码即三级编码相对短小精悍，笔者已经在相应的第六章和第七章都有所呈现，这样就构成了完整的扎根理论的步骤；二是笔者平时在参加一些学术会议的时候发现，他人得知笔者经过正规的扎根理论方法的训练而很羡慕，其虽然对扎根理论的方法使用抱有较高的热情，但对于实操过程的了解仅仅局限于陈向明（2015）《扎根理论在中国教育研究中的运用探索》，以及李方安和陈向明（2016）《大学教师对"好老师"之理解的实践推理》等少量论文的小片段介绍，毕竟期刊的版面不可能放更详细的编码过程，包括经典的Strass和Corbin（1997）《质性研究概论》也没有比较完整的介绍，使得他们对于这种方法的使用望而生畏，或者只能"摸着石头过河"，故笔者希望能够通过本研究将自己接受这种方法训练的编码过程完整地展现在读者和同行面前，方便感兴趣的人模仿实操，这也是笔者长期以来的朴素心愿和作为热心推崇质性研究方法的青年学者的职责所在。

续表

21.OA使用规则：工委、党政办	22.明德项目报告用在学工系统	23.项目团队构成：(1)3人均为理工科；(2)稳定性高1-2人；(3)有分工	24.部长会看报告结果	25.结果匹配度好(报告结果与经验判断)
26.明德项目与亲民项目部分结果可相互印证	27.学生学习分类：规则性学习，过程性学习和自主性学习	28.结果分析：规则性多，其他弱(亲民项目与此类似)	29.内外合璧：本土项目与明德项目结合	30.传播形式：专门工作会议通报相关部门如教务部门
31.引发后续调研	32.问题("问责")分类处理：(1)部门沟通(教师评价)；(2)部门内部处理：出勤-辅导员；学生压力-心理中心	33.措施后有起色但不太显著	34.传播范围：(1)校领导看原汁原味报告；(2)学院不全了解；(3)与教务部门(本科生院)分享：前提感兴趣；(4)限于学工系统	35.结果分享未形成机制：稳定性差
36.明德项目内容：教学质量与学生发展	37.明德项目不全针对学工	38.**制度尴尬A**：越俎代庖(学工部做教学缺权威性)	39.工作协调性不足	40.**制度尴尬B**：学业辅导由学工部和教学部门牵头("双头蛇")
41.学业归口变化：学工部-本科生院	42.工委加强学业辅导	43.学工部门负责学业辅导(辅导员)	44.教务部门资源优势更大	45.理想方案设计一：与学校新的连接方式：(学工部转为本科生院)
46.原通知下发方式有弊端	47.理想方案设计二：以"A大学名义给校领导、部门发放文本(多样)"	48.形成自上而下的推动力量(外部文本—校领导—各部门)	49.系统内部的均势需外部力量干预	50.重要领导看到地域性、全国性报告
51.外部初始说明代替内部后期解释(更方便)	52.竞争性项目(亲民项目)	53.问卷多意味着学生负担	54.项目对辅导员更紧密	55.学工系统"自扫门前雪"
56.学业对口教务部门	57.学风与教风关系更大	58.学生需求需多部门分解	59.设计要分工明确：学工VS教务	60.考虑双部门运用结果
61.报告具有系统性作用：人才培养不局限在学工系统	62.提倡学工与教务对接：上级干预VS下级接触	63.报告变多	64.有部门持续反映问题	65.大家对问题有共识
66.结果与预判基本相符:无颠覆性	67.领导重视、认可无疑问	68.明德项目有作用：监测学业状况变化	69.报告多无坏处	70.项目营销不够

续表

71.缺发布制度	72.开放性:社会公众	73.公开决定调研权威性:认可度、权威性、普遍性	74.自发自营:权威性不确定	75.权威性影响参与忠诚度
76.会推广明德项目	77.明德项目有规律性、长期性、有分量	78.向社会公布:提升项目认可度、知名度	79.品牌项目	80.学校领导自发:静悄悄的营销
81.做得多、推广少:酒香但巷子深	82.作用发挥更大前提:(1)运转方式与教务部门做好联系;(2)报告文本给校领导、相关部门;(3)结果社会公布	83.华科大本降专、清退事件	84.本科教育大会	85.全国思政、"三全育人"
86.项目运行方式:(1)掌握很多数据;(2)明确化运作:教育咨询;(3)麦可思模式:提方案+高价格;(4)大学排名:就业、学风(模型科学)	87.院校特征:原"985工程"院校	88.参与项目历史:超过十年		

2. 一级编码:确定类属、属性和维度

类属	属性	维度
1.制度环境	(1)职员管理制度:3	职员制—非职员制
	(2)教育部调研机制:4	
	(3)项目唯一性:9	唯———多元
	(4)本土调研设计:,16	
	(5)调研项目呈送机制:17	
	(6)亲民项目知情度/认可度:19	高—低
	(7)OA使用规则:21	
	(8)学业归口变化:41	学工部—本科生院
	(9)教工委学业辅导重视程度:42	强化—弱化
	(10)学业辅导管理归属:43	
	(11)教务部门资源优势:44	大—小
	(12)竞争性项目:18,52	有—无

续表

类属	属性	维度
	(13)问卷多后果:53	
	(14)报告变化:63	多—少
	(15)问题反映机制:64	
	(16)问题共识:65	有—无
	(17)领导重视程度:67	重视—不重视
	(18)本科教育案例:83	
	(19)本科教育会议:84	
	(20)教育理念:85	
2.院校参与项目动力	(1)权威:7	学术权威—行政权威
	(2)项目意义:7	有—无
3.项目内容与项目特征	(1)项目内容:5,36	
	(2)问卷设计特点:6	
	(3)项目结果匹配度:25,66,28	好—差
	(4)项目结果可信度:26	
	(5)学生学习分类:27	
	(6)项目营销程度:70	充足—匮乏
	(7)发布制度建设:71	有—无
	(8)项目权威性:74,75	确定—不确定
	(9)明德项目特点:77(规律性、长期性、有分量)	有—无
	(10)品牌项目:79	是—否
	(11)项目宣传力度:81	大—小
4.项目认知	(1)与辅导员紧密度:54	强—弱
	(2)学校领导关注:80	主动—被动
	(3)与教务部相关度:8	强—弱
	(4)项目针对性:37,61	多元—单一
	(5)学业对口:56,57	教务部门—学工部门
	(6)项目涉及部门范围:58	多元—单一
5.项目运行	(1)明德项目重视程度变化:20	上升—下降
	(2)项目负责团队:23	
	(3)运行障碍:38,39	
	(4)项目参与历史:88	长—短

续表

类属	属性	维度
6.项目影响路径	(1)传播范围:11,22,24,34,55	广—窄
	(2)传播途径:13,30	多元—单一
	(3)传播对象级别:17	高—低
	(4)传播机制稳定性:35	好—差
7.项目影响	(1)项目发挥作用:10,12,68	符合期待—不符合期待
	(2)结果使用方式:14	
	(3)项目早期影响:15	
	(4)结果使用方式:29	
	(5)问责方式:32	分类—统一
	(6)措施效果:33	不明显—明显
	(7)推广项目意愿:76	有—无
8.院校特征	院校类型:87	
9.项目管理者特征	(1)个体背景:1,2	
	(2)个体认知:69	
10.理想方案设计	(1)项目负责机构:45	
	(2)项目结果通知方式:46,47	
	(3)推动力量:48	自上而下—自下而上
	(4)系统均势破局方式:49	外部—内部
	(5)项目结果传播对象:50	
	(6)项目结果传播方式:51	
	(7)部门分工程度:59	明晰—模糊
	(8)结果使用范围:60	单一部门—双部门
	(9)项目对接方式:62	
	(10)结果开放性:72	强—弱
	(11)结果开放价值:73,78	
	(12)项目影响路径:82	
	(13)项目运行方式:86	多元—单一

二、A2大学:A2M1

1. 一级编码:贴标签

1.参与项目时间长	2.部门认可学术氛围	3.研究传统(将学生工作作为研究主体)	4.校本调查问题一:不够丰富	5.校本调查问题二:单一视角起步晚,满意度不够深入,视角不够丰富
6.项目特征:丰富研究视角,有专业研究工具,扩充数据的来源	7.项目增加校本研究的丰富度	8.项目内化为校本一部分	9.项目成为固定工作	10.负责主体变化(思政办公室→学生工作发展办公室)
11.科室情况一:以对接项目为主	12.科室情况二:四位正式老师	13.科室情况三:一条龙提供研究服务	14.新省高校类似建制	15.团队能力构成多元/分工明确
16.项目负责人"全能":数据分析(多),与主管领导沟通	17.团队作战:研究方向把握,结果呈现方法,使用和转化数据	18.对结果二次加工	19.服务于"双一流调研"	20.项目优势:院校比较(对标其他学校)
21.校本无法比较	22.前期迷茫:如何使用数据	23.后期"柳暗花明":数据服务于重大调研	24.契机证明项目"用武之地"	25.提前获得报告结果
26.数据是否反映学校情况不太好说	27.过去样本小	28.新一期全样本	29.自建大数据	30.数据库涉及面广
31.问题反馈:课后学习时间或课程量低于常模(211)	32.结果对学校冲击大	33.原来无院校比较(仅对整体报告有了解)	34.数据使用有间断性	35.数据使用规划(负责人):呈现方式,反馈对象
36.原负责人将项目作为工作	37.就业研究报告:支持学生工作有限	38.就业研究报告对汇报有用	39.项目作用(影响):对学生有反馈,给学生定位	40.与教务处合作学情调查(天财)
41.结果反馈给老师(辅导员)	42.计划大学生成长发展报告	43.引用项目结果	44.报告分享范围:上级反馈,校领导汇报,兄弟部门,学生工作一把手(副书记)	45.汇报平台:在职工作汇报
46.成长发展报告:简版学校数据,全版含全国数据	47.结果使用方式:书面方式,口头交流,汇报	48.项目定位:工作格局一小部分	49.越来越重视研究	50.项目有代表性
51.教育教学促进作用不确定	52.结果影响大家(含任课老师):对学生认识颠覆	53.项目发出声音	54.样本有限影响学院关注度	55.就业研究数据与学院关联度高—关注度高

续表

56.存在学院反馈机制	57.全样本调查增加关注度	58.愿意推广项目	59.增加常模数据	60.项目建议：增加输出相关性，个性化定制
61.增加追踪提高参与度	62.整合问卷资源增强效果	63.问卷数据增加提升质量支撑	64.各方合作	65.教务处开始重视研究工作
66.教务处开始与学工处合作	67.项目影响：开始重视，开始了解学情	68.项目负责人背景:2012年入学	69.院校特征：原211大学	70.项目参与历史：超过十年

2. 一级编码：确定类属、属性和维度

类属	属性	维度
1.制度环境	(1)尊重研究传统/氛围:2,3,49	好—差
	(2)校本调查问题:4,5,21	
	(3)制度行为/设计:8,9,48,56	有—无
	(4)负责机构变动:10	
	(5)科室基本情况:11—14	
	(7)项目组改进:28,57	
	(8)就业数据优势:55	
	(9)大数据建设:29	自助—他助
	(10)数据库涉及面:30	宽—窄
	(11)部门合作:40	
2.院校参与项目动力	(1)权威:50	学术权威—行政权威
	(2)需求:59	长远需求—短期需求
3.项目内容与项目特征	(1)项目优势:6,7,20	
	(2)项目样本:27	小—大
	(3)项目代表性:50	强—差
	(4)项目结果匹配度:26	好—差
4.项目运行	(1)院校与项目组沟通:25	多—少
	(2)团队特征:15	
	(3)团队运行方式:17	团队作战—孤军奋战
	(4)项目困境:22,33,34,36,54	
	(5)项目参与历史:70	长—短
5.影响路径	(1)传播范围:44	广—窄

续表

类属	属性	维度
	(2)传播途径:45	
	(3)数据使用规划:35	
	(4)传播对象:41	
	(5)传播载体:47	
6.项目影响	(1)提供依据:19,23,24,42,43,46	是—否
	(2)影响对象:52	老师—其他群体
	(3)反馈问题(对策):31,32	
	(4)促进作用:51	不确定—确定
	(5)项目效果:53,65—67	
	(6)结果使用方式:18	
	(7)项目推广意愿:58	愿意—不愿意
7.院校特征	院校类型:69	
8.项目管理者特征	(1)能力:16	全能—专能
	(2)入学年份:68	
9.理想方案设计	(1)项目建议:60	
	(2)参与度提高路径:61	
	(3)增强效果路径:62	
	(4)项目合作方式:64	多元—单一

附录8:给受访者A5P1老师的一封回信[①]

A5P1老师:

您好!

非常感谢您对我的信任。我已经联系A2M1老师,他们这个工作还在推进当中,暂未成形,未来可以和兄弟院校分享。

根据我阅读过的国外文献和学工经验判断,建议如下:

1.**学生个体应用**。如果你们有科学性的报告,(1)如果有针对个人的结果,形成一定范围内的比较,可以看到个人的情况(类似GPA),学生自然会反思自己需要在哪些方面提升。然后学校可以告知哪些资源可以使用。类似于有些学校的第二课堂成绩单,但这个成绩单不是用来评奖评优,纯粹是提升个人能力使用的,保密。(2)如果没有个人的结果,有群体的结果,也可以给学生看看,让他们自己评估自己的情况属于较好的,还是需要努力提升的。同样,可以明确哪些校园资源可使用。

2.**学校组织应用**。在样本数量可观情况下,(1)横向比较。你们可以将这几年的本校情况与新省(化名)的、全国的,原"985工程"、原"211工程"的院校进行比较(相同指标),即便是描述性统计,也能看出来贵校的长处在什么地方,需要提升的地方在哪里。(2)纵向比较。将贵校多年来的相同指标拎出来,哪些指标是稳步增长,哪些是稳步不前,哪些有波动,一目了然,总结成功经验(可做外部推广使用),针对问题闭门研讨、采取措施,下一年再观测有问题的指标是否有提升,来衡量措施的有效性。如果贵校有定量研究的高手,可以研究出引起指标变化的真正原因是什么,有时候与经验判断未必一致。

3.**考虑追踪研究**。(1)点对点追踪,每年填写问卷的同学下一年依然填写问卷,得出的结论更精准,避免每一届同学能力不同造成的偏差(术语"选择性偏差"),这种测评出来的个体能力素质的变化给学生个体反馈和

[①] A5P1老师想咨询我,A2大学如何给学生反馈项目结果数据,同时想听听我对有关项目数据的使用建议,我当天给她回复了一封邮件。

组织反馈更有意义,但难度也更大。(2)群体追踪,即对同一届学生在不同年级进行类似的调研,可以更好把握群体性特征,对于组织反馈意义较大,个体反馈意义削弱。个人论文(见附件),仅供参考。

同时,我建议让教师和相关单位了解研究结果(至少提供一个开放性的平台),涉及学生个体隐私的除外。这样他们可以更好地了解自己的服务对象,主动地或被动地调整个体的主观能动性。遇到问题无需回避,考虑到公开的方式,呈现的信息有正面的,也有需要提升的地方,相信舆论上可控。可以考虑充分挖掘学校内部的高教研究者的研究能力,根据部门的需求设置课题,请他们深入研究多年来的数据,更好地发挥大数据的优势。

调研项目不在于多,而在于科学性、规范性和长期性(稳定性),更在于科学地深入进行数据分析,将结果切实地运用到重大决策和日常工作中去,服务于部门、学校和学生各自的需求。恭祝冬安!顺祝双dan快乐!

×××

12月24日

附录9：缩写表

AALHE, Association for Assessment of Learning in Higher Education
AAS, Appropriate Assessment Scale
ACE, American Council on Education
ACER, Australian Council of Education Research
ACT, American College Testing
AdA, Administer Authority
AHELO, The Assessment of Higher Education Learning Outcomes
ALTC, Australian Learning and Teaching Council
AMAC, Australian Medical Assessment Collaboration
AWS, Appropriate Workload Scale
AUSSE, Australasia Survey of Student Engagement
CAAP, Collegiate Assessment of Academic Proficiency
CAAS, Comprehensive Alumni Assessment Survey
CAE, Council of Aid to Education
CCSEQ, Chinese College Student Experience Questionnaire
CCSS, China College Student Survey
CDT, Compound Dynamics Theory
CEQ, Course Experience Questionnaire
CGSS, Clear Goals and Standards Scale
CILA, Center of Inquiry in the Liberal Arts
CIRP-FS, Cooperative Institutional Research Program-Freshman Survey
CLA, The Collegiate Learning Assessment
CR, Close relationship
CRS, College Results Survey
CSEQ, College Student Experience Questionnaire
CSHE, Center for Studies in Higher Education
CSS, College Senior Survey

CSS*, College Student Survey
CSXQ, College Student Expectation Questionnaire
DIT, Diffusion of innovations theory
DLHE, The Destinations of Leavers from Higher Education
ETS, Educational Testing Service
GCA, Graduate Careers Australia
GDS, The Graduate Destination Survey
GSS, Generic Skills Scale
GSA, Graduate Skills Assessment
GT, Grounded theory
GTS, Good Teaching Scale
I-E-O, Input-environment-output model
IUCPR, The Indiana University Center for Postsecondary Research
JCSEE, Joint Committee on Standards for Educational Evaluation
JCSS, Japanese College Student Survey
LS, Life Space
MAPP, Measure of Academic Proficiency and Progress
MFT, Major Field Test
NCR, None close relationship
NCSS, National College Student Survey
NGS, National Graduates Survey
NILOA, National Institute for Learning Outcomes Assessment
NSS, National Student Survey
NSSE, The National Survey for Student Engagement
NSSS, National Student Satisfaction Study
OBA, Outcomes-based assessment
OECD, Organization for Economic Co-operation and Development
OS, Overall Satisfaction
PSEQ, The Postgraduate Student Engagement Questionnaire
RDT, Resource dependence theory
SERU, The Student Experience in the Research University
SES, Student Experience Survey
SEQ, Student Engagement Questionnaire

SRC, Social Research Centre
SSEQ, Staff Student Engagement Questionnaire
SSLD, Student Survey of Learning and Development
UCAS, Universities and Colleges Admissions Service
WNSLAE/ Wabash, The Wabash National Study of Liberal Arts Education
VSA, Voluntary System of Accountability
YITS, The Youth in Transition Survey

附录10:中外词汇对照列表

Achieved relationship 获得性关系,134
Acquired drives 获得驱力,61
Action 行动,77
Add the most value 增加最多价值,20
Aesthetic need 审美的需要,62
American College Testing 美国大学入学考试,28
American Council on Education 美国教育委员会,2
Antonio 安托尼欧,179
Appropriate Assessment Scale 课程考核量表,32
Appropriate Workload Scale 课程负担表,32
Arousal theory 激发论,60
Assessment 评估,46
Assessment of learning 大学生学习评估,2
Assessment of satisfaction 满意度评估,52
Assidere 坐在考官旁边,50
Association for Assessment of Learning in Higher Education 美国高等教育学习评估协会,52
Astin 奥斯汀,1
Attitudes and values 态度与价值观,25
Audience dimension 相关者维度,26
Austin 阿乌斯汀,44
Australasia Survey of Student Engagement 大洋洲大学生学习投入调查,3
Australian Council of Education Research 澳大利亚教育研究委员会,3
Australian Learning and Teaching Council 澳大利亚学习与教学委员会,33
Australian Medical Assessment Collaboration 澳大利亚医学合作评估

项目,33
　　Authority 权威,131
　　Banta 班塔,50
　　Bean 比恩,18
　　Behavioral Event Interview 行为事件访谈,28
　　Belongingness and love need 归属和爱的需要,61
　　Benedict 露丝·苯尼迪克特,142
　　Biggs 比格斯,35
　　Bogue 博格,1
　　Bowen 博温,26
　　Bresciani 布瑞斯尼,49
　　Bundesministerium für Bildung und Forschung 德国教育与研究部,31
　　Butterfly effect 蝴蝶效应,108
　　Cabrera 卡博雷拉,18
　　Cannon 坎农,59
　　Career and economic impacts 职业生涯与经济性变化,25
　　Category 类属,68
　　Causal conditions 因果条件,77
　　Center for Studies in Higher Education 美国加州大学伯克利分校高等教育研究中心,30
　　Center of Inquiry in the Liberal Arts 沃巴什学院文科研究中心,30
　　Charisma 卡里斯马,132
　　China College Student Survey 中国大学生学习与发展追踪调查,4
　　Chinese College Student Experience Questionnaire 中国大学生就读经验问卷,4
　　Clark 薇姬·查克,66
　　Clear Goals and Standards Scale 教学目标与水平量表,32
　　Close relationship 亲密关系,188
　　Coates 寇次,2
　　Code 代码,76
　　College Results Survey 大学结果调查,31
　　College Student Expectation Questionnaire 大学生期望问卷调查,29
　　College Student Experience Questionnaire 大学生就读经验调查,1

College Student Survey 大学生调查, 29

Collegiate Assessment of Academic Proficiency 大学学术能力测评, 30

Complex responsive process 复杂响应过程, 62

Comprehensive Alumni Assessment Survey 综合性的校友评价问卷调查, 31

Consequences 结果, 77

Cooperative Institutional Research Program- Freshman Survey 合作性的院校研究项目——新生调查, 2

Course Experience Questionnaire 澳大利亚的课程经验问卷, 2

Context 脉络（或情境条件）, 77

Core category 核心类属, 126

Council of Aid to Education 美国教育资助委员会, 30

Creswell 约翰·W.克雷斯维尔, 65

Crosby 克劳士比, 55

Cybernetics 控制论, 62

Cylinder 柱体型, 163

Deficiency need 匮乏性需要, 62

Diffusion of innovations theory 创新扩散理论, 192

Dodson 杜德森, 60

Doherty 多和特, 53

Douglass 道格拉斯, 1

Drive-reduction theory 驱力减降论, 60

Dynamics 动力, 57

Dynamogenic evaluation 动态性评估, 40

Educational Testing Service 美国考试服务中心, 28

Edwards 爱德华, 40

Egalitarian Model 平等主义模式, 21

Elite Model 精英模式, 21

Empirical data 经验资料, 76

Evaluation 评价, 46

Ewell 尤厄尔, 27

Evaluation Accountability Standards 评估问责制标准, 81

Far-out comparisons 极远比较, 128

Francis L.K. Hsu 许烺光, 134
Freud 弗洛伊德, 58
Gamesmanlike quickness 抖机灵取胜的小聪明, 53
Gamson 加姆森, 28
Generic Skills Scale 通识能力发展量表, 32
Glauben 信任, 132
Good Teaching Scale 优质教学量表, 32
Graduate Careers Australia 澳大利亚大学生就业委员会, 32
Graduate Skills Assessment 毕业生技能评价, 33
Green 格林, 55
Grounded theory 扎根理论, 13
Group dynamics 群体动力学(或团体动力学), 58
Growth need 成长性需要, 62
Hall 霍尔, 1
Hartle 哈特尔, 50
Herring 青条鱼型, 163
Heterogeneous dynamics theory 复合型动力理论, 149
Homestasis 稳态, 59
Hull 赫尔, 61
Husen 胡森, 48
Individual 独立, 134
Input-environment-output 输入—环境—输出, 19
Instinct Theory 本能论, 60
Integration 整合, 77
Interaction 互动, 77
Intervening conditions 中介条件, 77
Japanese College Student Survey 日本大学生调查(或山田礼子科研项目), 34
Jethro Newton 叶特罗·牛顿, 55
Joint Committee on Standards for Educational Evaluation 美国教育评价标准联合委员会, 81
Jonah 约拿, 174
Jonah Complex 约拿情结, 174

Kuh 乔治·库,2

Learning and cognitive changes 学术性和认知性变化,24

Lenning 莱宁,22

Lewin 勒温,58

Lewy 乐维,50

Libido 里比多,58

Life space 生活空间,59

Major Field Test 专业领域测试,31

Marginalisation 边缘化,179

Margin of safety 边际安全系数,20

Maslow 亚伯拉罕·马斯洛,61

McCormick 麦考米克,2

Mcdougall 麦独孤,58

Measure of Academic Proficiency and Progress 学术熟练程度和进步测量,31

Mechanism 机制,56

Mentkowski 蒙特可瓦斯科,53

Metraneeds 超越性需要,62

Micek 弥赛克,53

Middle-range theory 中层理论,13

Mixed methods 混合研究方法,65

Moral development 道德发展,25

Moral reasoning 道德推理,25

National College Student Survey 中国大学生学习情况调查研究项目,4

National Graduates Survey 全国毕业生调查,34

National Institute for Learning Outcomes Assessment 学业成就评估国家研究所,52

National Student Satisfaction Study 全美大学生满意度调查,29

National Student Survey 全英大学生满意度调查,2

Need hierarchy theory 需求层次论,60

Need to know 认识和理解的欲望,62

Needs assessment 需求评估,51

Net changes 净变化,22

None close relationship 疏远关系, 188
Nonpeakers 非高峰者, 175
Organization for Economic Co-operation and Development 国际经济合作与开发组织, 34
Outcomes-based assessment 基于结果的评估, 52
Overall satisfaction 总体满意度指标, 32
Pace 佩斯, 2
Palomba 帕拉木巴, 50
Pearce 皮尔斯, 40
Personal relationship 人际关系, 131
Phenomenon 现象, 77
Physiological need 生理需要, 61
Prendergast 普伦德加斯特, 173
Primary drives 原始驱力, 61
Profundity 成熟, 53
Project managers 项目经理, 168
Psychological field 心理场, 59
Psychosocial changes 心理性变化, 25
Pyramid 金字塔型, 162
Quality of effort 努力的质量, 22
Quality of life after college 大学后生活质量, 25
Ralence 引拒值, 58
Remedial Model 治疗模式, 21
Renn 克里斯汀·仁, 18
Resource dependence theory 资源依赖理论, 189
Riesman 莱斯曼, 53
Rocket 火箭型, 163
Rogers 罗杰斯, 192
Safety need 安全需要, 61
Schuh 斯库, 49
Self 自我, 133
Self-actualization need 自我实现需要, 62
Self-esteem need 自尊需要, 62

Self-fulfillment 自我完成, 141
Social Research Centre 澳大利亚社会研究中心, 33
Societal authority 社会权威, 24
Spady 斯帕蒂, 18
Staff Student Engagement Questionnaire 教师的学生投入调查, 3
Story line 故事线, 143
Student engagement 学生投入, 22
Student Engagement Questionnaire 大学生投入调查, 3
Student Experience Survey 大学生经验调查, 33
Students learn by becoming involved 学生参与而后学, 19
Student Survey of Learning and Development, 本科生学习与发展调查, 35
Studierenden-survey 德国大学生调查, 31
Substantive theory 实质理论, 13
Suitcase 衣箱型, 162
Synergy 协同作用, 142
Talent development 才能发展, 19
Tension 紧张, 58
The Assessment of Higher Education Learning Outcomes 高等教育学生学业成就跨国评估项目, 34
The Collegiate Learning Assessment 学院学习结果评估, 30
The Destinations of Leavers From Higher Education 大学毕业生目的地调查, 32
The flip-flop technique 丢铜板技术, 127
The Graduate Destination Survey 毕业生就业目的地调查, 32
The Indiana University Center for Postsecondary Research 印第安纳大学高教研究中心, 2
The Journal of Higher Education 高等教育杂志, 44
The National Survey for Student Engagement 美国大学生学习性投入调查, 1
The Postgraduate Student Engagement Questionnaire 研究生投入调查, 3
The Student Experience in the Research University 研究型大学本科生

就读经验调查, 1
  The Sword of Damocles 达摩斯克里斯之剑, 206
  The Wabash National Study of Liberal Arts Education 全美大型质量评估项目, 30
  The Youth in Transition Survey 青年工作转换调查, 34
  Theoretical sampling 理论性抽样, 126
  Theoretical sensitivity 理论触觉(或理论敏感度), 127
  Theory of involvement 学生融入, 22
  Theory of motivation 动机理论, 60
  Theory of Yes man 应声虫理论, 173
  Time dimension 时间维度, 26
  Tionto 汀托, 18
  Train compartment 车厢型, 162
  Tyler 泰勒, 22
  Type of outcome dimension 成果类型维度, 26
  Universal moral principles 普遍道德原则, 24
  Universities and Colleges Admissions Service 英国高等教育研究联合招生办公室, 32
  Utilizaition assessment 应用评估, 52
  Upcraft 乌普克拉夫, 49
  Value added 增值, 51
  Voluntary System of Accountability 自愿问责系统, 38
  Walhaus 沃华思, 53
  Wave the red flag 摇红旗, 127
  Weidman 魏德曼, 18
  Yerkes 耶斯基, 60

致　　谢

　　拙著是我在北京大学教育学院求学的博士论文修改而成的,致谢也是在博士论文致谢基础上扩展而成。我在撰写个人首部教育散文集《天山脚下的青鸟》的致谢的时候,突然意识到"'致谢'是每个作者需要毕恭毕敬举行的一个隆重的仪式"。博士论文的致谢何尝不是呢？每个人在写这部分的时候,想必是文思泉涌,伴随着五味杂陈,以及对人生意义的若有若无、若隐若现的省思。

　　如果一个社会凡事用数字作为证据,按照渠敬东教授的说法,那也是一个国家文明的标志之一,当然前提在于数字是真实的,使用数字的人是坦诚的。从数量上来讲,我的博士论文共计21万余字,另有18万字的访谈记录和近3万字的编码资料用于数据分析。这些数字的罗列,充其量只是说明一个人的勤奋程度,但是否形成了创新的观点和理论,不能老王卖瓜、自卖自夸,那都要仰赖于同行的评议和时间的考验才能论定。不管别人对于数字工程的赞扬有多高,我心里是有数的,不能将高质量的"可能性"偷换为"必然性"。马斯洛在晚年未发表的文章《恢复我们的感激意识》中写道:"感激意识对于情感健康十分重要。"(马斯洛,1999)他的传记作者由此认为马斯洛的意思是,感激是心理的基本动力(霍夫曼,2013)。也就是说,我们的致谢,即我们的感谢和感激,不仅仅是一种仪式,也是给自己加持力量的路径。

　　首先,我要感谢的是我的博士生导师施晓光教授。第一,他传授给我的心经是"低调"和"淡泊"。这一点对我来说有点像是唐僧赐给孙悟空的紧箍咒,时常提醒我更应该将精力专注于内在的功夫修炼,对于外在激励的回应则应节制。第二,他强调自己的中外教育交流使者的身份。他在新生见面会上称他的角色在于将国际先进的理论和实践引进来,同时把中国好的经验和做法传授出去,我发现这与我之前希望成为东西方文化使者的愿望竟然出奇的相似。第三,他从无门户之见。他经常鼓励我从各位老师身上汲取精华,武装自我,以更好地应对未来一生的学术挑战。他在博士论文方面反复和我讨论、给予指导,每次都很认真地批阅,在求职方面也非常关心我,时常给我推送招聘信息,叮嘱我做好面试准备。他本身的学术奋斗史也成为激励施门弟子学习的"活教材"。第四,他在我如何对待家庭方面也是指导有方。他知道我对未来的学术之路期待甚高,担心我会不经意间在个人发展和家庭发展之间做出不太理智的决定,常常一有机会就提醒我个人的决定务必顾全家庭发展的大局,学术可以慢慢做,但人心和家庭关系是要及时去维护的。他常以个人当年"进京"的决定给我讲道理。不得不承认,导师对我的认知之准竟然常常甚过我自己。与此同时,**我要感谢我的硕士生导师龚放教授**,他并未因为我毕业多年而减少对我的指导,相反,从我立志到北大读博,他对我日常的学术成长、博士论文早期的调研、求职等方面的帮助都不遗余力。两位老师在做人、做事和做学问方面一直都是我效仿的模范,此生我能够在施门和龚门文化熏陶下"野蛮成长",是本人的福分。

第二,我要感谢的群体是北大教育学院的一群老师。我听取了导师的教诲,也沿袭自己在南大的风格,积极主动向各位老师学习,从多位老师身上获得助力和指点。我五年的大学学生干部的经历也练就了我"厚脸皮"的功夫和韧性。鲍威副教授,是我的姐姐辈儿的人,如果没有她的鼎力支持,我现在成形的博士论文是无法坚持下来的。在我即将要放弃原来选题的时候,她就像武侠小说中的大侠在关键时刻"拔刀相助",贵人指路,帮助我渡过难关。阎凤桥教授,虽然院务极其繁忙,仍然抽出时间陪我在校园散步,帮助我遴选博士论文的理论视角,对我关注的中国大学生学习评估项目的早期历史也做了详细的介绍,并在论文结果出炉之后,给我提出了修改意见和美好期待。陈向明教授,老先生在质性研究方法方面是我的引路人,我花了两个学期跟在她后面学习扎根理论,总算基本掌握。在我的博士论文研究设计方面,她给我提出了很多完善建议,对论文核心章节通读之后,也提出了一些疑问,对于我的博士论文工作顺利开展和进一步完善功不可没。她在小论文方面对我有一些期待,鼓励我开展相关的写作,遗憾的是,我一时还难以实现,不过,她对学术的孜孜以求已然化为精神榜样,今后仍然会是激励和监督我前进的天然动力。沈文钦副教授,前辈们给他的评价是"愿意帮助学生",的确如此,他对我的个人成长和学术研究非常关心。我在博士论文早期的研究设计处于很艰难的时候,和他谈过几次我的想法,他鼓励我坚持下去,时常给我发一些博士论文相关的资料,在论文核心结论出来之后，我也专门给他看过，他建议我在博士论文的可阅读性方面多下功夫，甚至在就业方面，也给我很多实质性的指导。陈洪捷教授为人谦和、大度，尽管与他在研究方面交流并不多，但每次听他讲课和发言都有醍醐灌顶的感觉，如他给我们上的读书课——阅读威廉·克拉克《象牙塔的变迁——学术卡里斯玛与研究性大学的起源》，给我的一个启示是，即使是再大牛的学者的书，也得带着批判性去阅读。他赠给我们每一位同学的专著帮助我很好地理解了韦伯的统治类型理论，这一点直接有助于我的博士论文。马万华教授自我入学开始，就很关心我的学习和研究，她的课程"国际高等教育研究"，给我申请北大研究课题带来很多灵感，她作为指导老师之一也支持了我们课题的申请成功，在我的博士论文素材和理论视角方面都给予了详细的指导。蒋凯教授，也是一位低调且愿意帮助学生成长的老师，因此经常得到很多博士生师兄师姐的点赞，他对我的关心也是比较全面的，从鼓励我参加学术会议，到指导我的博士论文和给予求职信息推荐等，都让我内心深处表示感激。他曾经作为系主任、班主任对同学们的群体成长花费了很多精力，每次都会第一时间在微信群分享国内外学术会议、经费报销政策等，可谓无微不至。哈巍研究员在指导我课程论文过程中，对我的定量研究基础有过精细的指导，可以说达到"手把手"的地步，在我和陆伟博士生参加境外会议等方面给予直接的经费支持，对于我们提交的摘要也逐字逐句指导修改。哈老师对于发表国际论文的高追求时常提醒着我自己的努力方向。文东茅教授对于我的影响有着精神导师的味道，尽管未能坚持他提倡的"致良知"的活动，但涌泉学苑的"不说谎、不抱怨、尽己责"的院训仍然对我影响深远。我很荣幸能够参与他主持的浙江高考改革的课题，它激发我对教育的反思，尤其是让我越来越意识到为弱势群体呐喊的责任。卢晓东研究员在我的博士论文方面也给予了实质性的支持，不仅提供了一些重要的研究素材，还耐心聆听了我的核心观点，并且高质量地回答了我的困惑。朱红副教授是我的课程老师之一，因为研究兴趣类似，平时没少打扰她，每次聊过之后我都有新的收获，在参加北大研究项目的申请方面，她也给予我深度指导，帮助我整理了研究思路，顿时将我的研究升华到另一个高度。林小英副教授则是学术界的一名猛将，我很喜欢听她的课程和学术发言，风格犀利，一语中的。我曾经跟着她做过一次课题，她对学生的关心就像对自己的孩子，并且在学术发表方面，总是以学生利益为第一位，让我感激不尽。郭建如教授给我的印象是，全年几乎全勤，每个周末都能碰到他，每次在路上碰到郭老师的时候,他都会关心我的博士论文进展,耐心地听我的研究设计和困惑,并毫无保留地提出自己的看法。对于展立新副教授,我是有一丝羞愧的,因为我对于教育哲学的学习仍是蜻蜓点水,但他给我推荐的韦伯的《儒教与道教:世界宗教的经济伦理》对我的博士论文形成中层理论有直接的帮助。与秦春华教授的交往尽管有限,但因为浙江高考改革项目而结缘,我惊讶地发现,我们的研究兴趣竟然有相当一部分很相似。他为人坦诚,谈及自己希望在本科教育方面有所贡献,并邀请我与他合作,我受宠若惊。他有关高考改革横向课题项目的设想,我个人非常认同。如果能够为未来的高考重大改革搜集一些原汁原味的研究素材,即便作为专家不做过多的解读,"发生了什么"本身仍然有深远的意义,不过由于个人闲暇时间较少的原因,我后续未能很好地跟进这个项目,一直因此而愧疚。我与岳昌君教授交往的最深的印象在于未名湖偶遇,那段时间我正为求职目标的选择而徘徊,我们正好碰见,就一路聊天,他回忆了他早年刚留北大的生活拮据,非常有画面感,但慢慢地有所改善,也分享了他作为学者的种种优点。和他聊了之后,我发现自己对于求职目标的排序问题有了很好的解决方案。刘云杉教授、陈晓宇教授等每次见面都会问及我的博士论文和求职进展,让我倍感温馨。戴坤博士、王亮博士在学院从事博士后工作,我们常常碰面讨论一些学术问题,为我增添了不少乐趣。一些行政老师在我求学期间,也时常帮助我解决了很多实际的问题,如徐未欣老师、侯华伟老师、邢颖老师、孙冰玉老师、李萍老师、马世妹老师、赖林娟老师、孙永臻老师、陈舒萍老师、汪卓群老师、李少鹏老师、孙晶老师、苏翠芝老师等。值得我多唠叨两句的是,由于我博一担任男班长,与徐未欣老师交流颇多,即使卸任后,也常常因个人事务频繁出入办公室咨询打扰,其超过常人的耐心和夹杂着幽默的温和给人留下深刻的印象;学院图书馆是我除301之外出入最多的地方,只要我在学校,基本上都属于"笨鸟"和"早鸟",慢慢地也有了自己的"固定地盘",即使不在,地方也常常空着,使得我常常不好意思。但我更想表达的是,学院图书馆馆长邢颖老师是我见过的最专业的图书馆老师,她的团队成员孙晶老师和苏翠芝老师都是脾气超好的退休老太太。北大教育学院是个有爱的大集体,也是强大的能量场,任何一个博士生在这里只要愿意拼搏,都能收获各自的"教育增值",远不止在学业方面。

第三,我要感谢的群体是校外的老师们。由于科研的缘故,清华大学的史静寰教授、罗燕副教授、Hamish Coates教授,南京大学的吕林海教授、操太圣教授,西安交通大学的陆根书教授,厦门大学的史秋衡教授团队,江苏师范大学的周继良副研究员等给我提供了丰富的资料或者提供了具体的指导意见。其中,我与史静寰教授结缘有五年,老天眷顾,让我连续四年参加清华大学教育研究院的博士生论坛并做口头报告,每次都能听她的演讲和发言。她就像在给青年学者"传道",我能感觉到她作为一名资深学者的"制度企业家"的风范。她将自己的学术研究转化为对组织、社会和国家的发展的动力,也是我认可的学术之道。令我意外的是,她还主动提醒我博士论文撰写的注意事项,如不确定的结论不要轻易写出来,等等,对于她的鼓励和指导,我始终都心存感激。南京大学教育研究院的操太圣教授可以说是我博士论文的"引路人",我的研究问题第一个子问题即是受其启发,尽管我最终未选择母校的大学生学习评估项目为例,但五年前的那次聊天无意碰擦出的火花是至关重要的。我特别要感谢的是我的同门师姐刘姝言老师(中国农大的杰出中层干部),我的博士论文访谈对象的联络中,几乎有一半的工作由她助力完成。对外经贸大学的常文磊老师,这位硕士同门师兄也在我调研过程中给予了很大帮助。北京师范大学教育学部的林杰教授,是我的硕士同门、博士期间的北大校友,他在京期间对于本人学术之路的引导和后来专著出版的各种指引,我将铭刻于心。另一位同门,广西师范大学的肖绍清老师给我非常专业地介绍了当下学术出版的局势和投稿的经验,让我解决了我担心的最终无法出版的后顾之忧。校友汤亦蕾博士,现为中山大学老师,我俩在北大求学期间是饭友,在本研究扎根理论生成的理论的完善阶段,因为涉及物理学方面的知识,我们深夜通过电话交流近2个小时。南京大学的施林森博士、施加欢老师在南大参与加州大学伯克利分校开发的SERU项目相关方面提供了很多宝贵的素材。

境外的老师们给我提供的支持也是不得不提的。香港中文大学的尹弘飚教授,在我看来是理想中的厚积薄发的学者典范。我和他的接触虽然只是他在北大教育学院给我们进行了为期三天的英文写作培训,但我和他却有一见如故之感。尹老师非常有耐心,初次见面就愿意听我的博士论文初步研究结果,并给予了诚恳的点评。四个月后,我在参加香港教育研究会(HKERA)国际研讨会之余如期拜访了他,他对我未来的英文写作进行了详细的规划建议和指导,鼓励我对博士论文进行后续的深度研究。特别需要提及的是,他建议我将文中的A、B、C、D项目重新命名,明德、亲民和至善就是他提议的,来自经典《大学》。我"依葫芦画瓢",将D项目取化名为"笃学项目"。这样专属于质性研究的韵味跃然纸上。美国密歇根大学的卓越荣誉教授、香港中文大学的荣誉讲座教授杜祖贻先生虽然对我的博士论文没有直接帮助，但他和我多次通过邮件沟通推动中国大学学位服研究相关事宜，让我感到我的博士论文和后续的研究应该更多地融入家国情怀，那种真诚、虔诚是真正的学术不可或缺的元素。加拿大西安大略大学的李军教授的职业生涯颇为传奇，我们在多个国际、国内论坛场合交流，让我越来越感受到他对在西方世界讲好中国故事的诸多努力，我也在不断思考我未来成为国际型学者的责任，此次参加美国旧金山的北美比较研究学会（CIES）会议已经能够深刻地感受到这种急迫感。在博士论文行文的时候，我也尝试将这些理念融入其中。香港大学的张丽芳教授来北大教育学院做讲座，虽然寥寥几句，却将我关于博士论文题目多日的困惑化解，有点神奇。她个人的职业生涯中对于研究方向的专注精神推动我对研究兴趣、范围整合的反思，在有限的学术生涯中，我们不可能兴趣太广，否则永无精深。在重要文献获取方面，澳大利亚教育研究委员会（ACER）的 Daniel Edwards 先生和台湾地区的 Robert Huang 等曾给予高效帮助，在此一并感谢。

第四，我要感谢的是我的同侪群体。同辈的互动在我博士生涯中发挥了至关重要的作用，同伴效应也是当前国际教育学术的热点之一。游蠡博士作为我的同门师兄，虽然只比我大几个月，但在学术研究方面的造诣确实远甚于我。我在博士论文和求职方面常约他交流，他常常帮我解决难题。北大医学部的吴红斌博士不管是在博士论文还是学术研究方面都是耐心的倾听者和指导者，在课题申请方面，也给予我实质性的指导和支持。首都师大的魏戈博士，是我的同乡，其个人奋斗史和学术风格也是我一直学习的资源。北大"多元·本土·创新"教育学术沙龙是由我和马川菁博士、张顾博士、张慧睿博士生、寇焜照博士生、冯昕瑞博士生联合创立而成，慢慢也吸纳了校内外的青年学者如《学位与研究生教育》杂志的编辑贺随波老师、北二外的王九民老师、北大斯坦福中心的邹政老师、《教师教育研究》的编辑李珊老师，我院的王利利博士生、郭二榕博士生等会员，在学术沙龙这样的平台上，我的最新研究成果包括博士论文都是在沙龙上和同仁们进行分享，听取他们的批评意见，我感觉在这个学术共同体中个人进步神速。其中，像贺随波老师和我多次深度讨论过我的博士论文，主动与我分享一些相关资料，他和王利利博士生听取我的初步研究成果时的毫无保留的争论，对我进行后续的研究是很有启发的。我的博士论文至少分了三期在沙龙上分享，大家彼此真诚的互动使得我能及时发现论文的问题，为我节省了宝贵的时间。简言之，沙龙的联合创始人和会员给我提供了莫大的智力支持和能量支持,是我的第二家庭,我常常有很强的归属感。王宇博士生和李兰博士生是我在博士论文撰写期间交流最多的两位同窗,宇哥是公认的"淡定哥",每一步都稳扎稳打,我常有搞不清楚的格式、DDL都是咨询的他,我们利用在食堂吃饭或下晚自习回去的时候,共同分享彼此的论文进度和困惑,相互给出自己的idea,一些建议直接体现在我的研究成果中,如在博士论文第八章的讨论部分,加入了罗杰斯的创新扩散理论。这种类似的沟通也发生在李兰姐与我之间,对于她的博士论文困惑,我也是班门弄斧、直言不讳,当然,她也给我很多帮助,如在形成项目负责人的行为模式的时候,"Yes man"就是直接来自她的建议。我的室友陆伟博士生,是我在定量研究方面的"小先生",我发表的几篇论文都有他的助力和指导。我们的多次卧谈主题丰富,有未来理想,有当下学术,有校园爱情,也有酸甜苦辣,有此同窗,天下无双。博士班301可能是中国大学教育学院里头最有特色的一个,四五十个人的大办公室,每个人都有自己的独立卡座,我们随时都可以讨论问题、解决问题。像张优良师兄、曾妮师姐、崔景颐师姐等就是我请教的对象,范逸洲博士在求职经验、申请博后经验分享方面毫无保留,还时常交换一些育儿经验。郭学军博士生常常帮我处理一些学务,在个人学术方面又特别谦虚,是我非常尊敬的兄长。郭二榕博士生是我的同门师妹,就我的博士论文进行过几次重要的讨论,在我不在学校的时候,也时常帮忙处理一些事情。我的另一位同门师妹邓微达博士生担任我博士论文秘书期间,耐心地帮我处理过很多问题,为我节省了提交博士论文答辩稿DDL前的宝贵时间。华中科技大学的研究生宋晨曦同学对本研究第四章也给予有关定量研究方面的协助和建议。在他们当中,我还要感谢翁秋怡博士、刘钊博士、杨中超博士、张立平博士、詹成峰博士生、张文玉博士、周丽萍博士、孙启明博士生、宋哲博士、张恺博士、曲垠姣博士生、刘京鲁博士生、杨海燕博士生、王辞晓博士生、王梦倩博士生、王晶心博士生、王家齐博士生、夏洁博士生、刘鑫桥博士生、麻嘉玲博士生、刘叶博士生、林彦廷博士生、丁洁琼博士生、李树玲博士生、高文娟博士生、杜嬿博士生、徐晓雯博士生、董倩博士生、刘霄博士生、李超博士生等。我的交际面颇广,校外也有一些博士生和博士学友给予过很多助力,如清华的陈乐博士(现为同济大学老师)、中国科学院大学的朱石晶博士、浙师大的李佳宇博士等,由于篇幅所限,我不能一一列出。其中,陈乐博士因为最初报考北大的博士生而与我结缘,后来被隔壁"捷足先登",我们未能成为同窗,虽说有些许遗憾,但友谊保持至今。我在美国加州开会期间,他盛情邀请我和同行者去他访学的斯坦福大学参观，让我大开眼界。有一位我必须在此再花些笔墨表示郑重感谢，佳宇博士不仅学术上颇有灵性，在博士论文格式处理上也是天生的高效率"园艺师"，帮我这位技术菜鸟解决了令人头疼的难题。直到这本专著提交出版社，依然再次打扰求助，她也是爽快地答应助我一臂之力。

第五，我要感谢此次出版计划的"亲友团"和"智囊团"。我能踩着35周岁年龄红线跨进有着高等教育学的国家重点学科的华中大教育科学研究院是吾此生之荣幸。这本专著能够最终落户华中科技大学出版社，首先应该归功于单位教科院的前辈陈廷柱院长对拙著的信任，他大力推荐此书加入学院的常规出版计划。他对于年轻人的支持，让我再次体会到"山重水复疑无路，柳暗花明又一村"。我辗转接触了七八家出版社，情绪落入低谷之时，陈老师让我看到前行之路的光明。其次，我得感谢前辈彭湃老师，在我平时遇到学院的相关政策和应对聘期考核的问题的时候，他每次都能很快、很准地给予答复，关于华中大出版社和学院合作的讯息，也是他主动告知，让我在多次碰壁之后的"黑暗"中看到一丝光亮。再次，华中大出版社的副编审张欣老师的专业和敬业是"青椒"持续保持勇气的动力，在回答我的各种问题的时候，总是那么耐心，那么稳重。我开玩笑和她说，如果遇到一个不耐心、不专业的咨询对象，特别容易让脸皮薄的知识分子放弃出版计划。在华中大具有标志性的师生服务中心遇到张老师，是我的幸运。在此，当然要感谢华中大出版社的郑艺芳编辑老师在专著修改过程中的专业指导，是确保拙著高质量的坚强后盾。其同事张利艳老师前期为拙著处理各种手续效率之高令人印象深刻，为拙著按部就班迈向出版提供坚实保障。不得不提的是，在前期计划出版博士论文的时候，我还充分请教了南京大学出版社的官欣欣老师、东南大学出版社的杨凡老师、北京航空航天大学出版社的袁睿老师等有着丰富出版经验的同仁，感谢他们给予的指导。

最后，我要真诚地感谢我的家人，特别是我的太太王曼女士。她为了成全我的学术理想和事业，几乎牺牲了个人职业生涯，在小女蝶儿的教养和老人赡养方面不遗余力。尤其是我在博士论文完成前的最后半年，很少回家，甚至于寒假期间、春节期间娘儿俩待在北京陪我，使得我能够专注完成博士论文。如果没有我太太的全力付出，我就没有机会自我实现，享受马斯洛所谓的"高峰体验"和"高原体验"。蝶儿出生没多久，我就来北大读书，平时陪伴她机会也不多，可能我每次都珍惜和她在一起的机会，父女二人之间感情还算融洽,她的乖巧和灵气也给我的一些学术研究很多灵感和"啊哈"效应。不管学术生涯何其艰辛,人间生活何其浮躁,家永远都是陪伴我们的精神港湾。

王小青
2019年4月19日初稿于美国旧金山机场
2019年6月22日修订于南京睦邻书房
2020年11月29日最终修订于南京方山